Baukultur in Zürich

STADTZENTRUM
ALTSTADT / CITY

Impressum

Herausgeber:
Stadt Zürich
Amt für Städtebau
www.stadt-zuerich.ch/afs

Autoren und Autorinnen:
Regine Abegg
Christine Barraud Wiener
Urs Baur
Stephan Bleuel
Bruno Fritzsche
Corinne Gasal
Ursula Hügi
Martin Illi
Nina Kägi
Daniel Kurz
Anne Kustermann
Thomas Meyer
Andreas Motschi
Sandra Nigsch
Peter Noser
Petra Ohnsorg
Dölf Wild

Konzept:
Jan Capol, Karin Dangel, Ulrike Sax

Projektleitung und Redaktion:
Corinne Gasal, Ulrike Sax

Bildbearbeitung:
Andreas Casagrande

Inventarfotografien:
Thomas Hussel

Gestaltungskonzept und Layout:
blink design, Zürich
www.blink.ch

2. Auflage 2012
© 2008 Verlag Neue Zürcher Zeitung, Zürich

Satz: Swissprinters Zürich AG, Schlieren
Druck: freiburger graphische betriebe, Freiburg i. Br.

ISBN 978-3-03823-772-3

www.nzz–libro.ch
NZZ Libro ist ein Imprint der Neuen Zürcher Zeitung

Bilder Umschlag:
blink design

FSC MIX
Papier aus verantwortungsvollen Quellen
www.fsc.org FSC® C106847

SCHUTZWÜRDIGE BAUTEN

A–Z	Alphabetische Reihenfolge der Adressen	A:/K:/I:	Architekt / Künstler / Ingenieur
[F5]	Verweis auf Stadtplan S. 242–253	Lit.	Weiterführende Literatur,
> S. 21	Verweis auf Themenkapitel		siehe auch S. 240–241

Die Objektauswahl des Inventars basiert auf dem Inventar der kunst- und kulturhistorischen Schutz-objekte von kommunaler Bedeutung, das der Stadtrat von Zürich gemäss Planungs- und Baugesetz (PBG) erlassen hat. Hier ist der Reichtum und die Fülle der Zürcher Baukultur sichtbar. Dieser Publikation kommt nicht die rechtliche Qualität einer Inventareröffnung nach § 209 PBG zu. Auch wenn ein Gebäude in dieser Publikation nicht erscheint, kann es sich dabei um ein mögliches Schutzobjekt handeln.

Vorwort

«Bauten aus 1000 Jahren werden auch in Zukunft die Innenstadt von Zürich prägen, genauso wie die Limmat und der See» – mit diesem Satz endet der sechste und neuste Band zur Baukultur der Stadt Zürich. Das Stadtzentrum, das Gebiet links und rechts der Limmat, zwischen Hauptbahnhof und See, ist Thema dieses Buches.

Täglich strömen Zehntausende von Menschen aus anderen Stadtteilen, Gemeinden, Kantonen, Ländern in das Stadtzentrum, um zu arbeiten, einzukaufen oder zu studieren. Andere, wenn auch nicht viele, wohnen dort. Altstadt und City bilden mit all ihren Sehenswürdigkeiten, Wohn- und Geschäftshäusern, Läden, Infrastruktur- und Kulturbauten, mit dem Bahnhof und der Universität das Zentrum von Zürich. Sie sind das Zentrum des Kantons, ein wichtiger Ort für die Schweiz mit internationaler Ausstrahlung. Die Strassen, Eisenbahn- und Tramgeleise führen hierhin – in das Gebiet, wo die Limmat den See verlässt. Hier begann die Geschichte unserer Stadt. Wussten Sie, dass am heutigen Utoquai vor 5 000 Jahren die ersten Menschen in kleinen Seeufersiedlungen wohnten? Dass sich die erste keltische Siedlung auf dem Lindenhof befand? Dass die Lindenhofmauer Teil eines römischen Kastells war? Dass der Lindenhof bis ins 13. Jahrhundert das Zentrum adeliger Herren bildete und danach zur städtischen Freifläche umgestaltet wurde? Kennen Sie die Geschichte der Zunfthäuser? Jene der Bahnhofstrasse? Wie veränderte das Automobil die Stadt? Was trug die Altstadt zur Entstehung der Denkmalpflege Zürich bei? Auf all diese Fragen und auf noch viele mehr gibt der neuste Band der Baukultur Antworten. Er lädt die Leserin und den Leser ein zu einer Entdeckungsreise in einen Stadtteil, der gut bekannt ist – oder vielleicht doch nicht?

Mit Bauten aus 1000 Jahren und einer Stadtgeschichte von mehr als 2000 Jahren zeigt dieses Quartier eine Vielfalt, die selbst die besten Stadtkenner herausfordert und immer wieder überrascht. Ich wünsche Ihnen bei der Lektüre dieses besonderen Buches über ein besonderes Quartier viel Vergnügen.

Kathrin Martelli, Stadträtin
Vorsteherin Hochbaudepartement Zürich

Zu diesem Buch

Zürich macht einen Quantensprung. Die Bevölkerung nimmt zu, die Wirtschaft floriert. In der Stadt Zürich waren die Investitionen in den Bau noch nie so hoch. Zürich wächst in eine neue Dimension. Wir vergleichen uns nicht direkt mit Paris, London oder New York, aber immerhin mit Stockholm, Barcelona und Hamburg.

Quantensprung heisst hoch springen. Hoch springen braucht Mut. Aber auch mit Mut ist eine sichere Basis notwendig, damit der Sprung gelingt. Zürich braucht Sicherheit für den städtebaulichen Hochsprung. Diese Grundlage kann mit einem altmodischen Wort gefasst werden: «Heimat». Der Begriff ist momentan dabei, seine konservative und etwas borniete Bedeutung der letzten Jahrzehnte abzulegen. Heimat bezeichnet den Ort, mit dem die Bewohner und Bewohnerinnen eine Beziehung aufbauen, wo sie sich wohl fühlen. Weil dieser Ort sich verändert und trotzdem der gleiche bleibt. Heimat ist ein lebendiges Gleichgewicht zwischen Bestehendem und Werdendem.

Das Stadtzentrum ist ein wichtiges Beispiel für Heimat in diesem Sinn. Begonnen zur Zeit der Kelten und weitergebaut bis zum heutigen Tag, machen sie die Geschichte der Stadt Zürich sichtbar. Altstadt und City sind das Ergebnis einer Baukultur, die schon mehr als zwei Jahrtausende existiert und die Stadt unverwechselbar macht. Sie geben Zürich ein Gesicht – über die nationalen Grenzen hinaus in die ganze Welt.

Das Stadtzentrum ist aber auch ein Ort, der sich laufend verändert. Einzelne Gebäude werden umgebaut oder erneuert, ganze Stadträume wie das Gebiet am Hauptbahnhof oder das Hochschulquartier werden aus dem Bestehenden heraus neu geplant. Das historisch gewachsene Stadtzentrum mit seinem wertvollen Baubestand zu erhalten und gleichzeitig die im Werden begriffene Metropole zu ermöglichen – das sind zwei der vornehmen Aufgaben des Amts für Städtebau.

Im Hinblick auf die Besonderheit dieses Stadtteils haben wir den sechsten Band der Baukultur aufwändiger gestaltet. Dieser Band ist Geschichtsbuch und Architektur-führer in einem. Das spiegelt sich im Layout wieder: Der obere Teil des Buches führt durch die verschiedenen Epochen von Zürichs Baukultur. Das untere Band zeigt das Inventar der kunst- und kulturhistorischen Schutzobjekte in Bild und Text. Planungs-themen informieren schliesslich über die geplanten und zum Teil bereits realisierten städtebaulichen Veränderungen im Stadtzentrum.

Wir wünschen viel Freude beim Lesen, Blättern und Stadtwandern!

Franz Eberhard, Direktor Amt für Städtebau
Jan Capol, Leiter Archäologie und Denkmalpflege

PFAHLBAUER, KELTEN, RÖMER

4400 v. Chr. – 450 n. Chr.

DIE URLANDSCHAFT

Blick nach Süden

Die Altstadt Zürichs liegt am nördlichen Ende des Zürichsees, dort, wo das Wasser den See verlässt und zur Limmat wird. See und Fluss erstrecken sich in ein weites, lang gezogenes Tal, das der Linthgletscher der letzten Eiszeit geformt hat. Es wird beidseits von niedrigen Hügelzügen begleitet und gegen Westen und Osten abgeschirmt. Auch gegen Norden ist die Siedlungsmulde Zürichs geschützt, weil die Limmat und mit ihr die flankierenden Hügel gleich nach der Altstadt eine Biegung nach Westen vollziehen. Einzig gegen Süden ist der Blick frei über den See in Richtung Alpen.

See und Fluss waren wichtig für die Entstehung der Siedlung, unter anderem als Verkehrsweg Richtung Graubündner Pässe und Italien. Die ersten prähistorischen Dörfer lagen am Seeufer. Demgegenüber ist Zürichs Altstadt seit keltischer Zeit

Zürcher Postkartenansicht mit Stadt, See und Bergen, aufgenommen von der Waid. (Foto A. Mossner, 2007)

Ankengasse 4, 5, 7 ·················· 7   Auf der Mauer ·· 1 ··················· 4 ··················· 6, 4, 2 ·········

[E4] **Am Rank 3, Limmatquai 120__**Wohnhaus, undat.

[E5] **Ankengasse 4__**Zur Straussfeder, um 1300 datierter Kernbau. 1859/60, 1877 Umbauten. 1983/84 Neubau unter teilweiser Belassung der Fassaden. Lit. ZD 1980–84, S. 126. **Ankengasse 5__**Zur Oberen Haue, Steinhaus 13. Jh., erstmals 1294 erwähnt. 1611 mit Limmatquai 50 zusammen- und umgebaut. Lit. KDM, Stadt Zürich III.II, S. 119. **Ankengasse 7__**Zum Schlegel, undat. 1620 mit Limmatquai 52 verbunden.

[E3/E2] **Auf der Mauer 1__**Wohnhaus, heute ETH-Institut und Firmengebäude, 1890, A: Heinrich Honegger. Lit. ZD 1993/94, S. 132 f. **Auf der Mauer 2__**Wohnhaus, heute ETH-Institut und Firmengebäude, 1889/90, A: Friedrich Fissler. **Auf der Mauer 3__**Wohnhaus, 1884/85, A: Gebr. Rordorf. **Auf der Mauer 4__** Wohnhaus, 1888/89, A: Gebr. Rordorf.

und bis ins 19. Jahrhundert auf den Fluss, die Limmat hin ausgerichtet. Kleine, vom eiszeitlichen Gletscher abgelagerte Moränenhügel bildeten an der oberen Limmat ideale Bedingungen für eine gut zu befestigende Siedlung in Wassernähe.

Gletscher und Flüsse prägen die Urlandschaft

Der Linthgletscher, vereinigt mit dem Walensee-Arm des Rheingletschers, schob sich im Verlauf der letzten Eiszeit aus dem Glarnerland durch das Zürichseetal bis ins untere Limmattal. Während des «Zürich-Stadiums», vor etwa 20 000 Jahren, lag die Gletscherfront längere Zeit im Raum Zürich und formierte hier jenen ausgeprägten Moränenwall, dessen bekannteste Erhebung der heutige Lindenhofhügel darstellt. In der Nacheiszeit war es vor allem die direkt aus den Alpen nach Zürich fliessende Sihl, die den späteren Siedlungsraum weiter prägte. Im Gebiet Giesshübel/Selnau gelang es der Sihl, alte Moränenwälle zu durchbrechen, das enge Sihltal zu verlassen und ein mächtiges Delta ins Limmattal abzulagern, das heute die weite Ebene des Sihlfelds bildet. Zeitweise floss die Sihl durch Lücken im Zürcher Moränenwall und schüttete ein Delta in den Zürichsee, wo in jüngerer Zeit der Baugrund des Stadtzentrums

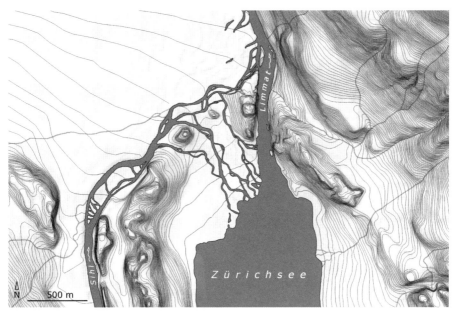

Der Baugrund des Stadtzentrums wurde von der Sihl als Delta in den See aufgeschüttet. (Zeichnung U. Jäggin)

···· 5 ·························· 7 ·················· 11 ···················· 13, 15 ·············· 17, 19, 21 ······················ 21

Auf der Mauer 5__Wohnhaus, 1886, A: Gebr. Rordorf. **Auf der Mauer 6**__Wohnhaus, 1887/88, A: David Rordorf. **Auf der Mauer 7**__Wohnhaus, 1889, A: Paul Rordorf. **Auf der Mauer 8**__Wohnhaus, 1889/90, A: David Rordorf. **Auf der Mauer 9**__Wohnhaus, 1890, A: Paul Rordorf. **Auf der Mauer 11**__ Wohnhaus, 1905, A: Johann Weidmann. **Auf der Mauer 13–15**__Wohnhäuser, 1903, A: Stotz & Held. **Auf der Mauer 17–21**__Ehem. Klavierfabrikareal Hüni & Hübert. Nr. 17: Wohnhaus, undat. 1872 Aufstockung. Nr. 19–21: Ehem. Fabrikbau, 1850–52, A: W. Waser. 1891 Areal nach Brand mit Mehrfamilienhäusern von Adolf Bolli neu überbaut. Lit. ZD 1987/88, S. 117 f. Siehe auch Leonhardstrasse 12.

entstand. Diese Gewässer zu kontrollieren, allen voran die Sihl und ihr Delta, stellte eine der grossen Herausforderungen des alten Zürichs dar. (Dölf Wild)

DIE «PFAHLBAUER»

Die Gegend rund um den Zürichsee ist ein beliebtes Siedlungsgebiet: Die ersten Spuren neolithischer Dörfer in der Nähe der Zürcher Altstadt sind für 4400 v. Chr. nachgewiesen. Ein Teil des Inseldorfes «Zürich Kleiner Hafner» stammt aus dieser Zeit. Die Seeufersiedlungen, oder auch «Pfahlbauten», prägten das Zürichseeufer – mit Unterbrüchen – für sehr lange Zeit. Die letzten Dörfer datieren um 850 v. Chr., somit dauerte das Leben der neolithischen und bronzezeitlichen Dorfgemeinschaften am See rund 3500 Jahre. Ausgrabungen zeigen den organisierten und strukturierten Bau der Dörfer in klar definierten Gebieten, die häufig von Palisaden umgeben waren. Zu den Seeufersiedlungen gehörte auch das Hinterland, das als Acker- und Weideland genutzt wurde. Pflege und Renovation der Häuser war für die

Mozartstrasse. Hausgrundriss eines frühbronzezeitlichen Gebäudes. (Foto 1982)

Augustinergasse···· 4 ················· 5 ····························· 6 ························· 6 ························· 8 ··········

[D5/C5] **Augustinergasse 3, 5, 9, Augustinerhof 1**__Strohhof-Komplex, 1256 Erwähnung des Areals der späteren Strohhöfe. > S. 81 f. **Augustinergasse 3–5**__Zum Hinteren Strohhof (ehem. Zum Vorderen Strohhof, Zum Neuen Strohhof). Kernbau: Östliche Hälfte von Nr. 3. 1535 Sigristenhaus von St. Peter. Nach 1589 Umbau und Aufstockung. 17./18. Jh. Ausbauten. Ab 1801 Bierbrauerei, ab 1823 Wirtschaft «Zum Strohhof». 1872 Kegelbahn. 1933 Umbau von Hermann Herter. Lit. KDM, Stadt Zürich II.II, S. 217–221. Siehe auch Augustinergasse 9, Augustinerhof 1. **Augustinergasse 4**__Zum Irrgarten, Wohnhaus und Goldschmiedatelier, undat. **Augustinergasse 6**__Zum Irrgang, Wohnhaus, Galerie, mittelalterliche Bausubstanz. 1585, 1607, 1854 Umbauten und Aufstockungen. 1898 Ladeneinbau. Lit. ZD 1987/88, S. 102–104; KDM, Stadt Zürich II.II, S. 242. **Augustinergasse 8**__Siehe Glockengasse 9.

Menschen damals eine Selbstverständlichkeit. Mit Hilfe der Dendrochronologie lassen sich Reparaturphasen von Häusern datieren. Wann ein Haus zum letzten Mal in Stand gesetzt wurde, ist somit bestimmbar. Die Siedlungsplanung und die Sorge um den Erhalt der Bauten nahmen am Zürichsee bereits vor Tausenden von Jahren in kleinen Schritten ihren Anfang.

Die verschiedenen archäologischen Grabungen, die im See oder an Land im Kreis 1 stattfanden und Reste von Pfahlbaudörfern hervorbrachten, betreffen folgende Fundstellen (nach Strassen oder Flurnamen benannt): Mozartstrasse (heute im Bereich Utoquai 4), Kleiner Hafner (Höhe Schoeckstrasse, im See), Bauschanze. Aus diesen Rettungsgrabungen ist bekannt, dass die Häuser vorwiegend aus Holz gebaut, aber keineswegs – wie oft dargestellt – auf einer grossen Plattform standen, sondern einzeln im Uferbereich plaziert waren. Bei Hochwasser stand ein Teil des Dorfes wohl im Wasser. Die Bauhölzer waren mit Ästen, Ruten und Schnüren oder mit aufwändigen Holzkonstruktionen verbunden. Die Wände bestanden teilweise aus Flechtwerk, die mit Lehm verputzt waren.

Mozartstrasse. Konstruktionshölzer frühbronzezeitlicher Hausbauten und Weidenrutenbindung. (Foto 1981)

.... 9 .... 15, 17, 21 .... 14, 12, 9 .... 14 .... 15 .... 15..........

Augustinergasse 9__Zum Äusseren Strohhof (ehem. Zum Vorderen Strohhof, Zum Alten Strohhof), heute Museum und Stiftung. Kern des Strohhof-Komplexes. 1560–67 Um- oder Neubau eines Stalls zum Wohnhaus. 1589/90 Aufstockung und Erweiterung. 1727 Umbau. Lit. KDM, Stadt Zürich II.II, S. 221–224. Siehe auch Augustinergasse 3–5, Augustinerhof 1. > S. 81 f. **Augustinergasse 10**__Wohnhaus, 17./18. Jh. 1920 Umbauten. **Augustinergasse 12**__Zum Tiergarten, Wohnhaus mit Laden, undat. **Augustinergasse 14**__ Zur Kante, kurz nach 1330 erbaut, 1357 erstmals erwähnt. **Augustinergasse 15**__Zum Roten Löwen, Bausubstanz 14./15. Jh., erstmals 1357 erwähnt. 1669 und Mitte 18. Jh. prägende Umbauten. 1838 Anbau eines Wohnhauses mit klassizistischer Fassade anstelle der ehem. «Anhänki» am Münzplatz. 1877 Umbau, 1930 Umbau EG. Lager- und Kühlhaus, 1910 erbaut. Lit. ZD 1989/90, S. 28–46, S. 110 f.; KDM, Stadt Zürich II.II, S. 226–228.

Am Bodensee kam sogar Wandverputz zum Vorschein, der bemalt und mit plastischen Verzierungen versehen war. Dem repräsentativen Charakter der Häuser kam also bereits im Neolithikum Bedeutung zu. Die Einrichtung der Häuser kann im Idealfall rekonstruiert werden: Lehmlinsen, die als Feuerschutz der darauf platzierten Herdstellen dienten, lassen erkennen, an welcher Stelle im Haus gekocht wurde. Webgewichte in Fundlage zeigen an, wo sich vor Tausenden von Jahren ein Webstuhl befand. So lässt sich zusammen mit anderen Hinweisen verstehen, welche Bereiche der Häuser auf welche Art genutzt wurden.

Fügt man schliesslich alle Informationen zusammen, wird nachvollziehbar, wie die Dorfgemeinschaft auf der Produktionsebene organisiert war oder welche sozialhierarchischen Systeme möglicherweise von Bedeutung waren. Das ist heute nicht mehr ohne weiteres sichtbar – begibt man sich aber auf den Seegrund, kann man auf Spuren jahrtausendealter Dörfer stossen. (Ursula Hügi)

Rekonstruierter Webstuhl mit Webgewichten, Freilichtausstellung «Pfahlbauland», 1990. (Foto 1990)

Augustinergasse · 15, 24, 22, 20, 16 ·············· 17, 21, 25 ····················· 21, 15 ···················· 22, 20 ····················· 24 ···

[D5/C5] **Augustinergasse 16**__Zum Entli, undat. Siehe auch Glockengasse 18. **Augustinergasse 17**__Zur Harfe, Vereinigung zweier Bauten, 1330 erstmals erwähnt. 1644 Umbau. 1875 Aufstockung. 1976/77 Neubau, Umbau, Restaurierung. Lit. KDM, Stadt Zürich II.II, S. 228–230. **Augustinergasse 20**__Zu den Drei Tulipanen, 1865. **Augustinergasse 21**__Zum Oberen Kürass, Kernbau 13. Jh., erstmals 1317 erwähnt. 1676 Baumassnahmen. Lit. KDM, Stadt Zürich II.II, S. 230. **Augustinergasse 22**__Zu den Drei Rosen, undat. **Augustinergasse 24**__Zum Steinhaus, rückwärtiger Kernbau frühes 13. Jh. Frühes 14. Jh. Ausbau zum viergeschossigen Steinhaus. 1867 Aufstockung. Lit. KDM, Stadt Zürich II.II, S. 230–233. Siehe auch Rennweg 1. **Augustinergasse 25**__Zum Unteren Kürass (Zum Augustiner), 1357 erstmals erwähnt. 1567 Um- oder Neubau. 17. Jh. Umbau durch Textilindustrielle. 18. Jh. und nach Abbruch Stadtbefestigung im 19. Jh. verschiedene Erweiterungen. Lit. KDM, Stadt Zürich II.II, S. 233–235.

KELTEN UND RÖMER

Eine Forschungslücke wird geschlossen

Zwischen den prähistorischen Spuren der Seeufersiedlungen («Pfahlbauten») und den römischen Siedlungsspuren auf dem Gebiet der heutigen Zürcher Altstadt bestand lange Zeit eine Forschungslücke. Für die Zeit von 850 bis 15 v. Chr., die Epoche der Kelten, war wenig bekannt. Zwar stiessen die Archäologen, insbesondere in den Gewässern, immer wieder auf Funde aus dieser Zeit wie Münzen, Eisenbarren, Glasarmringe oder Amphorenscherben. Die Spuren einer dazugehörigen keltischen Siedlung fehlten hingegen.

Auch bekannte Zürcher Archäologen wie Ferdinand Keller oder Emil Vogt konnten diese Lücke im Verlauf ihrer Forschungen nicht schliessen. Sie vertraten dezidiert die Haltung, die Siedlungsanfänge der heutigen Altstadt würden auf eine römische

Grabungsfläche am Rennweg. Pfostenlöcher und Gruben zeigen die Lage der keltischen Bauten. (Foto 1991)

··· 28, 24 ················· 30, 28, 24 ················· 34, 30, 28 ··············· 46, 44, 42, 40, 38, 36–34 ········· 44, 42, 38, 34–22 ·

Augustinergasse 28__ Zur Wassermühle, frühes 13. Jh. rückwärtiger Kernbau (später «Sommerpavillon»). 14. Jh. Erweiterung durch viergeschossiges Steinhaus gegen die Gasse. 1572, 1581 Umbauten. 17. Jh. bedeutende Innenausstattung. Lit. KDM, Stadt Zürich II.II, S. 235–240. Siehe auch Rennweg 1. **Augustinergasse 29__**Siehe Bahnhofstrasse 48. **Augustinergasse 30__**Zur Jakobsleiter, Bausubstanz um 1300. 1863 Umbauten. 1918, 1943 Ladeneinbau bzw. -umbau. Lit. ZD 1991/92, S. 60–62. **Augustinergasse 34__**Zum Turteltäubli, spätmittelalterlicher Bohlenständerbau. 1542 Umbau, Aufstockung. 16. Jh. Ausstattungsreste. 1880 Mansardwalmdach. Lit. ZD 1985/86, S. 80–83; ZD 1989/90, S. 21–46. **Augustinergasse 36__**Zur Hoffnung, im Kern mittelalterliche Bausubstanz. Im 18. Jh. tief greifender Umbau. Lit. ZD 1989/90, S. 21–46.

Gründung zurückgehen. Erst 1999 konnte die Stadtarchäologie diese Auffassung durch eine Ausgrabung am Rennweg widerlegen: Bereits Kelten hatten auf der Kuppe und an den Abhängen des Lindenhofs gesiedelt.

Bei weiteren Ausgrabungen auf der linken Seite der Zürcher Altstadt konnten noch mehr Spuren der keltischen Zeit gefunden und untersucht werden. Es kamen Überreste von einfachen Pfostenbauten zum Vorschein, mit Böden aus gestampftem Lehm und mit Lehm überstrichenen Flechtwerkwänden. Wichtige Zeugnisse dieser ältesten bisher bekannten Siedlung auf dem Gebiet der heutigen Altstadt sind zudem Feuerstellen, Gruben zur Lagerung von Vorräten und Gruben für die Entsorgung von Abfällen innerhalb und ausserhalb der Häuser. Über den Alltag der keltischen Bewohnerinnen und Bewohner von Zürich erzählen Scherben verschiedener Gefässe sowie Glasarmringe und Metallfunde. Die Kelten haben getöpfert, geschmiedet, vermutlich Handel betrieben – und Bier gebraut. Das belegen ausgekeimte Dinkelkörner und Malzreste, die am Rennweg gefunden wurden. Alle Funde zusammen ermöglichen eine Datierung der keltischen Siedlung in die Zeit um 80–40 v. Chr.

Keltische Tongefässe aus Zürich. (Foto 2003)

Augustinergasse ···· 38–16 ········· 46, 44, 42 ········· 48, 46, 44 ················ 50, 48, 46 ················ 52 ············

[D5/C5] **Augustinergasse 38**__Zur Alten Pfisterei, Bausubstanz 13./14. Jh. Um 1544 Um- und Anbau. **Augustinergasse 42**__Zum St. Laurenz, mittelalterliche Bausubstanz. Heutiges Erscheinungsbild 16. Jh. Lit. ZD 1989/90, S. 21–46. **Augustinergasse 44**__Zum Erzberg, gemauerter Kernbau 14. Jh. Lit. ZD 1989/90, S. 21–46. **Augustinergasse 46**__Zum Kezinstürli, spätes 13. Jh. hofseitiger Bohlenständerbau. 16. Jh. Hafnerwerkstatt. 16. Jh. Ausstattungsreste. Anbauten und Aufstockungen bis ins 17. Jh. Lit. ZD 1989/90, S. 21–46. **Augustinergasse 48**__Zum Blauen Störchli, 1911, A: Bischoff & Weideli. **Augustinergasse 50**__Zum (Vorderen) Grünen Turm, mittelalterliche Bausubstanz. Um 1671 Umbau mit Aufstockung. 1831 prägender Umbau. 1872–76 Aufgabe des Gartens und Umbauten. 1891 Umbau zum Geschäftshaus. Lit. KDM, Stadt Zürich II.II, S. 240–242. **Augustinergasse 52**__Geschäftshaus Galerie Herter, 1926, A: Vogelsanger & Maurer.

Oppidum und Siedlung

Julius Caesar beschreibt in seinem Bericht über den Gallischen Krieg die keltischen Befestigungen, die Oppida: Schanzanlagen an leicht zu verteidigenden Orten mit Gräben und Wällen, die aus Erde, Stein oder Holz bestanden, bestückt mit Toren und Türmen. Zu den bekannten Beispielen in der heutigen Schweiz gehören die keltischen Schanzanlagen auf dem Mont Vully (Kanton Freiburg), auf der Engehalbinsel (Kanton Bern) und in Rheinau (Kanton Zürich). Auf dem Lindenhof stand vermutlich ebenfalls ein Oppidum, ein kleines zwar, topografisch und strategisch jedoch nicht weniger bedeutend. Die Lage am Seeausfluss und die häufigen Münzfunde deuten auf die Funktion des Ortes als Handelsplatz hin. Die dazugehörende Siedlung erstreckte sich rund um den Lindenhofhügel und schloss ein Gebiet von etwa sieben Hektaren ein. Ein Grabensystem unterteilte sie in ihrem Innern und grenzte wohl profane von sakralen Bereichen ab.

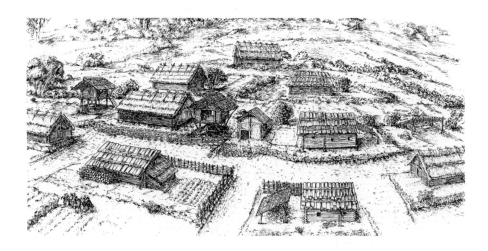

Rekonstruktion eines keltischen Dorfes in der Schweiz (Brig-Glis). (Zeichnung F. Bühler, ARIA SA Sion, 1999)

Augustinerhof 1 ···························· 8   Badergasse ···· 5, 9, 6   Badweg ···· 21   Bahnhofplatz ···· 1, 2, 3 ···················

[D5] **Augustinerhof 1**__Zum Hinteren Strohhof, um 1600. Teil des Strohhof-Komplexes. 1637 Ausbau zu heutiger Grösse. Lit. KDM, Stadt Zürich II.II, S. 224–226. Siehe auch Augustinergasse 3–5, 9. **Augustinerhof 2**__Wohnhaus, 1838. **Augustinerhof 8**__Siehe Münzplatz 1.

[E4] **Badergasse 5**__Siehe Preyergasse 6. **Badergasse 6**__Zur Forelle, 1861. **Badergasse 9**__Siehe Niederdorfstrasse 21.

[B5/B6] **Badweg 21**__Badeanstalt Schanzengraben (Männerbad), 1863/64. Älteste erhaltene Badeanstalt in Zürich. Lit. ZD 1991/92, S. 62 f. > S. 141 **Badweg 25**__Wasserturm, 1724. Lit. ZD 1991/92, S. 62 f.

[D3/C3] **Bahnhofplatz 1, 2, Bahnhofquai 15**__Wohn- und Geschäftshäuser, Hotel du Nord, 1893, A: Adolf Asper. Lit. ZD 1980–84, 2. Teil, S. 128; ZD 1985/86, S. 83 f. > S. 164

Turicum

Die Namen vieler römischer Siedlungen in der Schweiz sind unsicher oder unbekannt. Der Siedlungsname am Ort der heutigen Zürcher Altstadt hingegen ist bekannt: «Statio Turicensis» oder «Turicum» lautete die Bezeichnung. Sie befindet sich auf dem Grabstein für den eineinhalbjährigen Lucius Aelius Urbicus, der um 200 n. Chr. verstorben war. Die Inschrift bezeichnet damit die Bedeutung der Siedlung: Statio bedeutet Zollstation oder Zollposten. Der Vater von Lucius war Vorsteher dieses Zollpostens. «Turicensis» bzw. «Turicum» hat keltische Wurzeln und leitet sich vom keltischen Personen- und Ortsnamen «Turus» ab. Das keltische Oppidum mit seiner Siedlung entwickelte sich somit zum Zollposten an der Grenze zwischen den frührömischen Provinzen Raetia und Germania Superior. Eine Kopie des Grabsteins von Lucius, der 1747 auf dem Lindenhof gefunden wurde, steht heute an der Pfalzgasse, dem südlichen Aufgang zum Lindenhof.

Kopie des Grabsteins für Lucius Aelius Urbicus an der Pfalzgasse. (Foto 2007)

Bahnhofplatz · · · · · 4, 5, 6 · · · · · · · · · · · · · · · · · 6, 7 · 9 · · · · · · · · · · · · · · · · · · · 12, 14 · · · · · · · · · · · · · · · · · 14 · · · · ·

[D3/C3] **Bahnhofplatz 4, 5, 6, Bahnhofstrasse 110, Waisenhausstrasse 15__**Wohn- und Geschäftshäuser, 1880/81, A: Honegger & Bosshard. Nr. 6, 110: 1904 Umbau von Pfleghard & Haefeli. **Bahnhofplatz 7, Bahnhofstrasse 91–93__**Ehem. Hotel National, heute Hotel Schweizerhof, erbaut in zwei Etappen 1877 und 1881, A: Honegger & Bosshard (zusammen mit Bahnhofstrasse 89). 1908 Umbau von Pfleghard & Haefeli. 1930 weiterer Umbau von O. Honegger. Lit. ZD 1974–79, 2. Teil, S. 19. > S. 43 **Bahnhofplatz 9, Löwenstrasse 68__**Geschäftshaus Victoria, 1933/34, A: Gebrüder Bräm. **Bahnhofplatz 12__**Wohnhaus, 1878, A: Albert Meyerhofer. **Bahnhofplatz 14__**Urspr. fünfteiliger Komplex mit Hotel Habis-Royal und Bayrischer Hof, 1878, A: Albert Meyerhofer. 1990 Neubau mit Rekonstruktion an der Platzfront. Lit. ZD 1991/92, S. 63–65. > S. 232

Der Vicus an der Limmat

Spätestens um 15 v. Chr. dürfte Turicum ins Römische Reich integriert worden sein. Unter dem ersten römischen Kaiser, Augustus, entstand auf dem Lindenhof eine militärische Anlage. Die dazugehörende zivile Siedlung entfaltete sich an den Ufern der Limmat. Sie war keine planmässige Neugründung wie zum Beispiel «Vitudurum» (Oberwinterthur), sondern entwickelte sich aus der keltischen Siedlung heraus zum römischen Dorf und später zur Kleinstadt. Diese Art Siedlung heisst auf Lateinisch «vicus», eine Bezeichnung, die ebenfalls von Julius Caesar überliefert ist. Ein Vicus steht im Gegensatz zu grösseren Städten mit römischem Stadtrecht wie «Augusta Raurica» (Augst im Kanton Basel-Landschaft) oder «Aventicum» (Avenches im Kanton Waadt), die auf ihrem Höhepunkt um die 20 000 Einwohnerinnen und Einwohner zählten. Im weiteren Umfeld von Turicum, in den heutigen Quartieren Wollishofen, Albisrieden und Altstetten, entstand gleichzeitig eine Handvoll Gutshöfe. Sie versorgten die Siedlung Turicum an der Limmat und nutzten sie vermutlich gleichzeitig als Umschlagort für ihre landwirtschaftlichen Produkte.

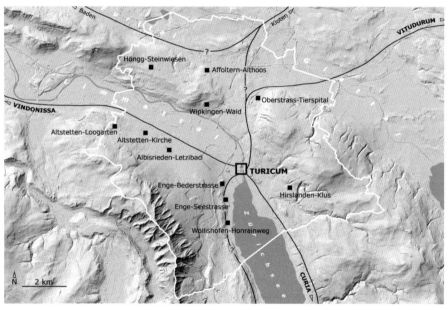

Turicum und weitere römische Siedlungsstellen. (Reproduziert mit Bewilligung der swisstopo, BA071611)

.... 15 .... 15 ....   Bahnhofquai .... 3 .... 3 ....

Bahnhofplatz 15__ Hauptbahnhof, 1865–71, A: Jakob Friedrich Wanner. 1897–1902 erster grosser Umbau. 1929–33 Gleishalle, Querhalle. 1990 Inbetriebnahme des Durchgangsbahnhofs Museumstrasse. 1997 stirnseitige Abschlüsse der Querhalle nach Plänen von Marcel Meili, Markus Peter, Kaschka Knapkiewicz, Axel Fickert. Lit. Werner Stutz, Der Hauptbahnhof Zürich, Schweizerische Kunstführer, Bern 2005. Siehe auch Museumstrasse 1. > S. 130 f., S. 151 f., S. 154 f. > S. 235 **Bahnhofplatz bei 15__**Alfred-Escher-Brunnen, 1889, K: Richard Kissling.

[D4/D3] **Bahnhofquai 3__**Amtshaus I (ehem. Waisenhaus), 1765–71, A: nach Plänen von Gaetano Matteo Pisoni. 1911–14 Umbau und Erweiterung zum Amtshaus von Gustav Gull. 1922–25 Fresken Eingangshalle von Augusto Giacometti. Lit. Dieter Nievergelt, Pietro Maggi, Die Giacometti-Halle im Amtshaus I in Zürich, Schweizerische Kunstführer, Bern 2000. > S. 99 f. > S. 198

Vom Holz- zum Steinbau

In der frühen Kaiserzeit (bis 70 n. Chr.) konzentrierte sich Turicum auf den Lindenhof und seine nähere Umgebung. Die Häuser waren einfache Holzbauten, zuerst Pfosten-, später Ständerbauten, die auf Schwellbalken standen. Die Flechtwerkwände waren mit Lehm und Mörtel verputzt und zum Teil farbig bemalt, die Dächer vermutlich meist mit Stroh, Schindeln oder anderen organischen Materialien gedeckt. Ziegel und Kalkmörtel waren bedeutende Neuerungen der römischen Baukultur. Sie setzten sich in unserer Gegend gegen Ende der frühen Kaiserzeit allmählich durch.

In der mittleren Kaiserzeit (70–235 n. Chr.) – der eigentlichen Blütezeit der römischen Kultur in der Schweiz – erfolgte ein Siedlungsaufschwung und gleichzeitig wandelte sich die Bautechnik von der Holz- zur Steinbauweise. Zuerst setzte man die Schwellbalken der Holzbauten auf einen Steinsockel, schliesslich zog man die Wände ganz aus Stein hoch. Dass die Bauwerke zugleich komplexer wurden, zeigen die Thermen beim Weinplatz. Repräsentativere oder reicher ausgestattete Gebäude wurden mit luxuriösen und schmückenden Bauelementen wie Säulenhallen, Fensterglas,

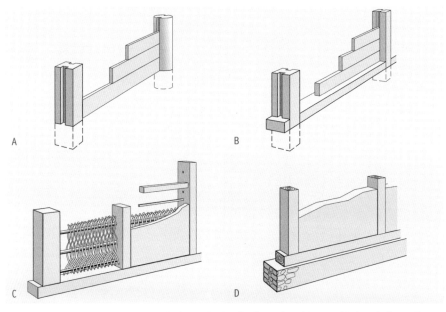

A: Pfostenbau mit Bohlenwand B: Ständerbau auf Schwellbalken mit Bohlenwand C: Ständerbau auf Schwellbalken mit Flechtwerkwand D: Steinsockel mit Holzaufbau. (Zeichnung P. Albertin, K. Bourloud)

Bahnhofquai ···· 5 ················· 5 ························· 7, 9, 11, 15 ························· 15 ············ Bahnhofstrasse··

Mosaiken oder Bodenheizungen versehen. Zunehmend wurden mediterrane Einflüsse spürbar.

Die römischen Thermen

Ein kleiner Ausschnitt der römischen Thermen kann heute noch im Thermengässli beim Weinplatz 3 besichtigt werden. Reste einer Wanne, der Bodenheizung (Hypokaust), von Mosaiken und bemaltem Wandverputz erzählen von der hochentwickelten Badekultur. Ein erstes kleines Badegebäude wurde um 70 n. Chr. errichtet. Es war ein «Reihentyp», das heisst, die drei wichtigen Räume des römischen Bades, Caldarium (feucht-heisser Schwitzraum), Tepidarium (mässig warmer Raum) und Frigidarium (Kaltraum) lagen in einer Reihe hintereinander. Diese Reihentypen sind charakteristisch für öffentliche Bäder und finden sich bei den weitläufigen Thermen der grossen römischen Städte. Auch kleine Militärbäder weisen häufig diesen Typ auf. Das erste Bad am Weinplatz zeigt eine Nähe zu den Militärbädern. In den Jahren um 160 n. Chr. wurde es durch einen grösseren Neubau ersetzt. Diesmal war es ein «Blocktyp».

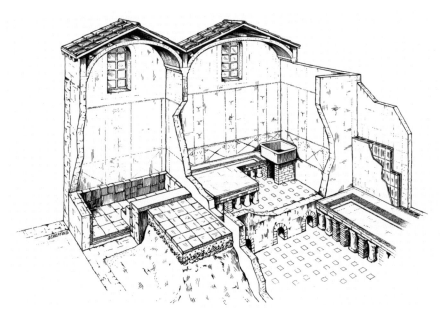

Schnitt durch die rekonstruierte Südostecke des zweiten Bades von Turicum. Rechts boden- und wandbeheizte Räume, links ein nicht beheizter Raum mit Kaltwasserbecken. (Zeichnung B. Scheffold, 1993)

············ 14, 12, 10 ························· 13, 17 ···················· 14 ···················· 16 ·················· 21 ···············

Bahnhofstrasse 10–18, Kappelergasse 11–15, Fraumünsterstrasse 9–19, Börsenstrasse 12–18__
Kappelerhof. Wohn- und Geschäftshäuser, 1878–89, nach Plänen von Adolf und Fritz Brunner, A: E. Schmid (Nrn. 12–14), E. Näf (Nr. 16, Kappelergasse 11–15, Fraumünsterstrasse 9–11), H. Boller (Fraumünsterstrasse 13), M. Koch (Fraumünsterstrasse 15), Gebr. Brunner (Fraumünsterstrasse 17), Baur & Nabholz (Börsenstrasse 14–16), A. Müller (Börsenstrasse 18). > S. 134 f. **Bahnhofstrasse 13, 17__** Zum Eidgenoss, Bankgebäude und Wohnhäuser, 1886/1901, A: Adolf Brunner. **Bahnhofstrasse 21, Tiefenhöfe 12__** Sprüngli-Haus, Teil der Geschäftshäuser Tiefenhöfe, 1856–59, A: Gustav Wegmann. 1890, 1910, 1931 Umbauten. Lit. Dieter Nievergelt, Das Sprüngli-Haus im Wandel der Zeit, Zürich 1977. Siehe auch Paradeplatz 2, 3, 4, 5. **Bahnhofstrasse bei 22__** Brunnen Zentralhof, 1877. Anstelle einer Pferdetränke.

Man fasste die zentralen Räume zu einem möglichst geschlossenen Baukörper zusammen. Blocktypen fanden sich häufig bei privaten Bauten in Villen und bei Bädern in kleinen Siedlungen oder in Aussenquartieren der grossen Städte. Im dritten Jahrhundert wurde dieses zweite Bad umgebaut und stark vergrössert. Während im ersten Bad das Caldarium eine Fläche von 21 Quadratmetern besass, erhöhte diese sich beim neuen Bad auf 39 und nach den Umbauten auf 58 Quadratmeter. Zum Vergleich: Die grossen Thermen des nahen Militärlagers «Vindonissa» (Windisch) verfügten über ein Caldarium von 551 Quadratmetern.

Das profane Turicum

Neben den Gebäuden strukturierten in Turicum Wege und Strassen die Siedlung. Die wichtigen Strassen aus der Kleinstadt führten zum Legionslager «Vindonissa» (Windisch im Kanton Aargau) oder zu anderen Vici wie «Vitudurum» (Oberwinterthur). An einer der Strassen, beim heutigen Paradeplatz, befand sich ein Bestattungsplatz mit Urnengräbern aus der mittleren Kaiserzeit (70–235 n. Chr.).

Römische Uferbefestigung an der Schipfe, Grabung 1984. (Foto 1984)

Bahnhofstrasse 25, 27 · · · · · · · · · · · · · · 28 · · · · · · · · · · · · · · · 28a · · · · · · · · · · · · · · · 32, 30 · 31 · · · · · · · · · · · · · · · · · 33

Die beiden Siedlungsbereiche rechts und links der Limmat waren vermutlich durch eine oder mehrere Brücken verbunden. Zum Schutz der Siedlung vor Hochwasser war das Ufer stellenweise mit Steinen und Holz befestigt. Ob es einen Hafen gab oder lediglich Anlegestellen, ist noch unklar. Hinweise gibt es hingegen auf verschiedene Gewerbe: Gusstiegel und Eisenschlacken von der Metallverarbeitung oder ein Model für Tongefässe aus dem Töpferhandwerk. Funde wie der Goldschmuck aus der Oetenbachgasse zeigen ausserdem, dass in Turicum auch wohlhabende Leute lebten.

Das sakrale Turicum

Neben den Spuren der profanen Siedlung können für Turicum auch Kultbauten nachgewiesen werden. Dazu gehört ein an der Storchengasse zum Vorschein gekommener Rundbau. Er war um einen mächtigen Findling angelegt, in dem über 70 römische Münzen, wohl Münzopfer, gefunden wurden. Weitere Funde aus dem Kultbereich sind ein Weihestein der Bärenjäger an die Gottheiten Diana und Silvanus sowie das

Römischer Rundbau und Gebäudemauer an der Storchengasse, Grabung 1979. (Foto 1979)

·· 35, 37 ···················· 36 ···················· 41 ···················· 45 ···················· 45 ···················· 46 ········

Bahnhofstrasse 36, St. Peterstrasse 12__Bank Julius Bär, ehem. «Bank in Zürich», 1871–73, A: Georg Lasius. 1951–57 Umbau von Karl Egender. >S.134 **Bahnhofstrasse 38**__Wohnhaus Fischer, 1867–71, A: Heinrich Honegger. **Bahnhofstrasse 39**__Geschäftshaus Mühlestein, 1911, A: Pfleghard & Haefeli. **Bahnhofstrasse 40**__Geschäftshaus Zum Nordlicht, 1868, A: Ferdinand Stadler. **Bahnhofstrasse 41, Nüschelerstrasse 6**__Hotel Carlton Elite, ehem. erbaut als Wohn- und Geschäftshaus, 1912, A: F. Waldmann. **Bahnhofstrasse 44**__Bank- und Wohnhaus, ehem. Bank Leu, 1874, A: Locher & Cie. 1904 Umbau von Dorer & Füchslin. >S.134 **Bahnhofstrasse 45–47, Pelikanstrasse 5, 9a**__Zum Münzhof, Bankgebäude, 1916, A: Pfleghard & Haefeli. Nr. 45: 1957 Erweiterungsbau für Schweizerische Bankgesellschaft (Nr. 47). >S.180 **Bahnhofstrasse 46**__Geschäftshaus Waltisbühl, heute PKZ, 1956/57, A: Rudolf Zürcher. >S.229

Bruchstück eines Viergöttersteins vom Lindenhof. Das Bruchstück war in einem spätrömischen Gebäude als Spolie verbaut, gehörte aber ursprünglich zu einem mit Reliefs von Gottheiten verzierten Sockel, auf dem möglicherweise eine Jupiter-Säule stand. Diese Funde lassen vermuten, dass auf dem St.-Peter-Hügel und im Sihl-bühl Tempel standen. Das Sihlbühl war die nördliche Verlängerung des Lindenhof-hügels, welche im frühen 20. Jahrhundert der Uraniastrasse weichen musste. Sicher stand ein Kultbau auf der einstigen Seeinsel, dem Grossen Hafner. Diese Stelle befindet sich heute auf dem Seegrund in der Nähe der Quaibrücke und wurde von den Tauchern der Stadtarchäologie untersucht. Zahlreiche Pfostenlöcher und Pfähle, angeordnet in einem runden Grundriss von sieben Metern Durchmesser, definieren den inneren Hauptraum des Heiligtums. Die Pfähle des Rundtempels sind dendrochronologisch ins Jahr 122 n. Chr. datiert. Die Funde aus dieser Anlage (Keramikscherben, Ziegel und Münzen) lassen vermuten, dass dieser Platz vom 1. bis ins 4. Jahrhundert genutzt worden ist.

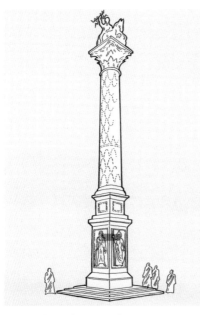

Rekonstruktion Viergötterstein.
(Zeichnung D. Berti, 1985)

Unteres Seebecken. Kreis im Vordergrund markiert
Grossen Hafner. (Foto Kantonsarchäologie, 2001)

[D7–D3] **Bahnhofstrasse 48, Augustinergasse 29**__Wohn- und Geschäftshaus, 1874, A: Johann Schulthess. Lit. ZD 1991/92, S. 65–67. **Bahnhofstrasse 52, 54**__Seidenhaus Spinner & Cie, 1882. 1930 Totalumbau. **Bahnhofstrasse 53–55, Pelikanstrasse 2, St. Annagasse 4**__Ehem. Schweiz. Volksbank, 1921–25, A: Otto Honegger, Hans Moser. **Bahnhofstrasse 56–58**__Wohn- und Geschäftshaus Ringmauer, 1885, A: Johannes Baur. 1907 Umbau von Dorer & Füchslin. Lit. ZD 1995/96, S. 119–121. **Bahnhofstrasse 57**__St. Annahof, 1911–14, A: Gebr. Pfister, K: Otto Kappeler, Wilhelm Schwerzmann, Otto Münch, Hans Markwalder. Lit. Dominique Von Burg, St. Annahof, in: Gebrüder Pfister – Architektur für Zürich 1907–1950, Zürich 2000, S. 168–174. > S. 179 **Bahnhofstrasse bei 57, Ecke St. Annagasse**__ Brunnen, undat.

Das spätrömische Kastell auf dem Lindenhof

In spätrömischer Zeit rückt erneut der Lindenhof in den Mittelpunkt der Siedlung. Am Ende des 3. oder spätestens im 4. Jahrhundert wurde er wieder militärisch befestigt. Auf seiner Kuppe entstand ein Kastell mit acht bis zehn Türmen und einer Innenbebauung, von der allerdings wenig bekannt ist. Reste dieses Bauwerks können heute noch im Lindenhof-Keller besichtigt werden (Schlüssel im Baugeschichtlichen Archiv, Neumarkt 4). Teile der Umfassungsmauer sind auf der Ostseite der heutigen Lindenhof-Stützmauer erhalten und bei der Sanierung 2005 entdeckt worden. (siehe S. 29). Die Befestigung des Lindenhofs in der späten Kaiserzeit widerspiegelt die unruhigen Verhältnisse, die den allmählichen Untergang des römischen Reichs einleiteten. Ihren festungsartigen Charakter hat die Anlage über das römische Reich hinaus bis ins Hochmittelalter bewahrt. Besonders nachts, wenn sich die Stützmauer durch die Beleuchtung von der übrigen Bebauung am Ostabhang des Lindenhofs abhebt, lässt sich erahnen, welch eindrückliches Bild das Kastell einst geboten hat. (Petra Ohnsorg)

Rest von römischem Kastellturm und mittelalterlichen Mauern auf dem Lindenhof, Grabung 1938. (Foto SLM, 1938)

62–60, 58, 56 ·················· 61 ···················· 61 ················· 63 ················ 65 ··········

Bahnhofstrasse 60–62, Rennweg 43, 47, 51__ Spielwarenhaus Franz Carl Weber (Nrn. 60, 62), Zum Rebstock, Zur Weissen Traube, Zum Granatapfel (Nrn. 43, 47, 51), heute ebenfalls Spielwarenhaus Franz Carl Weber. Nr. 60: 1881/82, A: J. Peyer. Nr. 62: 1888, A: Albert Pfister. Nrn. 43, 47, 51: 1312 und 1318 erstmals erwähnt. 1982/83 vollständige Auskernung. 2004 Rekonstruktion der historistischen Fassade zur Bahnhofstrasse. Lit. ZD 1980–84, 2. Teil, S. 171 f.; KDM, Stadt Zürich II.II, S. 318. > S. 218 **Bahnhofstrasse 61, Füsslistrasse 2__**Geschäftshaus Rheingold, 1908/09, A: Werner Rehfuss. Lit. ZD 1989/90, S. 123–125. **Bahnhofstrasse 63__**Wohn- und Geschäftshaus, 1870/71, A: Heinrich Honegger. 1980 Neubau mit Erkerrekonstruktion und Fassadenerhaltung. Lit. ZD 1980–84, 2. Teil, S. 71–73, 131. **Bahnhofstrasse 65__**Wohn- und Geschäftshaus, 1871, A: Alfred Nüscheler.

DIE STADT ENTSTEHT

450–1200

VON TURICUM ZU ZÜRICH

Das römische Erbe

Der Niedergang des weströmischen Reiches im 5. Jahrhundert ging mit einem starken Bevölkerungsrückgang einher. Das befestigte Turicum blieb allerdings, wie andere Orte in den nordwestlichen Provinzen, auch nach dem Ende des Imperiums bewohnt. Einen Hinweis auf die durchgehende Besiedlung bis in unsere Zeit gibt die Überlieferung des antiken Namens, der in frühmittelalterlichen Schriftquellen zum Beispiel als lateinisches «turegum» oder althochdeutsches «ziurichi» überliefert ist. Vor allem der Lindenhof blieb durchgehend besiedelt. Umfangreiche Geländearbeiten und der Bau mehrerer Steingebäude weisen im 7. und 8. Jahrhundert auf eine intensive Nutzung des Kastellinnern hin. Aussergewöhnlich für die Zeit ist die Anwendung der Steinbautechnik in römischer Tradition, da im Frühmittelalter sonst die Holzbauweise vorherrschte. Das Kastell bildete weiterhin das weltliche Zentrum und behielt seine Funktion als Befestigung, als Castrum oder Castellum bei. Erst im 13. Jahrhundert wurden die römischen Kastellmauern weitgehend abgebrochen (siehe S. 47).

Lindenhof. Spätrömischer Kastellturm mit Anbau des 7./8. Jahrhunderts. (Grafik F. Küng, 2006)

Bahnhofstrasse 67 ············ 69, 69a, 71 ················· 71, 73 ····················· 72, 70 ·················· 73 ···················· 75 ··

[D7–D3] **Bahnhofstrasse 67, Sihlstrasse 1**__Wohn- und Geschäftshaus, 1895, A: Albert Müller. 1919 Ausbau Dachstock von Pfleghard & Haefeli. **Bahnhofstrasse 69, 69a**__Wohn- und Geschäftshaus Zur Trülle, 1897, A: Pfleghard & Haefeli. Umbau 1983. **Bahnhofstrasse 70–72**__Wohn- und Geschäftshaus Werdmühle, 1902, A: Pfleghard & Haefeli. Lit. ZD 1999–2002, S. 81. **Bahnhofstrasse 71**__Haus Römer, 1881, A: Caspar Ulrich. 1982–85 Auskernung und Fassadenrenovation. Lit. ZD 1985/86, S. 85–87. **Bahnhofstrasse 73**__Wohn- und Geschäftshaus Capitol, 1882, A: Johannes Baur. **Bahnhofstrasse 75, Lintheschergasse 2**__Warenhaus Brann, heute Manor, 1899, A: Kuder & Müller, K: Otto Baumberger, Otto Hügin, Heinrich Müller, Eduard Stiefel und Ernst Georg Rüegg. Glasmalereien nach Entwürfen von Otto Morach. 1911 Um- und Anbau von Pfleghard & Haefeli. 1947 Umbau von Roland Rohn. Lit. ZD 1999–2002, S. 81. > S. 176

Eine Mauer mit Geschichte

2005 liess die Stadt die gegen die Limmat gewandte östliche Stützmauer des Linden-hofs umfassend sanieren. Die archäologischen Abklärungen ergaben, dass die Mauer in mehreren Phasen vom 4. bis ins 20. Jahrhundert erbaut wurde. Sie zeich-nen die Geschichte des Lindenhofs vom Römerkastell zur «grünen Oase» der Zürcher Altstadt nach. Die Kastellmauer des 4. Jahrhunderts, die älteste noch stehende Mauer Zürichs, ist gegen die Limmat hin in die Höhe von zwei Metern erhalten. Geröll aus dem stadtnahen Sihlbett diente als Baumaterial. Rund tausend Jahre später, im 15. Jahrhundert, wurde die Kastellmauer als Fundament für die heute noch bestehende Stützmauer genutzt. Das spätrömische Kastell prägte somit die Form der Lindenhofterrasse mit. Weitere Veränderungen folgten im 17. Jahrhundert im Zusammenhang mit dem Bau des Brunnens und des zugehörigen Brunnenhäus-chens, das heute als Taubenschlag dient. Nach dem teilweisen Abtragen der zur Limmat abfallenden Hofhalde wurde die Mauer im 19. Jahrhundert unterfangen.

Lindenhof. Die Stützmauer nach der Sanierung. (Foto M. Grünig, 2005)

··· 76 ················· 80 ················· 81 ······················· 84, 82 ······················· 89 ················· 91, 93 ···········

Bahnhofstrasse 76__Wohnhaus, 1866, A: Adolf und Fritz Brunner. **Bahnhofstrasse 77**__Geschäftshaus, 1931. **Bahnhofstrasse 79, Lintheschergasse 8**__Näfenhaus, 1931, A: Otto Honegger.
Bahnhofstrasse 80__Wohnhaus, ehem. Hotel Wanner, 1867, A: Adolf und Fritz Brunner.
Bahnhofstrasse 81, Schweizergasse 4__Wohnhaus, 1867, A: Johannes Fürst.
Bahnhofstrasse bei 81__Pestalozzi-Anlage mit Denkmal, 1899, K: Hugo Siegwart. Lit. ZD 1993/94, S. 91–95. **Bahnhofstrasse 82–84**__Zum Freieneck, 1892, A: Johann Joseph Weidmann.
Bahnhofstrasse 87, Lintheschergasse 14, Schützengasse 15__Geschäftshaus, 1875. Seit 1892 Hotel St. Gotthard. 1878 Erweiterung Lintheschergasse bei 14. 1930 Umbau von Otto Honegger.
Bahnhofstrasse 89, Schützengasse 14__Die Schwalbe, Bankgebäude, 1876/77, A: Honegger & Bosshard (zusammen mit Bahnhofstrasse 91–93). **Bahnhofstrasse 91–93**__Siehe Bahnhofplatz 7.

St. Peter, die älteste Kirche

Der Kult um die Stadtheiligen Felix und Regula prägte die Kirchenlandschaft der mittelalterlichen Stadt. Nach der Legende liessen die Römer die Geschwister enthaupten, weil sie nicht von ihrem christlichen Glauben ablassen wollten. Die Legende setzt ihr Martyrium in die spätrömische Zeit um 300. Sowohl für die Wasserkirche, dem Ort des Martyriums, als auch für das Grossmünster, der Grabstätte der Heiligen, ist ein entsprechender Ursprung nicht auszuschliessen, doch reichen die ältesten bekannten Baureste an beiden Stellen nicht vor das 10. Jahrhundert zurück. Eine frühe Gründung war auch die an der Strasse nach Westen gelegene Kirche St. Stephan (heute St. Annagasse 9), von der jedoch keine Spuren mehr vorhanden sind.

Die früheste archäologisch nachgewiesene Kirche in Zürich ist ein Vorgängerbau der Pfarrkirche St. Peter, eine kleine Saalkirche mit Apsis aus dem 8./9. Jahrhundert. Die heutige St.-Peter-Kirche ist das Resultat mehrerer Bauphasen: Der Unterbau des wuchtigen Turms über dem Chor stammt aus dem 13. Jahrhundert, die Zifferblätter der Turmuhr wurden 1538 angebracht und das barocke Langhaus entstand 1705–1706.

St. Peter. Archäologisches Fenster. (Foto 1995)　　St. Peter. Ansicht von Süden. (Foto 2004)

Bahnhofstr. · 98, 94 ·············· 104 ······················· 110　　　　Bärengasse······ 4 ··············· 5, 9 ··················· 10 ·

Gräber in römischen Mauern

In römischer Zeit war der Südhang des St.-Peter-Hügels ein dicht überbauter Teil des Vicus «Turicum». Nach dem Untergang des römischen Reiches, im Frühmittelalter, legten die Bewohnerinnen und Bewohner hier einen Friedhof an. Rund 40 Gräber aus dem 7. Jahrhundert sind bisher im Bereich zwischen St. Peter und In Gassen bekannt. Der damals noch intakte römische Weg könnte für die Wahl des Bestattungsplatzes im vormals bewohnten Gebiet den Ausschlag gegeben haben. Die Lage der Gräber illustriert die vorübergehende Redimensionierung der frühmittelalterlichen Bebauung und lässt darauf schliessen, dass sich die offene Siedlung auf die nähere Umgebung des befestigten Lindenhofs konzentrierte. Die Gräber sind in der Regel aus Platten gefügt oder massiv gemauert. Mit Kalkmörtel gebundene sowie verputzte und getünchte Grabmauern belegen, wie schon bei den frühmittelalterlichen Bauten auf dem Lindenhof, die Anwendung römischer Bautechniken.

Storchengasse 13. Gemörteltes Mauergrab des 7. Jahrhunderts mit Kinderbestattung. (Foto 1978)

········ 20, 22 ····················· 22 ····················· 29 ········ Basteiplatz ················· 3, 5, 7 ···························· 11

Bärengasse 20–22__Zur Weltkugel (Nr. 20), Zum Schanzenhof (Nr. 22), heute Wohnmuseum Bärengasse. Nr. 20: 1680 erstmals belegt. Nr. 22: 1671 erstmals belegt. 1972 Verschiebung beider Häuser an den Basteiplatz. Lit. KDM, Stadt Zürich IV, S. 349–354. > S. 86 f. **Bärengasse 29**__Zur Bastei, Geschäftshaus, 1955, A: Werner Stücheli. Lit. Flora Ruchat–Roncati, Werner Oechslin (Hrsg.), Werner Stücheli, 1916–1983, Zürich 2002, S. 68. > S. 226 f. **Bärengasse 32**__Siehe Basteiplatz 3, 5, 7.

[C6] **Basteiplatz 3, 5, 7, Balderngasse 7, 9, Bärengasse 32**__Wohnhäuser, 1879–85, A: Locher & Cie. **Basteiplatz 11**__Schulhaus Schanzengraben mit Turnhalle, 1874–76, A: Reutlinger & Reutlinger. Lit. ZD 1989/90, S. 82–88, 114.

Kein Geringerer als Karl der Grosse fand die Gräber der Stadtheiligen Felix und Regula wieder – so berichtet es zumindest die Legende. Der Kaiser soll an dieser Stelle den Kult um Felix und Regula durch den Bau einer Kirche gefördert haben. Die thronende Figur am Karlsturm des Grossmünsters erinnert an den legendären Stifter. Konkreter fassbar ist das Engagement seines Enkels Ludwig des Deutschen. Dieser gründete 853 das Fraumünsterkloster. Ihm wird auch die Errichtung der ersten Pfalz auf dem Lindenhof zugeschrieben. Die «Kirchenfamilie» mit Grossmünster, Wasserkirche und Fraumünster sowie die Pfalz auf dem Lindenhof, der Königshof auf der St. Peter-hofstatt und der Stadelhof als wirtschaftliches Zentrum der königlichen Besitztümer unterstreichen die überregionale Bedeutung Zürichs. Der Siedlungsschwerpunkt befand sich im 9. Jahrhundert nach wie vor auf der linken Limmatseite. Bei Ausgra-bungen am Nordrand des Münsterhofes untersuchte die Stadtarchäologie mehrere Holzhäuser. Es handelte sich um Schwellenbauten mit Fachwerk, die im 9. Jahrhun-dert im Umfeld des Fraumünsters errichtet worden waren.

Münsterhof. Übersicht über das Grabungsgelände mit alter Friedhofmauer. (Foto 1977)

Münsterhof. Rekonstruierte karolingische Holz-bauten. (Nach D. Gutscher, 1984)

Beatenplatz ····· 1 ······················· 4   Bellevueplatz ······ 1   Blaufahnenstr. 12   Bleicherweg ········· 2···

[D4/D3] **Beatenplatz 1**__Siehe Bahnhofquai 5. **Beatenplatz 2**__Büro- und Geschäftshaus, 1947–49,
A: Robert Winkler. **Beatenplatz 4**__Siehe Bahnhofquai 7.

[E7] **Bellevueplatz 1, 2**__Tramwartehalle und Dienstgebäude, 1937, A: Hermann Herter, Fritz Stüssi. > S. 203

[E6/E5] **Blaufahnenstrasse 3**__Geschäftshaus, 1927. **Blaufahnenstrasse 6**__Siehe Zwingliplatz 3.
Blaufahnenstrasse 12__Geschäftshaus, 1891. **Blaufahnenstrasse 14**__Geschäftshaus, 1910.

[C6–B8] **Bleicherweg 1**__Wohnhaus, 1893/94, A: Alfred Weber. 1918 Umbau zu Geschäftshaus.
Bleicherweg 2__Siehe Paradeplatz 6.

Eine Abtei adeliger Frauen

König Ludwig der Deutsche stiftete das Fraumünsterkloster als königliches Eigenkloster und setzte seine Töchter Hildegard und Berta als erste Äbtissinnen ein. Unter
Berta wurde die erste Kirche geweiht, eine stattliche dreischiffige Säulenbasilika mit
Querhaus, drei Apsiden und einer Aussenkrypta. Noch im 9. oder 10. Jahrhundert
wurde an der Kirchennordseite die Jakobskapelle angefügt. Wesentliche Eingriffe
waren im frühen 11. Jahrhundert die Vergrösserung des Altarraumes und der Umbau
der darunter liegenden Krypta. Wohl zu Beginn des 12. Jahrhunderts kam der Südturm
hinzu, der heute nur noch auf die Traufhöhe des Altarhauses reicht. Er erhielt
100 Jahre später seinen Gegenpart, den im 18. Jahrhundert auf 80 Meter erhöhten und
die Stadtsilhouette prägenden Nordturm. Chor, Quer- und Langhaus der heutigen
Kirche stammen aus dem 13. und 14. Jahrhundert. In seiner heutigen Ausdehnung
lässt das Langhaus noch den karolingischen Vorgängerbau erahnen.

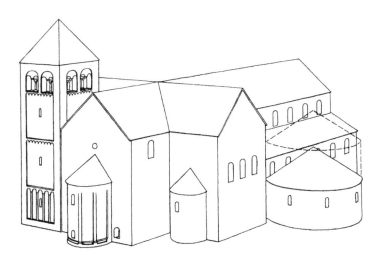

Fraumünster. Zustand des 12. Jh. mit neu errichtetem Südturm. (Nach E. Vogt 1959)

...... 5 .... 8 .... Börsenstrasse ··· 10 .... 15, 17·················· 18, 16, 14, 12 ················ 12 ······

Bleicherweg 5__ Siehe Talstrasse 25. **Bleicherweg 8__**Siehe Talstrasse 27.

[D7] **Börsenstrasse 10, Fraumünsterstrasse 12–14, Stadthausquai 11–13__**Metropol, 1892–94,
A: Heinrich Ernst. Eines der ersten Geschäftshäuser der Stadt Zürich. Lit. Nicolas Baerlocher (Hrsg.),
Metropol Zürich. Ein Geschäftshaus von Clariden Leu, Zürich 2007. > S. 165
Börsenstrasse 12–18__ Teil des Kappelerhofs, siehe Bahnhofstrasse 10–18. **Börsenstrasse 15–17__**
Schweizerische Nationalbank, 1919–22, A: Gebr. Pfister. 1975–81 Totalsanierung. Lit. Dominique
Von Burg, Die Schweizerische Nationalbank (1919–1922), in: Gebrüder Pfister – Architektur für Zürich
1907–1950, Zürich 2000, S. 188–201. > S. 197

Die Wasserkirche, auf einer Insel in der Limmat errichtet, wird in den Schriftquellen 1274 als Hinrichtungsort der Stadtheiligen Felix und Regula genannt. Bereits der älteste archäologisch nachgewiesene Kirchenbau aus dem 10. Jahrhundert nimmt jedoch deutlich Bezug auf einen Findling, den Stein, der als Richtstätte der Heiligen verehrt wurde. Darüber war der Chor der Unterkirche errichtet. Zwei Geschosse stellen das Hauptmerkmal der ersten Wasserkirche dar. Sie nahm die gesamte Fläche der Flussinsel ein und war entsprechend von Süd nach Nord ausgerichtet. Nachfolgende Umbauten führten unter anderem zur Verkleinerung des Chors, zum Einbau eines Wellenbrechers und, bedingt durch Hochwasser, zum schrittweisen Höherlegen des Fussbodens. Drei archäologisch untersuchte Gräber im Untergeschoss zeigen, dass die Wasserkirche im 11. und 12. Jahrhundert von Angehörigen der lokalen Oberschicht als Bestattungsplatz gewählt wurde. Vollständige Kirchenneubauten erfolgten im 13. und 15. Jahrhundert.

Wasserkirche. Ehemaliger Wellenbrecher in der archäologischen Krypta. (Foto 2006)

Börsenstrasse ··· 21 ··············· 25 ·································· 26 ·································· 25–27 ········· Brunngasse ················ 3 ········

[C7] **Börsenstrasse 21__**Siehe Bahnhofstrasse 3. **Börsenstrasse 25–27__**Siehe Talstrasse 1. **Börsenstrasse 26__**Siehe Talstrasse 9–11.

[E5] **Brunngasse 1__**Zum Schütz, 1879. **Brunngasse 3__**Zur Goldenen Traube, zwei mittelalterliche Bauten, 1362 erstmals erwähnt. Im 17. oder 18. Jh. Zusammenfassung zu einem Haus. Lit. KDM, Stadt Zürich III.II, S. 436. **Brunngasse 4__**Zum Weissen Turm, zwei Steinbauten 12./13. Jh., ab 1357 erwähnt. Seit 1500 Teil eines grossen Besitzkomplexes an der Brunngasse. 16. Jh. Aufstockung. 16./17./18. Jh. Um- und Ausbauten. Lit. KDM, Stadt Zürich III.II, S. 436–442. Siehe Steinbockgasse 8, 12. **Brunngasse 5__**Zum Goldenen Kreuz, undat.

Residenz der Könige und Stadtherren

Im 11. Jahrhundert sind mehrere Besuche von deutschen Kaisern und Königen in Zürich belegt. Der geografischen Lage des Ortes entsprechend ging es bei diesen Aufenthalten oft um Angelegenheiten mit italienischen Herrschern. Die Pfalz auf dem Lindenhof war auch Schauplatz von Festlichkeiten, so an Weihnachten 1055, als der 5-jährige Heinrich IV., später berühmt durch seinen «Gang nach Canossa», mit der 4-jährigen Bertha von Turin verlobt wurde. Die Pfalz war im 10. oder 11. Jahrhundert als langgestreckter, zweigeschossiger Bau mit Kapelle neu errichtet worden. Im Süden reichte er weit über die alte Kastellmauer hinaus und glich dabei einen beträchtlichen Höhenunterschied aus. Im 11./12. Jahrhundert wurde der gediegene Bau zur Burg mit Türmen und doppeltem Wehrgraben umfunktioniert, die ebenerdigen Zugänge wurden dabei vermauert. Wie oft in dieser Zeit noch noble Gesellschaft mit Gefolge die Pfalzburg für Aufenthalte benutzte, ist nicht bekannt. Im 13. Jahrhundert wurde sie von den Stadtbewohnern geschleift (siehe S. 47). (Andreas Motschi)

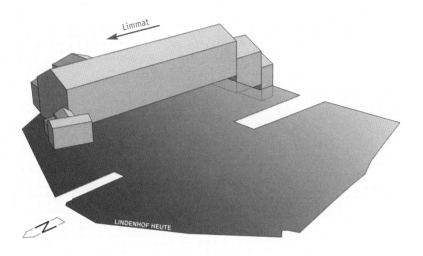

Lindenhof. Pfalz des 10./11. Jahrhunderts. (Grafik O. Lüde, 2004)

.... 6 .... 10, 8 .... 9, 11, 13, 15 .... 10, 8, 6 .... 11, 13, 15 ....

Brunngasse 6__Zum (Kleinen) Weissen Kreuz, Wohnhaus 1345 in jüdischem Besitz, baulich teilweise mit Brunngasse 8 verbunden. 1650 Dachstuhl. Seit 1842 Geschäftshaus. Lit. KDM, Stadt Zürich III.II, S. 442 f.
Brunngasse 7__Zum Kleinen Christoffel, undat. **Brunngasse 8–10**__Zum Brunnenhof (Nr. 8, ehem. Zum Grossen Weissen Kreuz), Bausubstanz 13./14. Jh., erstmals 1332 erwähnt, Wohnhaus in jüdischem Besitz, Festsaal im 1. OG mit Wandmalereien um 1330, vermutl. teilweise mit Funktion für die jüdische Gemeinde. 17./19. Jh. Aufstockungen. 1863/1880 Fassade mit neubarockem Blechzierat. Lit. KDM, Stadt Zürich III.II, S. 443–448; Dölf Wild, Roland Böhmer, Die spätmittelalterlichen Wandmalereien im Haus «Zum Brunnenhof» in Zürich und ihre jüdischen Auftraggeber, ZD 1995/96, S. 15–33. > S. 61 f.
Brunngasse 9__Zum Brotkorb, Bausubstanz 16. Jh. 1500, 1598 Umbauten. Lit. KDM, Stadt Zürich III.II, S. 448 f.

Hypothesen zu den frühen Zürcher Stadtbefestigungen

Lange schien klar, dass Zürich seit jeher über eine Stadtbefestigung verfügt hatte. Man konnte sich eine Stadt ohne Stadtmauern nicht vorstellen. Zürich habe insgesamt drei mittelalterliche Befestigungen aufgewiesen, war die gängige Haltung der Historiker. Bekannt war aber nur die letzte dieser drei Stadtmauern, die spätmittelalterliche aus dem 13. Jahrhundert. Wie die ersten beiden ausgesehen haben könnten, lag im Dunkeln. Im 19. Jahrhundert versuchte man den Verlauf älterer Mauerzüge im Innern der Altstadt zu rekonstruieren. Aus den 1970er-Jahren stammt die These, Zürich habe vor dem 13. Jahrhundert gar keine Stadtbefestigung besessen. Weil das damals die Archäologen bestätigten, fand diese Meinung Eingang in die historischen Darstellungen. Schliesslich stiess die Stadtarchäologie 1997 bei Untersuchungen am Rennweg auf die Überreste von zwei älteren Phasen der Stadtmauer. Somit lässt sich die heutige Haltung eher wieder mit der ursprünglichen vergleichen: Die mittelalterliche Stadtbefestigung Zürichs wies mindestens drei Phasen auf.

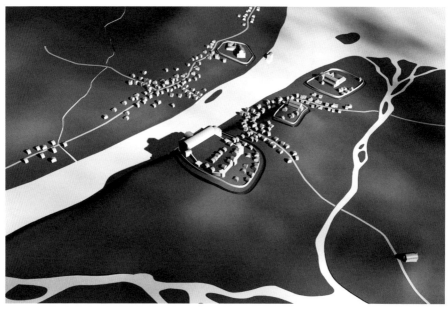

Zürich um 1050. Die zentralen Stellen sind befestigt. (Grafik O. Lüde, 2004)

Brunngasse ········ 11, 13 ················· 13, 15 ················ 12 ················ 13 ················ 15 ················ 18, 14, 12

[E5] **Brunngasse 11**__Zum Spreitenbach, undat. **Brunngasse 12, Froschaugasse 15**__Zum Gemsberg, Steinbau 13. Jh., erstmals 1332 erwähnt. 1616 Umbauten. Erste Hälfte 19. Jh. Aufstockung. 1899 Einbau einer Wirtschaft. Lit. KDM, Stadt Zürich III.II, S. 449 f. **Brunngasse 13**__Zum Schwarzen Schlüssel, mittelalterliche Bausubstanz. 1880 Umbau zur Wirtschaft. Lit. KDM, Stadt Zürich III.II, S. 449 f. **Brunngasse 14**__Zum Leuenscher, undat. **Brunngasse 15**__Zu den drei Sängern, 1879, A: Gustav Kreutler. Anstelle der ehem. Spitalmetzg. Lit. KDM, Stadt Zürich III.II, S. 462 f. **Brunngasse 18**__Zur Unteren Froschau, ehem. Teil des Pestalozzi-Besitzes in der Froschau. 1989 Neubau. Lit. KDM, Stadt Zürich III.II, S. 428–431. Siehe auch Froschaugasse 14, 16, 18.

Die früh- und hochmittelalterliche Stadtbefestigung

Um 800 spricht der unbekannte Verfasser der ältesten Legende von Felix und Regula vom «castrum turicum», dem «Kastellort Zürich». Heute ist klar, dass er damit das spätrömische Kastell gemeint hat, das auch im Mittelalter Kristallisationspunkt von Zürich war. Am Rennweg fand die Stadtarchäologie zudem einen Graben, der die Kuppe des Lindenhofs in einem weiteren Radius als die Kastellmauer umfasste. Dieser Graben datiert ins 10. oder 11. Jahrhundert. In dieser Zeit war auch das Fraumünster von einem Graben und wohl auch einer Mauer oder Palisade umgeben. In dieser Zeit umschloss die Befestigung somit nicht die ganze Siedlung, sondern konzentrierte sich auf die zentralen Stellen. Vielleicht im 11., sicher aber im 12. Jahrhundert wurde dann die ganze Siedlung von einer Mauer eingefasst. Diese Stadtbefestigung verlief nun bereits mehr oder weniger am Ort der spätmittelalterlichen aus dem 13. Jahrhundert. Sie war aber wesentlich weniger massiv. Die Pfalz war zu dieser Zeit eine Art «Stadtburg». (Dölf Wild)

Zürich um 1150. Die ganze Stadt ist von einer Mauer eingefasst. (Grafik O. Lüde, 2004)

Bürkliplatz ··· 1 ························· 3 ····························· Chorgasse ·· 3 ······· 8 ·········· 7, 9, 11, 15 ··············· 10 ······

[D8/D7] **Bürkliplatz o. Nr.__**Bürkliterrasse, Teil der 1881–87 unter Arnold Bürkli ausgeführten Quaianlagen. In den 1950er-Jahren Umgestaltung. **Bürkliplatz 1__**WC-Gebäude, erste Frauentoilette in Zürich, 1892. Lit. Jan Capol, Cornelia Bauer, Kleinbauten der Stadt Zürich, Architekturführer 1877–1995, Nr. 2. **Bürkliplatz 3__**Stadthausanlage Musikpavillon, 1908, A: Friedrich Fissler, I: Robert Maillart. Lit. Jan Capol, Cornelia Bauer, Kleinbauten der Stadt Zürich, Architekturführer 1877–1995, Nr. 3.

5/F4/E4] **Chorgasse 3__**Zum Schwarzen Stock, um 1730. Um 1790 Dachgeschoss. Lit. KDM, Stadt Zürich III.II, S. 460. **Chorgasse 7__**Zum Tannenbäumli, undat. **Chorgasse 8__**Siehe Seilergraben 7. **Chorgasse 9__**Zum Blauen Kreuz, Kernbau 1318. Lit. ZD 1991/92, S. 68f. **Chorgasse 10__**Siehe Seilergraben 9.

Die «vornehmste Stadt Schwabens»

So nannte Bischof Otto von Freising um die Mitte des 12. Jahrhunderts Zürich. Am Stadttor sei auf Lateinisch zu lesen: «Zürich, edel durch die Fülle an vielen Dingen». Pfalz, Marktrecht, Zoll und Münzprägung waren seit dem 10. Jahrhundert Ausdruck der Stellung Zürichs als Hauptort im südlichen Gebiet des Herzogtums Schwaben. Die Erweiterung der Stadt betraf nun auch die rechte Limmatseite. Neumarkt, Niederdorf und Oberdorf tauchen als Stadtteile erstmals im 12. Jahrhundert in den Schriftquellen auf. Insbesondere Nieder- und Oberdorf dürften dabei auf ältere Siedlungskerne zurückgehen. Auf dem Münsterhof legten die Stadtarchäologen die Überreste mehrerer Häuser aus dieser Zeit frei. Ein repräsentatives Gebäude der Zeit um 1100 lässt sich mit zwei gemauerten und einem gezimmerten Geschoss rekonstruieren. Das an die Friedhofmauer gebaute Haus flankierte den Durchgang zum Fraumünster. Heute ist sein Grundriss in der Platzpflästerung markiert. Auf eine wirkungsvolle Fassadengestaltung setzte man um 1200 auch an der Kirchgasse 14. Dazu gehörte eine romanische Bifore, ein doppeltes Rundbogenfenster, das später zugemauert wurde.

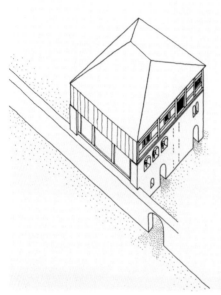

Münsterhof. Gebäude um 1100.
(Grafik Stadtarchäologie, 1982)

Kirchgasse 14. Romanische Bifore um 1200.
(Foto 1983)

Chorgasse 14, 12, 11, 15 · · · · · · · · 11, 15, 17 · · · · · · · · · · · 16, 14, 12 · · · · · · · · · · · · 15, 17, 19 · · · · · · · · · · · · · · · · 20 Elsässergasse · · · · · · · · · · ·

[F5/F4/E4] **Chorgasse 11, 15**__Zum Künneligarten (Nr. 11), Zum Sonnenberg (Nr. 15). 1633 Fachwerkbau über Steinsockel. 1739 Erweiterung. Lit. KDM, Stadt Zürich III.II, S. 460. **Chorgasse 12**_Siehe Seilergraben 11. **Chorgasse 14**__Siehe Seilergraben 13. **Chorgasse 15**__Siehe Chorgasse 11. **Chorgasse 16**__Siehe Seilergraben 15. **Chorgasse 17**__Zum Winkelmass, vermutl. im 18. Jh. tief greifender Umbau. 19. Jh. Aufstockung. **Chorgasse 18**__Siehe Seilergraben 17. **Chorgasse 19**__Zur Nonne, undat. **Chorgasse 20, Seilergraben 21**__Wohnhaus, heute Restaurant Rechberg, 1837. 1872 Aufsetzen der Dachzinne. Seit 1876 Gastwirtschaft. Lit. KDM, Stadt Zürich III.II, S. 460.

[F4] **Doktor-Faust-Gasse 9–11**__Siehe Rämistrasse 71.

[E5] **Elsässergasse 8**__Zum Oberen Elsässer, undat. **Elsässergasse 12**__Siehe Spiegelgasse 13.

Das Grossmünster

Das zwischen 1100 und 1230 errichtete Grossmünster ist einer der bedeutendsten spätromanischen Bauten der Schweiz. Quaderbauweise, Doppelturmfassade und hochwertige Bauplastik unterstreichen den Anspruch des Chorherrenstifts. Schnitt und Aufriss der dreischiffigen, mit Emporen ausgestatteten Pfeilerbasilika lassen deutliche Einflüsse aus der Lombardei erkennen. Die grosse Hallenkrypta unter dem zweigeteilten Langchor folgt dagegen oberrheinischen Vorbildern. Die Zwölfboten-kapelle, in der die Gräber von Felix und Regula verehrt wurden, flankiert den Lang-chor im Süden und weist eine Apsis auf. Der spätere Einzug eines Geschosses schuf den heute als Sakristei genutzten Raum. Zur hervorragenden Bauplastik an Kapitel-len, Kämpfern und Schlusssteinen kommt der überaus reiche Skulpturenschmuck des Kreuzgangs. Er wurde beim Abbruch der ehemaligen Stiftsgebäude 1849 zerlegt und im neuromanischen Nachfolgebau wieder aufgerichtet. (Andreas Motschi)

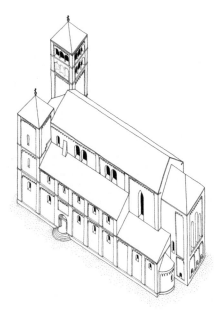

Grossmünster. Der um 1220/30 vollendete Bau.
(Nach D. Gutscher, 1983)

Grossmünster. Figürliches Kapitell mit drei Musi-zierenden. (Foto 1983)

Falkenstrasse · 11, 13 ············· 25, 27   Florhofgasse ·· 1–3 ···················· 2 ·················· 4 ···············

[F8] **Falkenstrasse 1__**Siehe Theaterplatz 1. **Falkenstrasse 11–13, Goethestrasse 10, Schillerstrasse 2__**
Neue Zürcher Zeitung. Nr. 11: 1899, A: Robert Zollinger; 1908, A: Heinrich Ziegler, Armin Witmer.
Nr. 13: 1948, A: Adolf Carl Müller. Nr. 10: 1893, A: Robert Zollinger; 1910, A: Heinrich Ziegler.
Falkenstrasse 21__ Siehe Goethestrasse 18. **Falkenstrasse 25–27__**Wohnhäuser, 1866.

[F5] **Florhofgasse 1–3, Kantonsschulstrasse 9__**Wohnhaus, 1890, A: Baur & Nabholz. **Florhofgasse 2, 4__**
Zum Unteren Schönenberg. Nr. 2: 1772, A: David Morf. Nr. 4: 1642, heute Hotel Florhof. 1907 Umbau zur
Pension durch Karl Weigle. 1973/74 Auskernung. Lit. KDM, Stadt Zürich IV, S. 257–262.

PLAN LUMIÈRE

PROJEKT FÜR DIE ZUKUNFT

Im Sommer 1999 reisten zwei Zürcher Gemeinderatskommissionen und Fachleute aus der Stadtverwaltung nach Lyon. Die Delegation aus Zürich war beeindruckt von der Wirkung beleuchteter Plätze und Gebäude. Der Gemeinderat (Stadtparlament) gab deshalb der Stadtregierung den Auftrag, ein Beleuchtungskonzept für die Stadt Zürich zu entwickeln. Zusammen mit dem Planungsbüro Feddersen & Klostermann und dem Lichtgestalter Roland Jéol aus Lyon erarbeitete das Amt für Städtebau den

«Plan Lumière». Im Frühling 2004 genehmigte die Stadtregierung das Konzept. Im Februar 2005 konnten erste ausgeführte Projekte in Betrieb genommen werden und im März 2006 genehmigte der Zürcher Gemeinderat einen Rahmenkredit von 8 Millionen Franken für weitere Umsetzungen in den nächsten fünf Jahren.

Das Konzept des Plan Lumière basiert auf der Analyse des Stadtkörpers und seiner aussenräumlichen Eigenheiten.

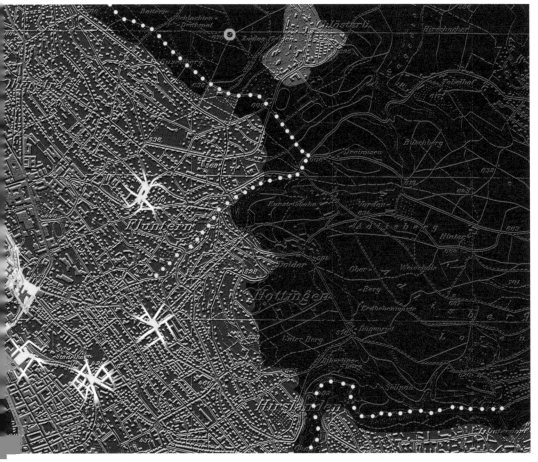

Ausschnitt Lichtplan mit Angabe der Interventionsgebiete. Stadt Zürich, 2004

Es legt fest, wo beleuchtet werden kann, und definiert die Grundsätze für eine gestalterisch gute, umweltverträgliche Anwendung von Licht im nächtlichen Stadtbild. Im Lichtplan werden die verschiedenen Gebiete genau beschrieben, die nach dem Plan Lumière beleuchtet werden sollen. Ein den Plan ergänzendes Handbuch dokumentiert gebietsspezifische Gestaltungsspielräume und liefert zusätzliches Arbeitsmaterial.

Mit sorgfältig auf die örtlichen Eigenheiten abgestimmten Lichtinterventionen werden Teile der Stadt ein neues nächtliches Gesicht erhalten und ein Gefühl von Sicherheit ausstrahlen. Die Lichtquellen werden primär Fassaden und Objekte anleuchten. Lichtverschmutzungen, die entstehen, wenn Leuchten ungehindert

Lichtenergie in den Nachthimmel verpuffen, werden vermieden. Baumbeleuchtungen kommen nur an ausgewählten, öffentlich wichtigen Plätzen und Parkanlagen zum Einsatz. Sie sind während der Sommermonate jeweils für zwei bis drei Abendstunden in Betrieb und werden um Mitternacht ausgeschaltet.

Während der Wintermonate wird auf die Beleuchtung der blätterlosen Bäume ganz verzichtet. Der Einsatz neuer, weniger Strom verbrauchender Technologien und die Umrüstung alter Lampen durch neue Leuchten ermöglichen den haushälterischen Umgang mit Energie.

Der Limmatraum

Die Innenstadt mit ihren Gassen, Plätzen, Brücken und repräsentativen Bauten gilt als Visitenkarte der Stadt. Der Limmatraum soll durch eine dezente Lichtinszenierung an Attraktivität gewinnen. Die Ufermauern bleiben als Hintergrund der Wasserspiegelung dunkel. Auch die Baumreihen entlang des Flusses sind nicht beleuchtet, sondern durch die dahinter liegende Stadtfassade figurativ in Szene gesetzt. Der Lindenhof und das aus dem Wasser ragende Bauschänzli kontrastieren mit ihren bewegten Baumsilhouetten die steinerne Ruhe der Innenstadt. Repräsentative Bauten und Brücken werden durch eine warmweisse Beleuchtung hervorgehoben.

Die ersten Realisierungen des Plan Lumière konnten 2005 in Betrieb genommen werden. Die Rudolf-Brun-Brücke und die Münsterbrücke wandeln sich nachts zu Steinskulpturen, die sich in der Limmat spiegeln. Das renovierte Bauschänzli präsentiert sich in neuem Licht, ebenso die Walchebrücke, die Mauer des Lindenhofs und der Zähringerplatz.
Im Rahmen der Neugestaltung des Limmatquais ersetzte man die alten orangefarbenen Natriumdampflampen der Strassenbeleuchtung durch Halogen-Metalldampflampen. Diese tauchen die neue Flaniermeile in ein angenehmes, warmweisses Licht.

Beleuchtete Münsterbrücke, ausgeführtes Projekt, 2005. Foto Georg Aerni, 2005

Schanzengraben, Vision Plan Lumière. Bild Feddersen & Klostermann, 2004

Neues Licht im Schanzengraben

Die Mauern des Schanzengrabens und der dazugehörige Flussraum blieben bis heute trotz der zentralen Lage im wirtschaftlichen Zentrum der Stadt weitgehend erhalten. Sie eröffnen einen von der urbanen Hektik befreiten, vom Hauptbahnhof bis zum See führenden Spazierweg für Fussgängerinnen und Fussgänger. Der Plan Lumière will mit wenigen gezielten Eingriffen die Stimmungen der verschiedenen Raumsequenzen in Szene setzen. Die Kugelleuchten aus den 1970er-/80er-Jahren sollen schrittweise abgebaut und durch neue Leuchten ersetzt werden, die nicht blenden und eine bessere Energiebilanz aufweisen. Die Umsetzung erfolgt frühestens 2010.

Kooperation mit Privaten

Die Stadt ist auf Initiative und Kooperation von privaten Eigentümerinnen und Eigentümern angewiesen, denn die meisten Bauten Zürichs sind in privatem Besitz. Die Zunft zur Meisen wird ihr repräsentatives Gebäude an der Limmat (Münsterhof 20) im Rahmen der künftigen Neugestaltung des Münsterhofs neu beleuchten und die Eigentümer des Hotels Schweizerhof (Bahnhofplatz 7) werden ihre Fassade am Bahnhofplatz ins «rechte Licht» rücken. Die Stadt unterstützt die beiden privaten Projekte. Die Zürcher Produktegestalter Luzius Huber und Florian Steiger haben im Rahmen einer Forschungsarbeit einen neuartigen Lichtprojektor entwickelt, der ein gestalterisch sorgfältiges Modulieren des Fassadenbilds erlaubt, wenig Energie verbraucht und keine Lichtverschmutzung produziert. Er kommt bei der Beleuchtung des Zunfthauses und des Hotels Schweizerhof erstmals zum Einsatz. (Stephan Bleuel)

Rennweg.

AUF DEM WEG ZUR FREIEN REICHSSTADT

1200–1524

AUFBRUCH IM 13. UND 14. JAHRHUNDERT

Das reichsunmittelbare Zürich

Die Zähringer waren im Hochmittelalter die Inhaber der Reichsvogtei über Zürich. Als das Geschlecht 1218 erlosch, erklärte Kaiser Friedrich II. die Stadt, und mit ihr auch das Grossmünsterstift und das Fraumünsterkloster, für reichsunmittelbar. Zudem erhob Friedrich II. die Äbtissin des Fraumünsters zur Reichsfürstin. Sie betrachtete sich damit als Stadtherrin. Der Stadt gelang es jedoch in den folgenden zwei Jahrhunderten, weitgehende Kontrolle über die Äbtissin zu erlangen und faktisch «freie Reichsstadt» zu werden. Seit 1220 ist in Zürich ein Rat nachgewiesen. Sein Siegel trug die Umschrift «consilii et civium Turicensium», übersetzt «Rat und Burger von Zürich». Seit 1251 ist das Rathaus genannt. Es stand bereits am Ort des heutigen Limmatquai 55. Laut einer schriftlichen Quelle stiess es an ein Steinhaus des Ulrich Manesse, das offenbar unmittelbar an die Rathausbrücke gebaut war. Um 1400 wurde es durch einen Neubau ersetzt, ein weiteres Mal 1694 (siehe S. 92).

Urkunde von 1252 mit Siegel des Zürcher Rats mit den Stadtheiligen. (Foto StAZ)

Florhofgasse ···· 6 ················ 7 ············· 8 ···················· 11 ···················· 13

[F5] **Florhofgasse 6**__Konservatorium, heute Hochschule der Künste, Departement Musik, 1899–1901, A: Kehrer & Knell. 1955–62 Umbau von Fischli & Eichholzer. Lit. Konservatorium und Musikhochschule Zürich (Hrsg.), Das neue/alte Haus: Zur Einweihung des renovierten Konservatorium-Gebäudes, Zürich 1987. **Florhofgasse 7**__Zum Hinteren Wolfbach, Zum Oberen Wolfbach, um 1590. 1863/64 Umbau von Leonard Zeugheer. 1892 Umbau von Johannes Baur. Lit. KDM, Stadt Zürich IV, S. 263–267. **Florhofgasse 8–12**__Siehe Hirschengraben 40. **Florhofgasse 11, 11a**__Zum Hinteren Florhof, heute Musikwissenschaftliches Institut der Universität, um 1630. Lit. Jäggi 2005, S. 10f.; KDM, Stadt Zürich IV, S. 247–253. **Florhofgasse 13, Hirschengraben 34**__Zum Kleinen Florhof, um 1700.

Der Lindenhof wird Festplatz

Nach dem Aussterben der Zähringer verlagerte sich das Machtzentrum vom Lindenhof hinunter zum Rathaus. Der Rat der Stadt Zürich liess die Pfalzburg abbrechen,
die Festungsgräben auffüllen und auf der Limmatseite des Lindenhofs die spätrömische Kastellmauer weitgehend schleifen. Um 1300 bestimmte der Rat, dass
niemand auf dem Lindenhof bauen dürfe. Er wollte dem Lindenhof seinen herrschaftlichen Charakter für immer nehmen. Noch bis ins 14. Jahrhundert nutzten
vornehme Familien Teile der Terrasse als Friedhof. Ansonsten diente der Lindenhof
als Versammlungs- und Festplatz. Im 15. Jahrhundert liess die Stadt auf der Limmatseite die Umfassungsmauer auf den Fundamenten der Kastellmauer neu errichten
und im Norden die Terrasse erweitern. Die Bepflanzung mit Linden ist seit dem
15. Jahrhundert nachgewiesen. 1668 folgte der Brunnen mit Brunnenhäuschen als
Teil eines Pumpwerks, das Wasser von der Limmat auf die Terrasse des Lindenhofs
förderte. Der Brunnen erhielt um 1850 die heutige Schale, die Figur mit der «Tapferen
Zürcherin» stammt aus dem Jahr 1912.

Der einst herrschaftliche Lindenhof ist heute eine Oase der Ruhe im Zentrum der Stadt. (Foto 2007)

Fortunagasse 4 · · · · · · · · · · · 13 · · · · · · · · · · · · · · · · · · 24, 22, 20, 18, 16 · · · · · · · · · · · · · · · · · · · 34, 32 · 38, 36, 26, 24

[D5] **Fortunagasse 4**__Siehe Schipfe 39. **Fortunagasse 11**__Wohnhaus, undat. **Fortunagasse 13**__Hof-
gebäude, 1874. **Fortunagasse 15**__Siehe Rennweg 26. **Fortunagasse 16**__Zum Maierisli, mittelalterliche
Bausubstanz, ehem. Besitz des Klosters Oetenbach. Im 17./18. Jh. Domizil verschiedener Künstler.
Lit. KDM, Stadt Zürich II.II, S. 271 f. **Fortunagasse 18**_Wohnhaus, undat. **Fortunagasse 20**_Zum Amboss,
1456. **Fortunagasse 22**__Zum Halben Mühlrad, undat. **Fortunagasse 24**__Zum Morgenstern, undat.
Fortunagasse 26__Zur Turteltaube. 1975 Teilneubau. **Fortunagasse 30**__Siehe Rennweg 36.
Fortunagasse 32__Wohnhaus, 1879. **Fortunagasse 34**__Wohnhaus, 1878. **Fortunagasse 36**__Zur Weissen
Traube (ehem. Zum Leeren Täschen). 1727 Aufstockung. Ehem. reiche Ausstattung aus der zweiten Hälfte
18. Jh. Lit. KDM, Stadt Zürich II.II, S. 272 f. **Fortunagasse 38**__Zur Blauen Traube, undat.

Der Machtantritt der städtischen Kommune im frühen 13. Jahrhundert erwies sich als äusserst produktiv für Zürich. In den folgenden Jahrzehnten geschah ein eigentlicher Quantensprung in der Stadtentwicklung. Neue Quartiere und Plätze entstanden, fünf grosse Klöster wurden angesiedelt, vier davon in der Stadt selbst, das Zisterzienserinnenkloster Selnau in unmittelbarer Nähe. Aber auch gegen innen erfolgte eine Verdichtung, indem die Parzellen dichter überbaut und die Gassenfluchten zunehmend geschlossen wurden. Viele Gebäude waren nun ganz oder teilweise in Stein errichtet. Die bis anhin dominierende Holzbauweise verlor an Bedeutung. Die grösste Baumassnahme bildete der Bau der neuen Stadtbefestigung, die für Jahrhunderte das Erscheinungsbild der Stadt massgeblich prägte.

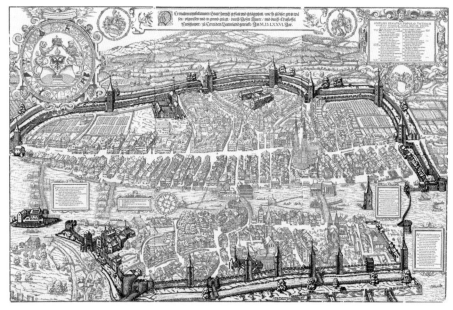

Grossbaustellen des 13. Jahrhunderts, hervorgehoben auf der Stadtansicht von Jos Murer, 1576.

Frankengasse · 1, 3 ·········· 3, 5, 6 ········· 11, 13, 14, 12 ················ 12 ····················· 15 ···················· 18, 16 ······

[E6/F6]   **Frankengasse 1__**Siehe Oberdorfstrasse 34. **Frankengasse 3__**Zu den Vier Winden, im frühen 15. Jh. erstmals erwähnt. Nach 1611 Wohnhaus mit Färbereibetrieb. 1882 Werkstattgebäude auf der zugehörigen Parzelle (siehe Frankengasse 5). Lit. KDM, Stadt Zürich III.II, S. 252 f. **Frankengasse 5__**Werkstattgebäude, 1882. Ehem. zu Frankengasse 3 gehörig. 1899–1926 Kupfergiesserei, seit 1992 Kinderhort. Lit. KDM, Stadt Zürich III.II, S. 252 f. **Frankengasse 6__**Zur Sonnenzeit, undat.
Frankengasse 11__ Siehe Schlossergasse 4. **Frankengasse 12, 14__**Zum Weissen Bär (Nr. 12), Zum Schwarzen Bär (Nr. 14), mittelalterliche Bausubstanz. **Frankengasse 13__**Siehe Schlossergasse 6.
Frankengasse 14__ Siehe Frankengasse 12. **Frankengasse 15__**Siehe Schlossergasse 8.
Frankengasse 16__ Wohnhaus, undat. **Frankengasse 18__**Wohnhaus, undat.
Frankengasse 20__ Wohnhaus, 1839.

Die spätmittelalterliche Stadtbefestigung

Schriftquellen weisen ab den 1220er-Jahren auf eine intensive Bautätigkeit an der neuen Stadtmauer hin. Um 1300 dürften die wichtigsten Partien abgeschlossen gewesen sein. Die Gesamtlänge der Stadtmauer betrug rund 2400 Meter. Zur Befestigung gehörten 16 Türme, darunter fünf Tortürme, und zwei einfache Mauertore. Gegen den See begrenzten das Grendeltor und eine Pfahlreihe, die Schwirren, das Stadtgebiet. Das Grendeltor stand im See, an einer Stelle vor dem heutigen Hechtplatz, die heute aufgeschüttet ist. Ebenfalls im Wasser stand der Wellenbergturm. Im 16. Jahrhundert wurden exponierte Stellen, wie das Rennwegtor, durch einen modernen Turmtyp ersetzt, die niedrigeren und bullig wirkenden Bastionen, die mit Geschützen versehen werden konnten. Im 17. Jahrhundert musste die mittelalterliche Stadtmauer dem barocken Schanzenstern weichen. Die Befestigungstürme und -tore blieben aber im Wesentlichen bis ins 19. Jahrhundert erhalten (siehe S. 110). Sie dienten als Symbole städtischer Macht.

Stadtbefestigung beim Fröschengraben (heute Bahnhofstrasse). Radierung Johann Balthasar Bullinger, um 1770. (Original ZBZ)

········ 21, 23 ············· 22, 20, 18 ·············· 24, 26, 28, 30 ························· 26 ····················· 26, 24, 22, 20, 18

Frankengasse 21__ Zum Schützen, mittelalterlicher Baukern. 1614 auf Türsturz.
Frankengasse 22__ Zur Braunen Aglei, vermutl. 14. Jh. 19. Jh. Aufstockungen. Lit. ZD 1995/96, S. 128 f.
Frankengasse 23__ Zur Tanne, undat. **Frankengasse 24__**Zum Kleinen Karl, undat.
Frankengasse 25__ Zum Tannenbaum, Bausubstanz 15./16. Jh. 17. Jh. Aufstockung. 18. Jh. Barockisierung Fensterprogramm. 19. Jh. Aufstockung. Lit. ZD 1987/88, S. 111 f. **Frankengasse 26__**Zum Grossen Karl (Karel), mittelalterliche Bausubstanz. 1743 auf Türsturz. Lit. KDM, Stadt Zürich II.II, S. 253 f.
Frankengasse 28__ Zur Sonnenblume. 1968 Auskernung. **Frankengasse 30__**Zur Tulipan, 1410. Lit. KDM, Stadt Zürich III.II, S. 254.

Die spätmittelalterliche Befestigung war auf den beiden Seiten der Limmat unterschiedlich gebaut. Links der Limmat im Gebiet der heutigen Bahnhofstrasse befand sich mit dem Abschnitt am ehemaligen Fröschengraben ihre «Schauseite». Hier stand über einem doppelten Wassergraben eine rund 8,5 Meter hohe, freistehende Mauer, begleitet von zahlreichen, relativ niedrigen Türmen. Im stark ansteigenden Gelände auf der rechten Seite der Limmat stellte die Befestigung einen mächtigen, 20 Meter breiten und über sechs Meter tiefen, flachen und trockenen Graben dar. Die Stadtmauer war hier bis auf die flache Sohle des Grabens hinunter gebaut. Die Türme standen auf dieser Seite in grossen Abständen. Bis ins 18. Jahrhundert begleitete ein zweiter, kleinerer Graben diesen Hauptgraben. Der Hauptgraben beherbergte seit 1529 eine Attraktion, die ihm seinen Namen gab: Hirsche. Bestand hatte diese Frühform des Zoos bis in die zweite Hälfte des 18. Jahrhunderts, als der Hirschengraben aufgefüllt und zum ersten Boulevard der Stadt umgestaltet wurde.

Überreste der spätmittelalterlichen Stadtmauer im Keller der Liegenschaft Chorgasse 22. (Foto 2007)

Fraumünsterstr. 12–14 ········· 12–14 ·················· 16 ················ 17, 19 ················ 23, 25, 27, 29   Freieckgasse ······

[D7/D6] **Fraumünsterstrasse 2**__Siehe Lochmannstrasse 2. **Fraumünsterstrasse 8**__Siehe Stadthausquai 3–7.

[D7/D6] **Fraumünsterstrasse 9–19**__Teil des Kappelerhofs. Zum Löwensteig (Nr. 9), 1884/86, A: Emil Naef. 1930, 1973 Umbauten. Siehe auch Bahnhofstrasse 10–18. **Fraumünsterstrasse 12–14**__Siehe Börsenstrasse 10. **Fraumünsterstrasse 16**__Siehe Kappelergasse 1. **Fraumünsterstrasse 21–29, Kappelergasse 14–16**__ Zentralhof, 1873–76, A: Adolf und Fritz Brunner. Siehe auch Poststrasse 1–7. > S. 112 **Fraumünsterstrasse 28**__Siehe Stadthausquai 17.

[E7/F7] **Freieckgasse 7**__Zum Goldenen Stern, vermutl. 18. Jh. Ab 1863 Gasthof zum Sternen. Lit. ZD 1991/92, S. 73 f.

Ein städtischer Platz

Wie erwähnt, deutete Zürich im 13. Jahrhundert den Lindenhof vom Zentrum höfischer Macht zur städtischen Freifläche um. Ähnlich erging es der direkten Konkurrenz der Stadt, der Fraumünsterabtei. Im 13. Jahrhundert schuf die Stadt neben der Kirche mit dem Münsterhof den grössten Platz innerhalb der mittelalterlichen Stadtmauern. Dafür mussten einige Häuser, vor allem aber die Umfassungsmauer des Klosters an dieser Stelle sowie ein grosser Friedhof der Abtei weichen. Das Areal des Klosters mit dem Friedhof wurde auf einen schmalen Streifen entlang der Kirche reduziert. Damit wurde das Kloster besser in den Stadtraum eingebunden. Vermutlich ging es bei diesen Baumassnahmen um die städtebauliche und damit politische Einbindung des Klosters, dessen Äbtissin sich als Stadtherrin betrachtete. Die archäologisch nachgewiesenen Baustrukturen aus der Zeit vor diesen Massnahmen sind in der Pflästerung des Platzes nachgezeichnet.

Der Zürcher Münsterhof um 1250 und 1760. (Rekonstruktionen J. Müller, 1982)

Freigutstrasse · 37 Froschaugasse 1, 3 ·················· 2 ················ 3, 8, 4, 2 ················ 3 ················ 3 ·········

[B7–A6] **Freigutstrasse 37**__Synagoge, 1924, A: Henauer & Witschi. Lit. Karin Huser, Synagoge der Israelitischen Religionsgemeinschaft, in: Vom Grabhügel bis zur Ökosiedlung – Zürcher Baugeschichten, Zürich 2007, S. 380–381.

[E5] **Froschaugasse 1, Rindermarkt 23**__Zur Vorderen Alten Burg, Bausubstanz 13. Jh., erstmals 1357 erwähnt. 1577, 1716 Umbauten. Teilweise gemeinsame Besitzerschaft mit Froschaugasse 3. Lit. KDM, Stadt Zürich III.II, S. 413 f. **Froschaugasse 2**__Siehe Neumarkt 1, 3. **Froschaugasse 3**__Zur Hinteren Alten Burg, Bausubstanz zweite Hälfte 13. Jh. Nach 1474 Erweiterung. Erste Hälfte 16. Jh. Umbauten und Neuausstattung. 1830–32, 1861–63, 1885–88, 1898 Umbauten. Lit. KDM, Stadt Zürich III.II, S. 421.

Der Rennweg steht mit seiner Dimension und dem gradlinigen Verlauf einzigartig
da im Gefüge der Altstadt. Er wird in der Mitte rechtwinklig von der Kuttel- und
Fortunagasse gequert, was im Grundriss eine Kreuzform ergibt. Die historische
Forschung hat in dieser symbolträchtigen Kreuzform ein planmässiges Vorgehen der
Herzöge von Zähringen gesehen. Archäologische Grabungen haben aber gezeigt,
dass anstelle der Kuttel- und der Fortunagasse bis ins 13. Jahrhundert ein älterer
Graben der Stadtbefestigung verlief. Diesen hatte man nach 1250 zugeschüttet und
in eine Gasse umgewandelt. Die Kreuzform ist also Zufall und die Anlage des Renn-
wegquartiers erfolgte Jahrzehnte nach dem Aussterben der Zähringer unter der
Ägide der Stadt. Im Zentrum des neuen Quartiers, im Schnittpunkt von Rennweg mit
Kuttel- und Fortunagasse, wurde um 1300 ein städtischer Sodbrunnen angelegt.
Der neue Rennweg wurde zur wichtigsten Hauptgasse links der Limmat und über das
Rennwegtor zur Hauptstrasse Richtung Westen.

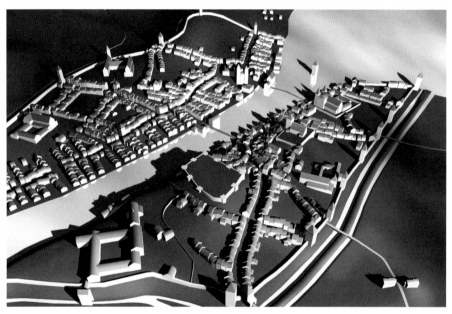

Zürich um 1320, im Vordergrund das Rennwegquartier. (Rekonstruktion O. Lüde, 2004)

Froschaugasse · 4 ·········· 5 ····················· 7, 9 ························· 7 ························· 8, 4 ·················· 11 ···

[E5] **Froschaugasse 4**__Zur Judenschule, Zum Burghof, ehem. mittelalterliche Synagoge, Bausubstanz 14. Jh.
Bis 1423 Wohnhaus mit Betsaal im EG. 1554, 1705 und 1763–65 Umbauten. Lit. KDM, Stadt Zürich III.II,
S. 421–424. > S. 60 **Froschaugasse 5**__Zum Streit, 1316/17 erstmals erwähnt. Vermutl. 1775 Umbau,
Neuausstattung. Lit. KDM, Stadt Zürich III.II, S. 424 f. **Froschaugasse 7, Steinbockgasse 1**__Zum Kerzen-
stock, Kernbau 13. Jh. Im frühen 14. Jh. Erweiterung. Um 1600, 1860 Hofüberbauung in zwei Etappen.
1957 Umbau durch Kommanditgesellschaft Pinkus & Co, Buchhandlung Pinkus bis 1997. 1980, 1997
Umbauten. Lit. ZD 1997/98, S. 78–82. **Froschaugasse 8**__Zum Kleinen Propheten, dreigeschossiger
Steinbau, kurz nach 1286. 1560 Aufstockung. 1865 Umbau EG und 1. OG. Lit. ZD 1989/90, S. 121–123.
Froschaugasse 9, 11__Zum Brünneli, undat. Nr. 11 mit Ladenvorbauten und Wandbrunnen.
Lit. KDM, Stadt Zürich III.II, S. 427 (Froschaugasse 9) und S. 428 (Froschaugasse 11).

Adelstürme

Die markantesten Steinbauten neben den Kirchen und der Stadtbefestigung stellen in Zürich die mittelalterlichen Adelstürme dar. Sie sind auf dem Murerplan von 1576 deutlich sichtbar. Die ältere Forschung hatte in diesen Türmen Relikte früherer Stadtbefestigungen gesehen. Heute ist sicher, dass sie gleichzeitig mit der spätmittelalterlichen Stadtbefestigung im 13. Jahrhundert entstanden sind. Die Türme bilden den markantesten Teil der meist grösseren Gebäudekomplexe, die neben den Türmen weitere, zum Teil repräsentative Wohnbauten und Ökonomiegebäude umfassten. Ihre Erbauer sind zumeist unbekannt, da die schriftliche Überlieferung später einsetzte. Unter den frühen Bewohnern befanden sich auch Nichtadelige, wie die einflussreiche Familie Bilgeri. Die Türme blieben meist bis weit ins 19. Jahrhundert gut sichtbar im Stadtgefüge erhalten und waren oft noch im Besitz bedeutender Familien.

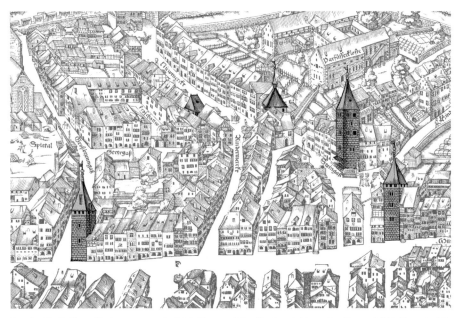

Aus der Stadtsilhouette herausragende Adelstürme auf der Stadtansicht von Jos Murer, 1576. (Ausschnitt)

···· 9, 11 ············· 10, 8 ············· 10, 8, 5 ············· 15 ············· 18, 16 ·········

Froschaugasse 10__Zum Grossen Prophet, bis 1350 jüdischer Besitz. Nach 1359 Umbauten, reiche Ausstattung. Ab 1408 vorübergehend Besitz des Klosters St. Verena. Bis 1576 diverse Aufstockungen. 1863 Umbau und Aufstockung. 1894 Laube. Lit. KDM, Stadt Zürich III.II, S. 427.
Froschaugasse 14, 16, 16a__Zur Froschau, ehem. Gebäudekomplex des 1260 gegründeten Frauenkonvents St. Verena. Um 1500 Um- und Neubauten. Nach Reformation Übergang ans Spital, 1551 an Buchdrucker Christoph Froschauer. Nr. 14: Bausubstanz 16. Jh., Umbau 1611. Nr. 16: Mittelalterliche Bausubstanz. Siehe Froschaugasse 18, Predigerplatz 2. Lit. KDM, Stadt Zürich III.II, S. 428–431.
Froschaugasse 15__Siehe Brunngasse 12.

Der heute noch am besten erhaltene Adelsturm, der Grimmenturm, steht am unteren Ende des Neumarkts (Spiegelgasse 29). Ursprünglich gehörten auch das Haus «Zum langen Keller» (Rindermarkt 26) und das Stirngebäude «Zur Traube» (Neumarkt 2) zu diesem Ensemble, das sich heute noch um einen Innenhof gruppiert. Die Gebäudegruppe wurde erstmals 1324 bei einer Erbteilung erwähnt. Damals teilten drei Angehörige der zum Rat gehörenden Familie Bilgeri die Liegenschaft unter sich auf. Der Turm mit seinen markanten Eckverbänden weist einige Fenster auf, die aus der zweiten Hälfte des 13. Jahrhunderts stammen. Auch das Haus «Zum langen Keller» besitzt bis hoch hinauf noch Fenster aus dieser Zeit. 1932 kamen im zweiten Obergeschoss Wandmalereien aus dem frühen 14. Jahrhundert zum Vorschein. Sie befinden sich heute im Landesmuseum. Ähnliche Turmensembles finden sich im Gebäude Neumarkt 5 (Bilgeriturm) und an der Oberen Zäune 26 (Brunnenturm).

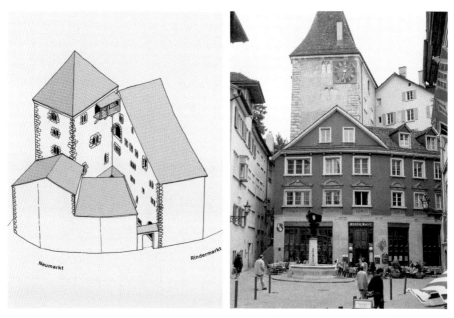

Der Grimmenturm mit seiner Umgebung. (Rekonstruktion M. Mathys, D. Berti, 1989 / Foto 2007)

Froschaugasse ··· 20 ·········· 28, 26 ················ 28, 26 ················ 20–24 ················ 30, 28, 26 ···················· 30, 28

[E5] **Froschaugasse 18**__Zur Hinteren Froschau. Siehe Froschaugasse 14, 16, 16a und Brunngasse 18. Konventgebäude des ehem. St.-Verena-Klosters. Nach Reformation Teil des Spitals, ab 1551 Sitz der Buchdruckerei Christoph Froschauers, danach Wohn- und Produktionsstätte Angehöriger der frühen Textilindustrie. 1811–19 Sitz der Blindenanstalt, danach Werkstätten. Lit. KDM, Stadt Zürich III.II, S. 428–431. Siehe auch Brunngasse 18. **Froschaugasse 20–24**__Zur Blauen Lilie, im 14. Jh. erstmals erwähnt. 1962/63 Zusammenlegung mit Haus zur Reigel (Nr. 22) und Haus zum Lärchenbaum (Nr. 24). Lit. ZD 1960/61, S. 110–112. KDM, Stadt Zürich III.II, S. 431. **Froschaugasse 26**__Zur Sonnenuhr, undat. **Froschaugasse 28**__Zum Bockskopf, undat. **Froschaugasse 30**__Zum Schwarzen Kreuz, undat.

Das Haus «Zum unteren Rech»

Am unteren Neumarkt befindet sich ein weiteres stattliches Gebäude, das Haus «Zum unteren Rech» (Neumarkt 4). Es ist ein Beispiel dafür, dass die Oberschicht auch ohne markante Türme herrschaftlich bauen konnte. Während Jahrhunderten wurde das «untere Rech» dem sich wandelnden Geschmack der führenden Geschlechter angepasst. Was heute unter einem mächtigen Dach vereint ist, war einst ein Bauensemble, das sich um einen Innenhof gruppierte und sich stetig erweiterte. Von seiner Baugeschichte zeugt rechts beim Eingang ein Mauerstück mit Rundbogenfenster und Portal aus der Zeit um 1200. Im Innenhof sind Architekturmalereien von 1534 und 1574 erhalten und im ersten Obergeschoss Decken- und Wandmalereien aus dem frühen 17. Jahrhundert. Der älteste erhaltene Raum befindet sich im zweiten Obergeschoss und weist eine geschnitzte Holzdecke mit einem Familienwappen und ein fein gegliedertes Fenstersäulenpaar aus Sandstein auf, darauf die Jahrzahl 1497.

Ansicht des Lichthofes im Haus «Zum unteren Rech». (Foto 1975)

Füsslistrasse · · · · · 4   Geigergasse · · · 5, 7 · · · · · · · · · · · · · · · · 6 · 7   Gerbergasse · · · · · 5

[C5] **Füsslistrasse 2__**Siehe Bahnhofstrasse 61. **Füsslistrasse 4__**Kramhof, heute Orell-Füssli, 1908–10,
A: Bischoff & Weideli. 1930 Umbau von Hermann Weideli. Lit. ZD 1993/94, S. 137–139.
Füsslistrasse 6, Sihlstrasse 21__ Telefonzentrale Füssli, 1924, A: Pfleghard & Haefeli.

[E6] **Geigergasse 5__**Zum Geigerhaus, Zur Heimat, älteste Bausubstanz vermutl. 14. Jh. Um 1346 Kauf durch
Kloster Rüti als Zürcher Hof. Urspr. zwei Gebäude, davon eines ein Turm. 1843 und 1874–78 weitgehend
erneuert und zusammengefasst. Seit 1897 Herberge Zur Heimat. Lit. KDM, Stadt Zürich III.II, S. 59 f.
Geigergasse 6__ Siehe Oberdorfstrasse 19. **Geigergasse 7__**Siehe Oberdorfstrasse 21.

[C4] **Gerbergasse 5__**Siehe Uraniastrasse 10.

[B6/A6] **Gerechtigkeitsgasse 5__**Siehe Selnaustrasse 9.

Das historische Stadtmodell «Zürich um 1800»

Im Erdgeschoss des Hauses Neumarkt 4 befindet sich das historische Stadtmodell «Zürich um 1800». Hans Langmack (1881–1952) hat es in 22-jähriger Arbeit hergestellt, zwei Jahre davon waren ausschliesslich der Arbeit am Modell gewidmet. Eine Fachkommission überwachte die Arbeit von Langmack und nahm das Modell ab. 1942 kaufte es die Stadt für das damals gegründete Baugeschichtliche Museum (seit 1958 Baugeschichtliches Archiv). Das Modell ist im Massstab 1:500 auf der Basis des Stadtplans von Johannes Müller aus den Jahren 1788–1793 angefertigt. Langmack zog alle ihm zugänglichen Abbildungen bei, um den damaligen Zustand der einzelnen Gebäude genau wiedergeben zu können. Es stellt die mittelalterliche Altstadt hinter den spätmittelalterlichen Stadtmauern gemeinsam mit der barocken Neustadt hinter der sternförmigen Befestigung des 17. Jahrhunderts dar. Das Modell zeigt die Stadt kurz vor dem Beginn der rasanten baulichen Veränderungen der Moderne.

Hans Langmack, «Zürich um 1800». Historisches Stadtmodell im Haus «Zum unteren Rech».

Gessnerallee ····· 8, 13 ················ 8 ······················ 9, 1–5 ····················· 9, 11, 13 ·························· 34, 32

[B5–C3] **Gessnerallee 1–5, Sihlstrasse 50__**Ehem. Warenhaus Ober, 1927/28, A: Gustav Tobel. 1931/34 Erweiterung und Umbau von Otto Dürr. Lit. Walter Baumann, 50 Jahre Ober, 1917–1967, Zürich 1967.
Gessnerallee 8__ Grosse Reithalle der Kaserne mit Stallungen, heute Theaterhaus Gessnerallee und Restaurant Reithalle, 1857/58, vermutl. nach Plänen von Johann Caspar Wolff. Lit. ZD 1995/96, S. 128–130; Hildegard Kraus, Jürg Woodtli, Theaterhaus Gessnerallee, Zürich 1993. > S. 238 f.
Gessnerallee 9, 11, 13__ Kleine Reithalle (Nr. 9) und Stallungen an der Sihl, heute Schauspiel-Akademie (Nrn. 11, 13), 1864, A: Johann Caspar Wolff. **Gessnerallee 28, 32, Schweizergasse 21__**Wannerhäuser, 1878–91, A: Jakob Wanner. Gebäudekomplex bestehend aus Geschäfts- und Wohnhäusern. Lit. ZD 1980–84, S. 137 f. Siehe auch Usteristrasse 10–14, Löwenstrasse 43–49.

Der Neubau des Fraumünsters

Das Fraumünster ist im Frühmittelalter als bedeutendes königliches Eigenkloster gegründet worden. Vom Kloster ist heute nichts mehr zu sehen. Mit Ausnahme des Südturms aus dem 12. Jahrhundert stammen die wichtigsten Bauteile aus dem 13. und 14. Jahrhundert. Als Kaiser Friederich II. der Äbtissin 1218 den Titel einer Reichsfürstin verlieh, wurde sie zur gleichbedeutenden Gegenspielerin der Stadt, die er gleichzeitig für reichsunmittelbar erklärt hatte (siehe S. 46). Zeichen der Selbstbehauptung des Fraumünsters war der Neubau der Kirche, der im 13. Jahrhundert mit Nordturm, romanischem Chor und Querschiff einsetzte. Im reich geschmückten Querhaus lässt sich der Übergang vom romanischen zum gotischen Baustil im letzten Viertel des 13. Jahrhunderts beobachten. Der Bau des schlichteren Langhauses begann noch im 13. Jahrhundert, die Einwölbung erfolgte vermutlich erst im 15. Jahrhundert – provisorisch als Holzgewölbe. Im immer schlichter werdenden Bau zeichnet sich der Niedergang der Abtei ab. Das heutige Steingewölbe stammt von 1911/12. 1969/70 gestaltete Marc Chagall die Chorfenster.

Das Fraumünster auf dem Altarbild von Hans Leu dem Älteren, um 1500. (Original SLM)

Glockengasse 2 ············ 3, 5, 7, 9 ····················· 3 ····················· 7 ····················· 8, 7, 9 ····················· 8 ····

[D5] **Glockengasse 1**__Siehe Strehlgasse 19. **Glockengasse 2**__Zum Griesmann, um 1320, 1357 erstmals erwähnt. Wandmalereien 14. Jh. 1560 Umbau. 1863 Dachstock und Ladeneinbauten. Lit. KDM, Stadt Zürich II.II, S. 246 f. **Glockengasse 3**__Zum Weissen Heid, Zu den Drei Rosen, Bausubstanz 13. Jh. **Glockengasse 4**__Zum Kleinen Riesen, 1357 erstmals erwähnt. Fünfgeschossiges Steinhaus. 16./17. Jh. Aufstockung. 1863 Ladeneinbau im EG. Lit. ZD 1991/92, S. 16–21; KDM, Stadt Zürich II.II, S. 247 f. **Glockengasse 5**__Zum Holderbähnli, undat. 1970 Umbau in Bürohaus. **Glockengasse 7, St. Peterhofstatt 5**__Zur Reblaube, 1327/28 dendrodatiert, 1338 erstmals erwähnt. 1601 grosser Umbau. 1615 Aufstockung. 1778–84 Wohnhaus von Johann Caspar Lavater. 1814, 1864, 1875 Umbauten. 1919 Renovation. Lit. KDM, Stadt Zürich II.II, S. 248–250. **Glockengasse 8**__Zum Sonnenberg, undat. 1930 Aufstockung. Lit. KDM, Stadt Zürich II.II, S. 252.

Um 1230 haben sich die Dominikaner (oder Prediger) als erster Bettelorden in Zürich niedergelassen. Von der gegen 1260 vollendeten Predigerkirche ist das Langhaus grösstenteils erhalten, überformt vom qualitätsvollen Frühbarock aus den Jahren 1609–14. Die Ostpartie wich in der ersten Hälfte des 14. Jahrhunderts einem hoch aufragenden, filigranen gotischen Langchor, wie er für den Orden damals üblich war. Dieser Bau gilt als eines der schönsten gotischen Bauwerke in der Region. Der Kirche vorgelagert (Predigergasse, Chorgasse) befand sich ein Beginenquartier, wo fromme Frauen (die Beginen) allein oder gemeinschaftlich in Armut lebten. Noch heute stehen hier kleine und einfache Bauten aus dem Spätmittelalter.

Kurz nach den Dominikanern haben sich in Zürich auch die Franziskaner (Barfüsser) angesiedelt. Ihre bescheidene romanische Kirche ist im 19. Jahrhundert abgebrochen worden. Von den teilweise erhaltenen Konventbauten ist der spätgotische Kreuzgang aus dem 14./15. Jahrhundert ein Schmuckstück (Obmannamtsgasse 2).

Die Zürcher Predigerkirche mit Langhaus und Chor. (Foto 2007)

Glockengasse 9, 13 · · · · · · · · · 9 · · · · · · · · · · · · · · 18, 16 · · · · · · · · · · · · · · · · · · 18, 16, 8 · 18, 16 Goethestrasse · ·

[D5] **Glockengasse 9, Augustinergasse 8__**Zur Glocke, mittelalterliche Bausubstanz, 1357 erstmals erwähnt. 1616 Residenz des venezianischen Gesandten. 1881 Umbau, Aufstockung. 1925 Art déco-Keramikverkleidung der Fassade. Lit. KDM, Stadt Zürich II.II, S. 250. **Glockengasse 13__**Zum Höbeli, undat. **Glockengasse 16__**Zum Gelben Leu, undat. **Glockengasse 18, Augustinergasse 16, Widdergasse 5–7__** Zum Grünen Schild (Nr. 18), mittelalterliche Bausubstanz, 1357 erstmals erwähnt. 1611 Umbau. 1862–1932 Pfarrhaus der Christkatholischen Gemeinde Zürich. 1967 vollständiger Neubau (Nr. 16). Lit. ZD 1966/67, S. 176–179. KDM, Stadt Zürich II.II, S. 251 f. Siehe Augustinergasse 16.

[F8/F7] **Goethestrasse 10__**Siehe Falkenstrasse 11–13. **Goethestrasse 12, 14__**Siehe Theaterstrasse 6. **Goethestrasse 16__**Wohn- und Geschäftshaus, 1864.

Augustiner und Dominikanerinnen links der Limmat

1270 erwarb der dritte Bettelorden, die Augustiner (Augustiner-Eremiten), Land in der Stadt Zürich und baute darauf sein Kloster. Wie das Prediger- und das Barfüsserkloster lag es am Rand der Stadt unmittelbar an der Stadtmauer. Von der Klosterkirche steht noch das Langhaus. Der heutige kleine Chor stammt von 1843/44. Die Reste des ursprünglichen Chores sind 1936/37 abgebrochen worden. Der Innenraum des Langhauses mit seinen schlanken, hohen Spitzbogenarkaden und den achteckigen Sandsteinpfeilern wurde in den 1950er-Jahren wieder seinem ursprünglichen Aussehen angenähert.

Das vierte Bettelordenkloster in Zürich entstand ab etwa 1280 im neuen Rennwegquartier. Dominikanerinnen hatten dafür ihre seit 1237 bestehende Niederlassung am Zürichhorn aufgegeben. Bilder und Fotos des 1902/03 abgebrochenen Klosters sind auf einer Bildertafel im Eingangsbereich des Parkhauses Urania zu sehen, im Gebiet, wo sich das Kloster befunden hatte (siehe S. 166).

Inneres der Zürcher Augustinerkirche. (Foto 2007)

··· 22, 20, 18   Gräbligasse ····· 3 ············· 8, 4, 3 ················ 8, 6, 4, 2   Graue Gasse ·· 10 ············· 11, 12, 10

Goethestrasse 18, Falkenstrasse 21__Wohn- und Geschäftshäuser, 1863/64, A: Theodor Geiger. Nr. 21: 1889 Fassadenneugestaltung. Goethestrasse 20, 22__Wohn- und Geschäftshaus, 1863. Goethestrasse 24__Wohn- und Geschäftshaus, 1874.

[E4] Gräbligasse 1__Siehe Niederdorfstrasse 66. Gräbligasse 2–4__Siehe Niederdorfstrasse 64. Gräbligasse 8__Ladengebäude, 1847. Gräbligasse 12__Siehe Zähringerstrasse 28.

[E4] Graue Gasse 1__Siehe Limmatquai 84. Graue Gasse 10__ Siehe Hirschengasse 9. Graue Gasse 11__Siehe Niederdorfstrasse 17. Graue Gasse 12__Siehe Niederdorfstrasse 15.

Juden im mittelalterlichen Zürich

Juden sind in Zürich 1273 erstmals schriftlich erwähnt. Sie haben hier eine kleine, florierende Gemeinde gebildet. Wie in unserem geografischen Raum üblich, mussten sie auch in Zürich den Geldverleih übernehmen, der den Christen untersagt war. 1349 kam es in ganz Mitteleuropa zu blutigen Judenverfolgungen. Es gibt deutliche Indizien, dass damals auch in Zürich die Juden verfolgt und viele ermordet wurden. Trotzdem ging das jüdische Leben in der Stadt nicht unter. Die jüdische Gemeinde besass mindestens eine Synagoge. Bekannt ist jene an der Froschaugasse 4, wo man ein bereits bestehendes Gebäude entsprechend angepasst hatte. Die Stadt-archäologie entdeckte dort 2002 ein kleines Fragment einer Wandmalerei, die zum jüdischen Betsaal gehört haben könnte. Der Friedhof der Gemeinde befand sich vor der Stadtmauer beim heutigen Heimplatz. 1436 erfolgte die Ausweisung der Juden aus Zürich. Sie konnten sich erst 1862 wieder in Zürich niederlassen und erst nach 1874 ihren Gottesdienst frei ausüben.

Zweischiffiger Betsaal der Synagoge an der Froschaugasse. (Rekonstruktion F. Guggenheim-Grünberg, 1967)

Grossmünsterplatz ··· 1, 3 ············· 7–9   Häringstrasse ······· 1 ······················· 2 ····················· 3, 4, 2 ·····

[E6] **Grossmünsterplatz 1, 2, 3**__Siehe Limmatquai 34–38. **Grossmünsterplatz 7, 8, 9**__Zur Münsterhalde (Nr. 7), Zum Münstergarten (Nr. 8), Zur Münsterterrasse (Nr. 9). Häusergruppe anstelle des ehem. Kaufhauskomplexes, 1858–63, A: Wilhelm Waser. Lit. KDM, Stadt Zürich III.II, S. 41. Siehe auch Limmatquai 28. **Grossmünsterplatz 6, Kirchgasse 7**__Zur Leutpriesterei. In den 1960er-Jahren Abbruch/ Neubau auf urspr. Grundriss. Lit. KDM, Stadt Zürich III.II, S. 274 f.

[E4] **Häringstrasse 1**__Siehe Niederdorfstrasse 46. **Häringstrasse 2**__Zur Jagd, Zur Schmiede, Steinhaus in heutiger Höhe 13. Jh. Spätes 19. Jh. Umbau für Wirtschaft. Lit. KDM, Stadt Zürich III.II, S. 228. **Häringstrasse 3**__Zum Häring, vermutl. frühes 15. Jh. Seit 1649 Wohnhaus des Pfarrers an der Spanweid. Lit. KDM, Stadt Zürich III.II, S. 228.

Ein bemalter jüdischer Festsaal

In der Liegenschaft Brunngasse 8 kamen 1996 im ersten Obergeschoss Malereien zum Vorschein, die zu einem 76 Quadratmeter grossen und 3 Meter hohen Festsaal gehört hatten. Ein Wappenfries, ein Bauerntanz des Minnesängers Neidhart von Reuenthal und eine Falknerdarstellung weisen kaum auf jüdische Auftraggeber hin. Doch die Wappen sind in hebräischer Schrift angeschrieben, diese konnte durch chemisch-physikalische Untersuchungen als Teil der Vorzeichnung der Bemalung identifiziert werden. Schriftliche Quellen belegen, dass um 1330 eine wohlhabende jüdische Familie die Liegenschaft besass. Der Fund zeigt, wie sich die Familie der Gestaltungselemente der lokalen Führungsschicht bediente. Sie konnte und wollte sich offensichtlich als Teil dieser Schicht darstellen. Über ihre religiöse Haltung ist damit wenig gesagt, nur dass sie nicht dem strikten jüdischen Bilderverbot nachlebte.

Brunngasse 8. Wandmalereien aus der Zeit um 1330 im jüdischen Festsaal. (Umzeichnung B. Scheffold)

··· 4, 5 ··················· 4 ·················· 13, 15, 17 ·················· 13, 15 ···················· 19, 21 ·················· 20, 18, 16

Häringstrasse 4__Zum Teuchel. 1913 als städtische Polizeiwache. Lit. KDM, Stadt Zürich III.II, S. 228–230.
Häringstrasse 5__Zum Castorhut, undat. 1556 Umbau. Lit. KDM, Stadt Zürich III.II, S. 230.
Häringstrasse 12__Wohn- und Geschäftshaus, 1879. **Häringstrasse 13**__Wohn- und Geschäftshaus, 1879.
Häringstrasse 14__Wohn- und Geschäftshaus, 1879. **Häringstrasse 15**__Wohn- und Geschäftshaus, 1880.
Häringstrasse 16__Wohn- und Geschäftshaus, 1879. **Häringstrasse 17**__Wohn- und Geschäftshaus, 1881.
Häringstrasse 18__Wohn- und Geschäftshaus, 1879. **Häringstrasse 19**__Wohn- und Geschäftshaus, 1880.
Häringstrasse 21__Siehe Seilergraben 45–49.

In Zürich hat sich eine ganze Anzahl profaner Wandmalereien erhalten. Sie zeigen eine Kunstfertigkeit, die hier besonders im 14. und 15. Jahrhundert blühte. Als Höhepunkt gilt die in Zürich entstandene Manessische Liederhandschrift aus dem frühen 14. Jahrhundert. Buch- und Wandmalerei waren eng verwandt und von den gleichen Künstlern ausgeführt. Zu den erhaltenen Wandbildern gehören die erwähnten Malereien aus dem Haus «Zum langen Keller» am Rindermarkt 26 (heute im Landesmuseum) und die jüdische Wandmalerei in der Brunngasse 8. Erhalten ist auch der um 1370 entstandene «Liebesgarten» im «Schäniserhaus» (Münsterhof 6). Das Wandbild befindet sich im ersten Obergeschoss des Restaurants. Ein «Wildleute-zyklus» aus der Zeit um 1430 findet sich im Haus «Zum Paradies» (Kirchgasse 38). Es schmückt heute die Rückwand im Erdgeschoss eines Verkaufsladens. (Dölf Wild)

Kirchgasse 38. Wildleute tafeln zusammen mit entführten Damen aus der Stadt, um 1430. (Foto 1984)

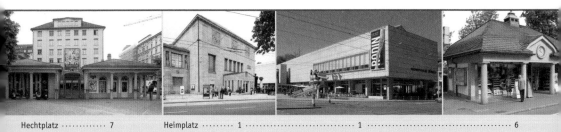

[E7/E6] **Hechtplatz 7, Limmatquai 6__**Ehem. Verkaufsbuden, heute Theater am Hechtplatz, 1835, A: Leonhard Zeugheer. 1960 Umbau von Ernst Gisel. Lit. ZD 1987/88, S. 118 f. > S. 117

[F6] **Heimplatz 1, Hirschengraben 2, Rämistrasse 45__**Kunsthaus (Nr. 1), 1907–10, A: Karl Moser. 1924–26 Erweiterungsbau von Karl Moser. 1955–59 Umbau und Erweiterungstrakt gegen Nordosten von Gebr. Pfister. 1973–76 Erweiterungsbau (Nr. 2 und Nr. 45) von Erwin Müller. Lit. Ulrike Jehle-Schulte Strathaus, Das Zürcher Kunsthaus, ein Museumsbau von Karl Moser, Basel/Boston/Stuttgart 1982. Zürcher Kunstgesellschaft (Hrsg.), Kunsthaus Zürich: Festschrift zur Eröffnung des Erweiterungsbaus 1976. > S. 170 **Heimplatz bei 1__**Ignaz-Heim-Denkmal, 1883, K: Baptist Hörbst. **Heimplatz 6__**Tramwarte-halle, 1911, A: Friedrich Fissler. Lit. Cornelia Bauer, Jan Capol, Kleinbauten der Stadt Zürich, Zürich 1995, Nr. 4.

Zunftverfassung von 1336

Der Zürcher Rat des 13. Jahrhunderts setzte sich aus Adligen und reichen Kaufleuten zusammen. Den Handwerkern war die politische Tätigkeit verwehrt. 1336
stürzten sie mit Hilfe des Ritters Rudolf Brun den alten Rat und schufen eine neue
Regierung. Brun sicherte sich das Bürgermeisteramt auf Lebenszeit. Mit der ältesten
Stadtverfassung, dem «Ersten Geschworenenbrief» von 1336, gruppierte Brun die
männlichen Stadtbewohner in «Handwerker» und in die vornehme «Gesellschaft der
Constaffel». Für den neuen Rat bestimmte er aus dem Kreis der Constaffel 13 Ratsherren. Gleich viele Ratsherren stellten die Handwerker, die Brun in 13 Zünfte
eingeteilt hatte. Bis zum «Vierten Geschworenenbrief» von 1489 wurde die Verfassung
mehrmals geändert. Insbesondere entstand am Ende des 14. Jahrhunderts zusätzlich
zum bestehenden Rat der Grosse Rat. Der ursprüngliche Rat hiess nun Kleiner Rat.

Zweiter Geschworenenbrief von 1372, als Initiale die Himmelskönigin Maria. (Foto StAZ)

Hirschengasse 7,9 Hirschengraben 1 ·········· 2 ················· 7 ············· 7 ······

[E5] **Hirschengasse 1**__Siehe Limmatquai 82. **Hirschengasse 7**__Zum Roten Strumpf, Bausubstanz 15. Jh.
Lit. ZD 1970–74, 1. Teil, S. 232; 1997/98, S. 166. **Hirschengasse 9, Graue Gasse 10**__Zum Stiefel,
Bausubstanz 15. Jh. Lit. KDM, Stadt Zürich III.II, S. 164.

[F6–E3] **Hirschengraben 1**__Siehe Rämistrasse 23–39. **Hirschengraben 2**__Siehe Heimplatz 1.
Hirschengraben 7, Obere Zäune 4__Zum Roten Stern (Nr. 7), Zum Damhirschli (Nr. 4). Nr. 7: Mittelalterliche
Bausubstanz, 1357 erstmals erwähnt. Seit 1576 dreigeschossig. 1815/16, 1823–26, 1893 Umbauten.
Nr. 4: 1358 erstmals erwähnt. 1605, 1836, 1863, 1893/94 Umbauten. Lit. KDM, Stadt Zürich III.II, S. 306 f.
Hirschengraben 11__Siehe Untere Zäune 2.

«Haus zum Rüden» – Versammlungsort der vornehmen Constaffel

Die Constaffel traf sich unter der Dachlaube im Lunkhofen-Haus (Limmatquai 36) zum Umtrunk und zum Politisieren. 1348 stimmte der Rat dem Neubau der Trinkstube zu. Die Trinkstubengesellschaft der Constaffel – genannt «zum Rüden» – liess ein Gebäude in Form einer offenen Laubenhalle erstellen. Diesen eingeschossigen Neubau (Rüdenplatz 1) stockte die Trinkstubengesellschaft mit einem dreijochigen Saal auf, der eine Tonnendecke aus Holz besitzt (heute «Gotischer Saal»). Der heutige, leicht vorkragende Oberbau stammt von 1653. 1937 wurde das Riegelwerk sichtbar gemacht und limmatseitig im Erdgeschoss eine an die Laubenhalle erinnernde Fussgängerarkade hergerichtet. Von 1348 bis 1400 diente die Rüdenstube auch als Ratssaal, obwohl bereits 1252 bei der Rathausbrücke das Rathaus stand. Als die Stadt 1396 ein neues Rathaus errichtete, baute sie den Ratssaal nach dem Vorbild des Rüden.

Haus zum Rüden. Gotischer Saal von 1348. (Foto 1983)

Hirschengraben · 7 · · · · · · · · · · · · · · · · · 13 · 13 · 15 · · · · · · · · ·

[F6–E3] Hirschengraben 13–15, Obmannamtsgasse 2__ Ehem. Barfüsserkloster, Sitz der Druckerei von Christoph Froschauer, heute Kantonales Gerichtsgebäude. Nr. 13: Casino, 1806/07, A: Hans Caspar Escher. 1874–76 Umbau zum Kant. Ober- und Schwurgerichtsgebäude. Nr. 15: Nordostflügel des ehem. Klosters, «Konventhaus» mit Sommerrefektorium. 1812 Umbau zu Eidg. Kanzlei. 1824/25 neue Fassade von Konrad Stadler. 1833–40 Umbau zum Gerichtsgebäude von Ferdinand Stadler. Nr. 2: Nordwestflügel Kloster (Quertrakt). 1837–39 teilweise Abbruch des Kreuzgangs, Neubau als Gerichtsgebäude von Ferdinand Stadler. 1853–56 Umbau. 1967 Aufstockung. Nr. 4: Ehem. Klosterkirche. 1833/34 Umbau zu Aktientheater von Ludwig Pfyffer von Wyher; 1856 Renovation von Wilhelm Waser. 1890 abgebrannt. Lit. KDM, Stadt Zürich III.I, S. 176–211. >S.58 >S.107 >S.167

Frühe Zunfthäuser

Nach dem Vorbild der Constaffel gründeten die Zünfte zu Beginn des 15. Jahrhunderts eigene Trinkstuben – die Zunfthäuser. Ähnlich gut erhaltene Zunftstuben wie das Haus zum Rüden fehlen. Bemerkenswert ist im «Haus zum Goldenen Horn» (Marktgasse 20) die Decke mit geschnitzten Rosetten aus dem Jahr 1520. Die Zunft zur Schmiden hatte das Haus 1412 erworben. Die Rosetten zeigen Fabelwesen, Einfüssler, Menschen ohne Kopf oder Menschen mit Tierköpfen. Sie stehen im Zusammenhang mit den Entdeckungsfahrten in die Neue Welt. Man stellte sich damals die Bewohner jenseits der Ozeane so vor. Eine gute Vorstellung der spätmittelalterlichen Zunfthäuser vermitteln zwei weitere Gebäude. Zum einen das ehemalige «Zunfthaus zur Schiffleuten» (Schifflände 32), im Besitz der Zunft von 1425–1798; es besass einen Saal, der 1498 quer über die Strasse gebaut wurde. Zum anderen das «Zunfthaus zur Zimmerleuten» (Limmatquai 40), das seit 1415 von der Zunft genutzt wird. Der Gesamtumbau von 1708 hielt sich formal an das Vorgängergebäude. Das Gebäude wurde beim Brand vom November 2007 stark beschädigt. (Martin Illi)

Auf dem Altarbild von Hans Leu dem Älteren um 1500 links der Vorgänger des Zunfthauses zur Zimmerleuten (Limmatquai 40), rechts die offene Dachlaube des Lunkhofen-Hauses. (Original ZBZ)

····· 20 ················· 22a ················· 24, 22, 22a ················· 28 ················· 34 ·····

Hirschengraben 20, 18a, 20a__Haus Zum Kiel mit Nebengebäuden, 1716–26. 1775/76 Ausstuckierung des Musiksaales durch Valentin Sonnenschein (1749–1828). 1888 Umbauten. 1927 Renovation. Lit. KDM, Stadt Zürich IV, S. 276–282. **Hirschengraben 22, 22a, 24**__Zum Lindengarten (Nr. 22), heute Hauptsitz Pro Helvetia, 1725, A: Hans Kaspar Hess-Werdmüller. 1899, 1928 Umbauten. 1940, 1972–75, 1989/90 versch. Renovationen. Nr. 22a: Ehem. Waschhaus und Ökonomiegebäude, 1866, A: Leonhard Zeugheer. Nr. 24: Ehem. Ökonomiegebäude, undat. Lit. KDM, Stadt Zürich IV, S. 272–276. **Hirschengraben bei 22**__Manessebrunnen. In Erinnerung an das gleichnamige Rittergeschlecht, K: Arnold Hünerwadel, Johann Rigendinger. **Hirschengraben 28, 30**__Zum Vorderen Florhof, um 1715. 1981–83 Gesamtrestaurierung. Lit. KDM, Stadt Zürich IV, S. 252–256. **Hirschengraben 34**__Siehe Florhofgasse 13.

INFRASTRUKTUR ZWISCHEN NUTZWERT UND REPRÄSENTATION

Bauboom um 1400 als Ausdruck des städtischen Selbstbewusstseins

In den Jahrzehnten vor und nach 1400 liess die Stadt Zürich wichtige öffentliche Bauvorhaben ausführen. Sie lassen auf das gestiegene Repräsentationsbedürfnis schliessen, das mit dem Beginn der territorialen Expansion der Stadt im letzten Drittel des 14. Jahrhunderts und mit der politischen Reorganisation, dem «Dritten Geschworenenbrief» von 1393, zusammenfällt. Zürich begann damals mit dem Kauf und der Eroberung grösserer Landstriche, was schnell zu einem beachtlichen Territorium führte. 1366 brachte der Rat am Turm von St. Peter eine grosse mechanische Stadtuhr an, mit einem einzigen Zifferblatt gegen das Rathaus. Das war die Vorgängerin der heutigen grossen Uhr, die von 1538 stammt. 1392 erfolgte der Bau des neuen Kornhauses am Weinplatz, 1397–1401 jener des zweiten Rathauses. 1412 erstellte die

Das um 1400 erbaute zweite Rathaus auf einer Federzeichnung von Gerold Escher, um 1700.
(Original Kantonsbibliothek Aarau)

Hirschengraben ········· 40 ················· 40 ···················· 40 ····························· 42 ·········

[F6–E3] **Hirschengraben 40, Florhofgasse 8–12, Hirschengraben bei 34, 40a, bei 40__**Zum Rechberg, 1759–69, A: David Morf, Hans Conrad Bluntschli. Stadtpalais (Nr. 40) mit repräsentativem Garten, Remisengebäude (Nr. 8), Packhaus (Nr. 10), Gewächshaus (Nr. 12, 1889), Gartenhaus (Nr. 40a), Toren (bei Nr. 34, zum Hirschengraben; bei Nr. 40, zur Künstlergasse), Brunnen und Wasserbecken (bei Nr. 40). Ab 1840 erste Umbauten und Modernisierungen. 1935–38 Rekonstruktion des Gartens. Lit. Gustav W. von Schulthess, Christian Renfer, Von der Krone zum Rechberg, 500 Jahre Geschichte eines Hauses am Zürcher Hirschengraben, Stäfa 1996; KDM, Stadt Zürich IV, S. 223–246. > S. 98 f. **Hirschengraben 42__**Zum Krönli, Zum Unteren Berg, heute Theater Stok, 1739. 1901 Anbau Eingangshalle. 1945/56 Innenrenovation, 1980 Aussenrenovation. Lit. KDM, Stadt Zürich IV, S. 206–211.

Stadt ein neues Kaufhaus und 1420 ein neues Schlachthaus. 1402–1404 erfolgte die Pflästerung der Gassen. Im gleichen Zeitraum bauten die Zünfte ihre Gesellschaftshäuser.

Wasserleitungen und Brunnen

Die Dominikaner erbauten 1240 die erste Leitung Zürichs, die Wasser in die Stadt und in ihr Kloster führte. Es war eine aufwändige Konstruktion aus Tonröhren, eingegossen in einen Ziegelmehlmörtel. Ein Rest davon kann im Stadtmauer-Keller (Chorgasse 22, Schlüssel im BAZ, Neumarkt 4) besichtigt werden. Die Leitung wurde zugunsten des später üblichen Systems der ausgebohrten Baumstämme («Teuchel») aufgegeben. Die Stadt selbst liess erst um 1400 Wasserleitungen bauen. Seit 1421 stehen Röhrenbrunnen am Neumarkt, in der Kirchgasse und auf der Stüssihofstatt. 1430 erhielt auch die linke Stadtseite mit dem Bau der Albisriederleitung fliessendes Wasser über eine Quellwasserleitung. Sie führte ihr Wasser zu zwei Brunnen am Rennweg. Der älteste erhaltene Brunnen ist der Stüssibrunnen (Stüssihofstatt bei Nr. 10), Figur und Säule werden 1573 erwähnt, sind vermutlich aber älter. Der Trog stammt aus dem 18. Jahrhundert und stand zuerst auf dem Münsterhof (siehe S. 102).

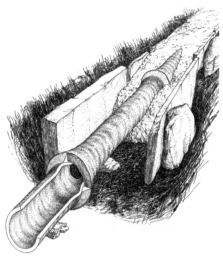

Schematischer Aufbau der Wasserleitung der Dominikaner um 1240. (Zeichnung U. Jäggin)

Brunnen auf der Stüssihofstatt. (Foto 1961)

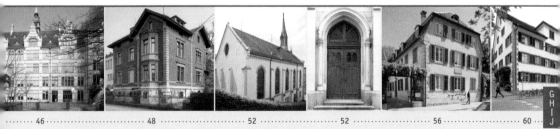

46   48   52   52   56   60

Sodbrunnen und Schöpfräder

Vor der Anlage von Quellwasserleitungen bezogen die Zürcher und Zürcherinnen das Wasser in Sodbrunnen aus dem Grundwasser. Ein Sodbrunnen ist an der Kreuzung Rennweg/Fortunagasse erhalten. Er ist rund zehn Meter tief und um 1300 entstanden. Auf dem Murerplan von 1576 ist er von einer Holzkonstruktion mit Dach umgeben und mit dem Stadtwimpel versehen, was ihn als öffentlichen Brunnen kennzeichnet. Es gab auch private Sodbrunnen, einer ist in der Liegenschaft Predigergasse 17 erhalten. In Zürich wurde bis in die Neuzeit zusätzlich mittels zweier grosser Schöpfräder Wasser aus der Flussmitte der Limmat entnommen. Die beiden Räder waren mit der Rathaus- und der Fraumünsterbrücke verbunden. Erstmals erwähnt ist das untere Rad 1382, das obere 1415. Die Limmat trieb die Wasserräder an, daran befestigte Kübel schöpften Wasser aus dem Fluss und gossen es in einen Trog. Leitungen führten es weiter zu den Brunnen auf beiden Stadtseiten. Solche Schöpfräder waren in der Schweiz sonst nicht bekannt und erregten bei Besuchern immer wieder Aufsehen. (Dölf Wild)

Der Sodbrunnen an der Kreuzung Rennweg/Fortunagasse (links) auf dem Plan von Jos Murer von 1576 und nach der Ausgrabung von 1999 mit modernem Aufsatz versehen. (Foto 2007)

Hirschengraben 62 ·········· 64 ················ 66 ···················· 68 ·············· 70   Hornergasse ·· 10

[F6–E3] **Hirschengraben 62__**Wohnhaus, heute ETH-Institut für Geschichte, Archiv für Zeitgeschichte, 1866. 1979 Auskernung und Fassadenrenovation. **Hirschengraben 64__**Wohnhaus zur Grabenhalde, heute Hotel St. Josef, 1837, A: Carl Ferdinand von Ehrenberg. **Hirschengraben 66__**Ehem. kath. Sekundarschulhaus, heute Zentrum 66, 1925, A: Anton Higi. **Hirschengraben 68__**Zum Mittleren Berg, 1834, A: Carl Ferdinand von Ehrenberg. **Hirschengraben 70, 72__**Salomons Keller, Wohn- und ehem. Gesellschaftshaus (Nr. 70), 1840. Wohnhaus (Nr. 72), 1840. 1846 als Erweiterung von Nr. 70. 1896 Verbindungsbau zwischen Nr. 70 und 72. Lit. ZD 1989/90, S. 129 f.

[C4] **Hornergasse 10, 14, Uraniastrasse 18, Löwenstrasse 28__**Geschäftshaus, 1899–1904, A: Joseph Weidmann. **Hornergasse 13__**Siehe Uraniastrasse 20–22.

Mittelalterliche Entsorgung

Die sogenannten «Ehgräben», 1304 erstmals erwähnt, dienten in der eng bebauten mittelalterlichen Stadt als Entsorgungssystem. Sie gehen aus dem hochmittelalterlichen Parzellierungssystem hervor. Felder und Gärten wurden damals mit kleinen Wassergräben be- und entwässert, die zugleich die Grenzen bildeten. Von dieser Funktion leitet sich die Vorsilbe «Eh» für legal, rechtsgültig ab. Mit der Überbauung der Parzellen blieben die Ehgräben als kleine Gassen offen. Menschlicher und tierischer Kot wurde darin mit Stroh zu Mist gebunden. Dieser wurde auf die Felder und in die Weinberge am See geführt. Spätestens bei der Leerung der Gräben floss die Jauche in den Fluss. Die Stadt liess bei der «Kloakenreform» von 1867 die ersten Kanalisationsleitungen in die Ehgräben verlegen. Die Ehgräben wurden damit zum öffentlichen Grund und haben sich bis heute erhalten, z. B. neben dem Haus Schifflände 32 (Schlüssel im Baugeschichtlichen Archiv, Neumarkt 4). In anderen Quartieren gab es Fäkaliengruben. Sie standen oft an der Parzellengrenze und wurden von den Bewohnern mehrerer Häuser über das Plumpsklo benutzt. (Martin Illi)

Blick in den Ehgraben bei der Schifflände 32. (Foto 2007)

In Gassen ·············· 7, 9 ···················· 9, 11, 17 ·············· 16, 14 ···················· 17 ··························· 18, 16, 14 ···

G H I J

[D6] **In Gassen 1–5__**Siehe Storchengasse 7. **In Gassen 7__**Zum Kleinen Nussbaum, undat.
In Gassen 9__ Zum Nussbaum, undat. **In Gassen 11__**Zur Schul, Bausubstanz 13./14. Jh. Um 1599–1601, 1618, 1639 Umbauten. 1885 Ladeneinbau. Lit. ZD 1993/94, S. 139–141; KDM, Stadt Zürich II.II, S 96 f.
In Gassen 14__ Zur Alten Stadtkanzlei, Bausubstanz aus dem 14. Jh. Um 1531/32 Umbau zur Stadtkanzlei. 1591, 1664–69, 1691–96, 1836 Umbauten. 1983/84 Auskernung mit Ausnahme der gassenseitigen Räume. Lit. KDM, Stadt Zürich II.II, S. 97–101. **In Gassen 16__**Zum Kropf, mittelalterliche Bausubstanz, 1428 erstmals erwähnt. Nach 1764 Umbau. 1881 Ladeneinbau. 1888 Umbau zur Bierhalle Kropf. Lit. KDM, Stadt Zürich II.II, S. 101–103. **In Gassen 17, Waaggasse 6__**Zum Grossen Zeughaus, 1487/88. Um 1699 umfassender Innenumbau. 1869 Umbau zu Wohn- und Geschäftshaus. 1926/27 Umbau zum Restaurant und Bürohaus. Lit. KDM, Zürich II.II, S. 111–115. Siehe auch Bahnhofstrasse 28a.

Strassen und Brücken

Zwei Hauptverkehrsachsen führten durch die Stadt: Oberdorf-, Münster-, Niederdorfgasse als Nord-Süd-Verbindung sowie Neumarkt, Rindermarkt, Rathausbrücke, Strehlgasse und Rennweg als Ost-West-Verbindung. Am Flussufer führte eine Nebenachse vom Rathaus zur Schifflände unter den noch erhaltenen Lauben hindurch. Bemerkenswerter Bestandteil dieser ehemaligen Strasse sind die mit Kreuzrippengewölben aus dem 13. Jahrhundert ausgestatten Lauben der Häuser Limmatquai 36 und 38 der adligen Familien Lunkhofen und Manesse.

Die erste Erwähnung der beiden Zürcher Brücken, der «oberen Brücke» (Münsterbrücke) und der «unteren Brücke» (Rathausbrücke), stammt von 1221. Bis in die Neuzeit waren sie die einzigen Brücken zwischen Rapperswil und Baden. Die Vorgänger der Rathausbrücke reichen vermutlich bis in römische oder keltische Zeit zurück. Nur die Rathausbrücke war befahrbar, die Münsterbrücke blieb bis ins 19. Jahrhundert ein Fussgängersteg (siehe S. 113). Die Rathausbrücke war schon früh Teil des Marktes und wurde 1606 platzartig erweitert.

Die Rathausbrücke mit Marktständen. (Foto um 1900)

In Gassen · 20, 18   Kämbelgasse ·· 1 ············· 6, 4 ································· 1, 6, 4, 2   Kaminfegergasse 4 ········ 4, 7

[D6] **In Gassen 18, Zeugwartgasse 2__**Zum Venetianischen Zeughaus, vermutl. kurz nach 1469 anstelle zweier mittelalterlicher Häuser erbaut. 1869, 1884, 1897 Umbauten. 1941 Fassadenumbau. Lit. KDM, Stadt Zürich II.II, S. 115 f. **In Gassen 20__**Siehe Bahnhofstrasse 30, 32.

[D6] **Kämbelgasse 1__**Siehe Wühre 3. **Kämbelgasse 2__**Siehe Wühre 5. **Kämbelgasse 4__**Zur Leeren Tasche, 1357 erstmals erwähnt. **Kämbelgasse 6__**Siehe Münsterhof 17.

[D5/D4] **Kaminfegergasse 4__**Zum Kleinen Bärli, undat. Lit. zu Kaminfegergasse KDM, Stadt Zürich II.II, S. 273 f. **Kaminfegergasse 5__**Zum Grossen Bärli, 1893. **Kaminfegergasse 7, 9__**Wohnhäuser, 1842 (Nr. 7), 1887 (Nr. 9). **Kaminfegergasse 12__**Siehe Lindenhofstrasse 15, 17.

Schifflän den

Der stille Ausflusstrichter der Limmat aus dem See bot günstige Verhältnisse für die Schiffahrt und eignete sich gut als Hafenbecken. Hier fand der Übergang vom Wasser- zum Landverkehr und von der See- zur Flussschifffahrt statt. Während die 70 Kilometer lange Seestrecke von Zürich- und Walensee in beiden Richtungen befahren wurde, liess sich die Limmat wegen der Strömung nur talwärts befahren. An verschiedenen Orten gab es Anlegestellen, so beim damaligen Kornhaus am Weinplatz und beim damaligen Werkhof neben dem Fraumünster, wo Holz und Steine verarbeitet wurden. Als alte Anlegestelle gilt die «Schifflände» beim Grossmünster, wo sich lange das Kaufhaus befand. Der heutige kleine Platz war im Mittelalter ein Hafenbecken, ebenso der benachbarte Hechtplatz. Hier wird besonders deutlich, wie im Lauf der Jahrhunderte der See und das Flussufer durch Aufschüttungen zurückgedrängt wurden.

Schifflände beim heutigen Hechtplatz mit Grendeltor. Kolorierte Zeichnung um 1820.

Kantonsschulstr. 1 ············· 3 ································ 4 ···································· 9   Kappelergasse 1

KLERIKALER BAUBOOM KURZ VOR DER REFORMATION

Klösterliche Wohnkultur

In den Jahrzehnten vor der Reformation lässt sich eine ganze Reihe von aufwändigen Baumassnahmen an Kirchen und Klosterbauten beobachten. Eine davon stellten Neuausstattungen und Erweiterungen im Konventbereich der Fraumünsterabtei dar. Drei reich mit Flachschnitzerei geschmückte Zimmer befinden sich heute im Schweizerischen Landesmuseum. Das «Helfenstein-Zimmer» der Äbtissin Sibylla und ihrer Schwester Cäcilia von Helfenstein war 1486 in einem älteren Flügel des Konvents im Fraumünster eingebaut worden. Die beiden anderen Zimmer, das «Wohn- oder Empfangszimmer» und das «Gastzimmer» aus dem Jahr 1507, stammen von der letzten Äbtissin des Fraumünsters, Katharina von Zimmern. Sie befanden sich in einem umfangreichen und prächtig ausgestatteten Neubau, den die Äbtissin in den Jahren 1506–08 errichten liess. Alle drei Räume liess der Architekt Gustav Gull beim

Das «Gastzimmer» aus dem Fraumünster von 1507 im Schweizerischen Landesmuseum. (Foto SLM)

Kirchgasse ··· 1, 3 ············ 3 ················ 6 ················ 8, 6, 4 ················ 9 ············ 11, 13 ···

[E6/F6] **Kirchgasse 3, 5**__Zum Elefant, Zur Mausefalle, Bausubstanz 13. Jh. Nr. 3: Chorherrenhaus, vor 1425 Privatbesitz. 1556/1617 Umbauten. Nr. 5: Chorherrenhaus, vor 1465 Privatbesitz. Zahlreiche Umbauten im Lauf der Jh. 1943/44 weitgehender Umbau. Lit. KDM, Stadt Zürich III.II, S. 274 f. **Kirchgasse 4**__Zum Weissen Kreuz, undat. **Kirchgasse 6**__Zum Heerwagen, vermutl. seit 1281 Sigristenhaus des Grossmünsters. 1518 Baumassnahmen. 1933 Einbau eines Tea-Rooms. Lit. KDM, Stadt Zürich III.II, S. 275. **Kirchgasse 7**__Siehe Grossmünsterplatz 6. **Kirchgasse 8**__Zur Alten Eich, urspr. zwei mittelalterliche Häuser. Bausubstanz 16. Jh. 1545 Umbau. Lit. KDM, Stadt Zürich III.II, S. 275 f. **Kirchgasse 9**__Siehe Zwingliplatz 6. **Kirchgasse 11–13**__Zur Helferei, Steinbau vor Mitte 13. Jh. Erweiterungen 13./14. Jh. Seit 1412 Schulhof. 1468 Renovation. 1564–68 prägender Umbau. 1858–60 Umbau von Johann Jakob Breitinger. 1971–74 Umbau, Renovation von Manuel Pauli. Lit. KDM, Stadt Zürich III.II, S. 276–280. Siehe Zwingliplatz 5.

Abbruch des Klostergebäudes 1898/99 ausbauen und in das damals neu errichtete Schweizerische Landesmuseum zügeln.

Neubau der Wasserkirche

Bereits im 13. Jahrhundert war die Wasserkirche komplett neu errichtet worden, als einschiffige, hochgotische Saalkirche mit einem ungewöhnlichen $^5/_{12}$-Chorabschluss (siehe S. 34). Geweiht 1288, war sie die erste konsequent gotisch gebaute Kirche der Region. Vom Bauschmuck finden sich Reste in der archäologischen Krypta unter dem heutigen Bau. Bereits 1479–87 musste die Wasserkirche über einem verstärkten Fundament wiederum neu errichtet werden. Dieser Neubau, der heute noch besteht, besitzt einen der gängigen $^3/_8$-Chorabschlüsse. Als Werkmeister trat der Süddeutsche Hans Felder der Ältere auf. Diesem in der Tradition gotischer Palastkapellen errichteten Sakralbau kam auch eine wichtige Rolle in der städtischen Repräsentation zu. Darauf weist unter anderem das Zürcher Wappen im Scheitel des Netzgewölbes hin. In der Wasserkirche waren zudem die in verschiedenen Kriegszügen erbeuteten Banner ausgestellt.

Die Wasserkirche als Insel, um 1550. (3-D-Rekonstruktion von Mathys Partner)

.... 14 .... 16, 14 .... 17 .... 21, 25 .... 18, 16, 14 ....

Kirchgasse 14__Zum Silberschild, Zum Goldenen Stern, heute Seniorenzentrum Karl der Grosse. Nr. 12: 13. Jh. Frühes 14. Jh. Wandmalereien. 1878 Auskernung. Nr. 14: Kernbau um 1200. Um 1350 zweiter Steinbau. 1357 erstmals erwähnt. 1587 Umbau. 1605 weitgehender Umbau. 1766 teilweise Neuausstattung. 1896/97 Umbau in eine Wirtschaft. 1908 zusammenfassender Umbau von Nr. 12 und Nr. 14. 1919 Umbau von Rudolf Streiff. Lit. KDM, Stadt Zürich III.II, S. 280, 291 f. Siehe auch Oberdorfstrasse 36.
Kirchgasse 16, 16a__Zum Bär, mit Hofgebäude, 1860. **Kirchgasse 17–21**__Propstei, Stiftsverwalterei. Seit 1366 Propstei, zuvor Kustorei. Zweite Hälfte 13. Jh. gassenseitiger Kernbau. Spätes 13. Jh. Anbau Hinterhaus. 1555–1832 Sitz der Grossmünster-Stifts-verwaltung. 1563 Renovation. 1837/38 Verkauf des Gartenareals. 1841, 1877 Umbauten. 1926 Einbau der Buchhandlung Heinemann von Max E. Haefeli. Lit. KDM, Stadt Zürich III.II, S. 282–285.

Die Verehrung der Stadtheiligen Felix und Regula (siehe auch S. 34) an ihrem Namenstag, dem 11. September, konzentrierte sich auf das Grossmünster und die Wasserkirche. Im Grossmünster befanden sich in der «Zwölfbotenkapelle» die Gräber der Märtyrer, dazu gehörte der Altar mit den Reliquien der Heiligen. Auch der Hochaltar im Chor des Grossmünsters war den Stadtheiligen geweiht. Der Hauptaltar in der Krypta hingegen war dem Anführer der «Thebäischen Legion», Mauritius, und seinen Gefährten gewidmet, aus deren Umfeld der Legende nach die Zürcher Stadtheiligen stammten.

In der Krypta der Wasserkirche verehrten die Gläubigen jenen Stein, auf dem nach der Legende die Stadtheiligen enthauptet wurden. Ausgrabungen in den 1940er-Jahren haben diesen Ort wieder zugänglich gemacht. Eine Ausstellung in der ehemaligen Krypta zeigt die bauliche Entwicklung des Ortes und berichtet über den Felix-und-Regula-Kult.

Archäologische Krypta unter der Wasserkirche. (Foto 2006)

Kirchgasse ····· 21 ················ 22 ·························· 25 ···························· 25, 27 ······················· 30, 26, 24, 22 ·····

[E6/F6] **Kirchgasse 18**__Zum Besen, Bausubstanz 15. Jh. Spätes 15. Jh. Umbauten. Um 1500 Wandmalereien. 1565–67 Umbau mit Aufstockung. 1822, 1861, 1870 Umbauten. Lit. KDM, Stadt Zürich III.II, S. 285 f. **Kirchgasse 21**__Siehe Kirchgasse 17. **Kirchgasse 22, Neustadtgasse 12**__Provisorei, ältester Bau der ehem. dreiteiligen Baugruppe datiert ins 12./13. Jh., erstmals 1276 erwähnt als Haus des Stiftskantors (bis 1360). 1565/66 Um- und Neubau zur Provisorei. 1863, 1872 Umbauten. 1976–83 Umbau von Ueli Marbach, Arthur Rüegg. Lit.-KDM, Stadt Zürich III.II, S. 286 f. **Kirchgasse 24**__Zum Engel, 1957, A: Max Kopp. **Kirchgasse 25**__Zur St. Katharina, um 1300. Umbauten 1613, 1887. Lit. KDM, Stadt Zürich III.II, S. 287 f. **Kirchgasse 26–28**__Sigristenhaus, undat. 1500 Umbau zum Pfrundhaus des Grossmünsters. 1546–1832 Sigristenhaus. 1864 Neubau von Wilhelm Waser. Lit. KDM, Stadt Zürich III.II, S. 288.

Reformation – Kirchen werden zweckentfremdet

1519 begann der Leutpriester Ulrich Zwingli am Grossmünster auf die Reformation des christlichen Glaubens hinzuwirken. In der Folge wurden im Sommer 1524 in Zürich die Bilder und Altäre aus den Kirchen entfernt. Im Dezember 1524 hob man die Klöster auf und säkularisierte ihre Kirchen. Auf Stadtgebiet betraf dies die Klöster der Prediger, Barfüsser, Augustiner und das Frauenkloster Oetenbach. Die Kirchen und Klöster erlebten in der Folge unterschiedliche Schicksale. In viele Kirchen liess die Stadt Zwischenböden einziehen, um sie unter anderem als Lagerhäuser zu nutzen. Überdauert hat diese nachreformatorische Nutzung der Predigerchor. Dieser dient seit 1873 als Büchermagazin, zuerst der Kantons- und ab 1919 der Zentralbibliothek. Die ursprünglichen Holzböden wurden 1919 durch solche aus Beton ersetzt. Das Langhaus der Predigerkirche wird seit 1614 wieder als Kirche genutzt, ebenso das Langhaus der Augustinerkirche seit 1844 und die Wasserkirche seit 1942. Verschwunden sind die Kirchen des Barfüsser- und des Oetenbachklosters. Sie wurden 1890 bzw. 1903 abgebrochen. (Dölf Wild)

Predigerchor mit eingezogenen Betonböden. (Foto 2004)

·· 31, 33 ································· 31 ················· 32 ················ 33 ······················ 33 ··············

Kirchgasse 27__Zur Engelburg, Kernbau als Chorherrenhof wahrscheinlich 1265. Zweite Hälfte 13. Jh. zwei weitere Bauten. Um 1350 Vereinigung zu viergeschossigem Haus. Chorherrenhof bis 1527. 1601–04 eingreifender Umbau. Siehe Obere Zäune 5. Lit. KDM, Stadt Zürich III.II, S. 288–293. **Kirchgasse 30**__Wohnhaus, undat. **Kirchgasse 31**__Zum Wolkenstein, mit Werkstatt, undat. **Kirchgasse 32**__Konstanzerhaus, Bausubstanz 13. Jh., erstmals 1357 erwähnt. 1465 Übergang an Domstift Konstanz und Neuausstattung (Wandmalereien). 1628 Baumassnahmen. 1711–14 Um- und Neubau. Lit. KDM, Stadt Zürich III.II, S. 294f. **Kirchgasse 33, Obere Zäune 1–3**__Steinhaus, Turmbau Ende 12. Jh./ frühes 13. Jh. 1617 grosser Umbau. 1765 Umbau zu Amtsräumen und Amtswohnungen. 1825–30 Umbauten. 1876, 1928 Fassadenumbau. Lit. Claudia Colombo, Daniel Mondino, Die mittelalterlichen Wohntürme der Stadt Zürich, 1984; KDM, Stadt Zürich III.II, S. 295f.

DIE ERWEITERUNG ZUR BAROCKEN STADT

1524–1798

WOHNEN UND GEWERBE IM 16. UND 17. JAHRHUNDERT

Entgegen den Erwartungen wird die Baukultur Zürichs im Jahrhundert nach der Reformation weder durch obrigkeitliche noch durch kirchliche Projekte geprägt. Mit zwinglianischem Sinn für das Nötige und das Nützliche nutzte die Stadt die bauliche und wirtschaftliche Infrastruktur der aufgehobenen Klöster für ihre neuen oder reorganisierten Institutionen. In den alten mittelalterlichen Kirchen fanden auch die reformierten Gottesdienste statt. Eine starke Bautätigkeit entfalteten hingegen private Liegenschaftsbesitzer und Unternehmer. Einerseits wuchs mit dem Aufschwung der vorindustriellen Textilfabrikation der Bedarf nach grossflächigen Arealen und Gebäuden für Produktion und Wohnen, andererseits löste die grosszügige Subventionspolitik der Stadt eine Welle von Um- und Neubauten von Wohnhäusern aus.

Kornamt, Bauamt und Trotte im ehemaligen Oetenbachkloster. Getönte Federzeichnung von Johann Conrad Werdmüller, 1871.

Kirchgasse 38, 36, 32 ····· 38 ············· 38 ············· 42, 40, 38 ················ 42 ·············· 48, 27, 31, 33 ················ 50

[E6/F6] **Kirchgasse 36__**Zum Kleinen Paradies, mit Hofanbau, mittelalterliche Bausubstanz, erstmals 1357 erwähnt. **Kirchgasse 38, 38a__**Zum Paradies, mit ehem. Waschhaus, zwei Kernbauten 13./14. Jh., um 1330 zusammengefasst, 1357 erstmals erwähnt. 15. Jh. Wandmalereien. 16. Jh. Um- und Anbauten. 1983 Auskernung. Lit. Hans Konrad Rahn (Hrsg.), Das Haus «Zum Paradies» und die Kirchgasse in Zürich, Zürich 1984; KDM, Stadt Zürich III.II, S. 296–298. > S. 62 **Kirchgasse 40__**Zum Grünen Zweig, mit Hofanbau, mittelalterliche Bausubstanz. 1897 Umbau. **Kirchgasse 42__**Zum Roten Adler. Wohnhaus mit Garage, Waschhaus und Kammer, 1831, A: Konrad Stadler. **Kirchgasse 48__**Zum Roten Rad, zwei mittelalterliche Kernbauten 13. Jh., 1362 erstmals erwähnt. 17./18. Jh. prägende Ausstattung. 1907 Umbau von Gull & Geiger. Lit. KDM, Stadt Zürich III.II, S. 299–301. **Kirchgasse 50, Winkelwiese 2__**Zum Winkel, 1899, A: Conrad von Muralt. Lit. KDM, Stadt Zürich III.II, S. 301 f.

«Boom» im Wohnbau

An den Häuserfassaden der Altstadtgassen lassen sich nur wenige Fenster aus dem Mittelalter entdecken, hingegen viele grosszügig befensterte Fassaden des 16. Jahrhunderts. Sie gehen zurück auf eine intensive Bauperiode in den Jahrzehnten nach der Reformation, die den Zürcher Gassen ein neues Gesicht verlieh. Begünstigt wurde diese massive Erneuerung im Wohnbau einerseits durch die gute Wirtschaftslage, andererseits durch die verbilligte Abgabe von Baumaterial durch die Stadt, ab 1539 gar durch Bargeldzuschüsse. Diese Subventionen ermöglichten einer breiten Schicht von Hausbesitzern den Um- oder Neubau. Begüterten Bauherren erlaubte der Zuschuss, das am Baumaterial gesparte Geld für Zierrat zu verwenden: für aufwändige Fenster (Kreuzstock- und Bandfenster, seltener Staffelfenster) oder für Fenstersäulen, die mit ihrer Zier und ihren Besitzerwappen den Stolz der Bauherrschaft zeigen.

Marktgasse 17. Ostfassade mit Fensterprogramm, 1576. (Foto 2003)

Neumarkt 4. Fensterfront mit Fenstersäule, 1534. (Foto 1975)

Krebsgasse · 4 ······· 7 ················ 10   Kruggasse ······ 2 ························ 5, 7 ························ 6 ··············

Ein frühneuzeitliches Industriequartier

An der hinteren Schipfe – heute ein beschaulicher und ruhiger Ort – lag bis ins 19. Jahrhundert ein industriell geprägtes Quartier. Der ehemalige Besitz des Klosters Oetenbach am Wasser und am Siedlungsrand war dafür prädestiniert. 1565 richtete der Glaubensflüchtling Evangelista Zanino in einem Gewerbebau des Klosters eine Seidenzwirnerei ein, wofür er von der Stadt ein Darlehen und Land für den Anbau von Maulbeerbäumen erhielt. Exemplarisch zeigt dieser Vorgang das Interesse der Stadt am Wiederaufschwung des Textilgewerbes und den Anteil, den nach Zürich geflüchtete Tessiner Reformierte daran leisteten. Im 17. und 18. Jahrhundert bauten die Textilfabrikantenfamilien Werdmüller und Escher das Unternehmen aus und führten es bis 1867 erfolgreich fort. Der Name der Liegenschaft, «Wollenhof», und die Baugestalt des Fabrik- und Wohngebäudes direkt am Wasser erinnern noch an den Betrieb, der aus mehreren Wohn- und Gewerbebauten bestand. Auf gewerbliche Nutzungen gehen auch die schlichten Gebäude am Ufer zurück: Nach der Reformation als Waschhäuser gebaut, in der Blütezeit der Textilindustrie als Farbhäuser

Schipfe 30/32. Hintere Schipfe mit «Wollenhof». (Foto um 1870/80)

genutzt, wurden sie im 19. Jahrhundert zu Werkstätten und Fabrikationsbetrieben umgebaut.

Bau-Ensemble der Protoindustrie: Der «Strohhof»

Vor der Stadterweiterung im 17. Jahrhundert liessen sich in den locker bebauten Randlagen der Altstadt mit Vorliebe Unternehmerfamilien aus dem Textilgewerbe nieder. Ein gut erhaltenes Beispiel eines Ensembles für Produktion, Handel und Wohnen ist neben dem «Wollenhof» an der Schipfe der «Strohhof» an der Augustinergasse 9. Auf dem Gelände des ehemaligen Augustinerklosters betrieben mehrere Mitglieder der Familie Holzhalb bis 1670 eine Firma, die Burat (Mischgewebe aus Seide und Wolle), später auch Seide fabrizierte. Der geschäftliche Erfolg ist an den kostbaren Ausstattungen der Wohnräume abzulesen: Holzkassetten- und bemalte Sichtbalkendecken sowie eine exklusive Stuckdecke aus dem mittleren 17. Jahrhundert in einem kleinen Saal. Als die Häuser im 18. Jahrhundert verschiedenen Familienzweigen nur noch zu Wohnzwecken dienten, wurde nochmals in die Ausstattung investiert.

Augustinergasse 9. «Strohhof», Saal mit Stuckdecke, Mitte 17. Jh. (Foto 1989)

···· 4 ················· 10, 8, 6, 4 ············· 15   Laternengasse ···· 1 ················· 3 ························ 4 ················· 4, 3, 5

Kuttelgasse 4__Wohnhaus, spätmittelalterliche Bausubstanz. 19. Jh. Anbau. Lit. KDM, Stadt Zürich II.II, S. 254f. **Kuttelgasse 6**__Zum Kleinen Hirsch, Kernbau 13./14. Jh. Vor 1550 Aufstockung. 1562/82, 1892 Umbauten. Lit. KDM, Stadt Zürich II.II, S. 255 f. **Kuttelgasse 8**__Zum Grossen Hirsch, undat. **Kuttelgasse 10**__Zum Reuter, 1882. **Kuttelgasse 13**__Zum Weissen Lämmli, mittelalterliche Bausubstanz. 1862 Aufstockung. 1907 Ladeneinbau. Lit. ZD 1989/90, S. 28–46. **Kuttelgasse 15**__Zum Weissen Nägeli, mittelalterliche Bausubstanz. 1860 Aufstockung. 1878 Umbau EG. Lit. ZD 1989/90, S. 28–46.

[E6] **Laternengasse 1, 3, 5**__Siehe Limmatquai 28. **Laternengasse 4, Limmatquai 22**__Im Höfli, im 12. Jh. erstmals erwähnt, Bausubstanz 13. Jh., bis unters Dach integral erhalten. Südliche Haushälfte im Spätmittelalter angebaut. 1557 Baumassnahmen. 17. Jh. Eckquader-Malerei. Lit. KDM, Stadt Zürich III.II, S. 63.

Einen Eindruck dieser Wohnkultur von Textilfabrikanten der «gehobenen Mittel-klasse» vermittelt ein Rundgang durch die Räume der städtischen Galerie Strauhof (Augustinergasse 9) und des benachbarten Restaurants (Augustinergasse 3).

Edles und bescheidenes Wohnen

Die Aufwertung eines Uferabschnitts im Stadtzentrum zur gehobenen Wohnzone stellt beispielhaft der Bau der Wühre 1637–1643 dar. Bis heute strahlt die sorgfältig gemauerte und gepflästerte, ursprünglich befahrbare Passage zwischen Weinplatz und Münsterbrücke eine verhaltene Eleganz aus. Es waren ästhetische Argumente, mit denen die Stadt ihre finanzielle Beteiligung an der Uferpassage begründete, deren Bau die Anwohner initiiert hatten. Damit einher ging der Neubau von Liegen-schaften durch vermögende Besitzer, die – erstmals in der Stadtzürcher Bauge-schichte – die Aussicht auf die Limmat baulich einbezogen: Der damals reichste Zür-cher, Oberst Hans Caspar Schmid, hatte in den 1630er-Jahren an der Stelle der späteren «Meise» (Münsterhof 20) ein Palais mit einer imposanten Terrassenloggia

Wühre, Ausschnitt. Radierung von Johann Balthasar Bullinger, um 1770.

[E3] **Leonhardshalde 2__**Wohnhaus, 1888, A: David Rordorf. **Leonhardshalde 7__**Wohnhaus, 1893, A: Paul Rordorf. **Leonhardshalde 9__**Wohnhaus, 1893, A: Paul Rordorf. **Leonhardshalde 15–19__**Wohnhäuser, 1905, A: H. Ziegler.

[E2–F4] **Leonhardstrasse 4, 10__**Siehe Weinbergstrasse 18–26. **Leonhardstrasse 12__**Ehem. Katholisches Jünglingsheim Maximilianeum, heute Wohnheim für Studierende und Lehrlinge, 1892. Lit. ZD 1987/88, S. 117 f. Siehe Auf der Mauer 17–21. **Leonhardstrasse 16__**Bürgerasyl, heute Altersheim, 1875, A: Emil Schmid. Lit. ZD 1991/92, S. 83–86. **Leonhardstrasse 18__**Pfrundhaus St. Leonhard, heute Altersheim, 1842, A: Leon-hard Zeugheer. Lit. ZD 1991/92, S. 83–86; Adolf Baumann, Sozialamt der Stadt Zürich (Hrsg.), 150 Jahre Zürcher Pfrundhaus, Zürich 1993. **Leonhardstrasse 30__**Bergstation Polybahn, 1888, A: Emil Petermann.

über der Wühre bauen lassen. Der Giebelbau des «Neuhaus» (Wühre 7), den Ratsherr Matthias Landolt 1637 errichtete, ist zwar in der Bauform konventionell, wird aber durch eine ungewöhnlich grosszügige Befensterung gegen die Limmat der Lage gerecht. Verlierer der sozialen und baulichen Aufwertung des Quartiers war das ansässige Gewerbe, die Bader und vor allem die Gerber, denen 1669 verboten wurde, die Felle in die Limmat zu legen.

Eine gegensätzliche Siedlungsstruktur – kleine Parzellen und einfache, niedrige Zeilenbauten – weisen zur gleichen Zeit die schmalen Gassen oberhalb der Oberdorfstrasse auf. Das vorwiegend von Handwerkern bewohnte Quartier – besonders die Franken- und Schlossergasse – prägen kleinmassstäbliche, schmucklose Giebelhäuser mit geringen Raumhöhen.

Schlossergasse. (Foto 2000)

Leuengasse 13 ········ 13, 15 ············· 21   Limmatquai ···· 1, 3 ············· 1, 3 ························· 2 ························· 4 ··········

[E5]   **Leuengasse 13**__Siehe Rindermarkt 14. **Leuengasse 15**__Siehe Rindermarkt 16.
Leuengasse 21__Siehe Spiegelgasse 27.

[E7–E3]   **Limmatquai 1–3**__Ehem. Hotel Bellevue, 1858–63, A: Leonhard Zeugheer. 1889 Umbau und Erweiterung von Adolf Brunner. Ab 1894 zahlreiche Umbauten. Lit. KDM, Stadt Zürich III.II, S. 33 f. **Limmatquai 2, Torgasse 2**__Usterhof, Wohn- und Geschäftshaus, 1909–11, A: Bischoff & Weideli. Café Odeon im EG. Teil der Denzlerhäuser. Lit. KDM, Stadt Zürich III.II, S. 473–475. **Limmatquai 4, Torgasse 1**__Geschäftshaus, ehem. Gasthaus Zur Goldenen Krone, 1837, A: vermutl. Daniel Pfister. 1860–1907 Hotel Zürcherhof. **Limmatquai 6**__Siehe Hechtplatz 7.

Erker, Türmchen, Dachpavillons

In Zürich treten Erker an Bürgerhäusern erst im 17. und 18. Jahrhundert vermehrt auf. Sie prägen aber die Gassenräume weder im selben Mass wie in St. Gallen oder Schaffhausen, noch weisen sie vergleichbar kunstvollen Schmuck auf. Mehr Licht, eine Erweiterung des Wohnraums und ein besserer Ausblick auf die Gasse waren die praktischen Vorteile dieser Fassadenvorbauten. Deren Bau stiess nicht immer auf das Wohlwollen der Nachbarn, die dagegen Einspruch erhoben oder mit dem Bau eigener Erker reagierten. Nicht selten war nachbarliche Konkurrenz der Anlass, sich baulich zu «brüsten». Das ist womöglich der Grund für die grosse Dichte barocker Holzerker an der unteren Augustinergasse. Repräsentative Gesten waren auch Türmchen und Dachpavillons. Als exklusive Statussymbole der gesellschaftlichen Elite kommen sie seltener und nur an Liegenschaften in Aussichtslage vor. Zu den wenigen erhaltenen gehören der rückseitig angebaute Turm von Rennweg 26 und der Dachpavillon von Schipfe 45 aus dem frühen 18. Jahrhundert. Sie boten Aussicht auf den Lindenhof und waren von dort aus auch gut zu sehen.

Blick in die untere Augustinergasse. (Foto um 1900)

Limmatquai · 18, 16 ············· 20–18 ···················· 22, 20 ················· 26, 24, 22, 20 ························· 28 ···

[E7–E3] **Limmatquai 16__**Ehem. Hotel du Lac, 1840, A: Daniel Pfister. 1934 Umbau zu Kino und Café von Willy Boesiger. Lit. KDM, Stadt Zürich III.II, S. 38 f. **Limmatquai 18__**Zur Sonne, undat., Hausname seit 14. Jh. Um 1611 prägender Umbau. 1938 Umbau. Lit. KDM, Stadt Zürich III.II, S. 39. **Limmatquai 20, Kirchgasse 1__**Zum Schnabelberg, Wohn- und Geschäftshaus, 1881, A: Albert Weber. **Limmatquai 22__**Siehe Laternengasse 4. **Limmatquai 24__**Zum Fink, 1843/44. **Limmatquai 26__**Zur Laterne, heute Musik Hug, mittelalterliche Bausubstanz. 1828 Neubau anstelle zweier Vorgängerbauten. 1872 Umbau von Hug AG. 1899, 1959 Ladenumbau. Lit. ZD 1993/94, S. 143–145. **Limmatquai 28, Grossmünsterplatz 7, 8, 9, Laternengasse 1, 3, 5__**Münsterhäuser, heute Musik Hug, 1857–59, A: Wilhelm Waser. 1957–59 prägende Umbauten von Armin Meili. Lit. ZD 1993/94, S. 60–65, 145–147. Siehe Grossmünsterplatz 7, 8, 9.

SCHANZEN UND BAROCKE VORSTÄDTE

Vor dem Hintergrund des Dreissigjährigen Kriegs von langer Hand geplant, wurde mit dem barocken Schanzenstern 1642–1678 das aufwändigste Bauvorhaben der neueren Zürcher Stadtgeschichte realisiert. Ein gewaltiges, ungewöhnlich grosszügig konzipiertes Festungswerk, das sich weniger als Reaktion auf eine aktuelle Bedrohungslage denn als Ausdruck von Machtpolitik und Repräsentationslust erklären lässt. Der Schanzengraben, wo sich der geknickte Verlauf der Wallbefestigung zwischen Hauptbahnhof und See heute noch abschreiten lässt, und die heutige Rämistrasse zeigen den Umfang der 1833–1841 abgebrochenen Befestigung. Von den Bastionen ist einzig die «Katz» erhalten (hinter Pelikanstrasse 40), von den Ravelins das Bauschänzli in der Limmat.

Der Schanzenstern umschloss ein weites Vorgelände, wo sich die barocken Vorstädte (Talacker, Stadelhofen, Zürichberghang) entwickelten, Wohn- und Geschäftsquartiere der Oberschicht. Im flachen Gelände des Talackers legte die Stadt schon während

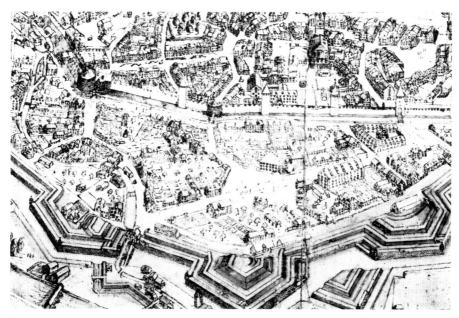

Schanzen und Talackerquartier. Ausschnitt aus der Stadtvedute von Johann Caspar Ulinger, um 1738.

······ 31 ································ bei 31 ································ bei 31 ································ 36, 34, 32, 31 ································ 34, 32 ········

Limmatquai 31__Helmhaus, 1253 als Vordach der Wasserkirche erstmals erwähnt. 1564 Neubau. 1791–94 Neubau von Hans Conrad Bluntschli d. Ä. 1937 Umbau von Wilhelm Müller, Karl Egender. 1940–42 Umbau von Hermann Herter. Lit. Jürg E. Schneider, Dieter Nievergelt, Wasserkirche und Helmhaus in Zürich, Schweizerische Kunstführer, Nr. 435/436, Bern 1988; KDM, Stadt Zürich I, S. 251–262.
Limmatquai bei 31__Wasserkirche, erster Bau vor 1000, erstmals 1250 erwähnt. 11./13. Jh. Umbauten. 1288 gotischer Neubau. 1479–87 spätgotischer Neubau von Hans Felder d. Ä. 1524 Umnutzung als Warenlager. 1632/33 Umbau zur Bürgerbibliothek mit Kunstkammer. 1717 Galerieeinbau. 1939–43 Rückführung in Kirchenraum und Regotisierung von Hermann Herter, Chorfenster von Augusto Giacometti. Lit. KDM, Stadt Zürich I, S. 204–251. >S.34 >S.73 >S.91 **Limmatquai 32**__Kaufbuden Grossmünsterterrasse, 1839, A: Alois Negrelli. Lit. KDM, Stadt Zürich III.II, S. 41 f.

des Schanzenbaus die Hand auf fast alle Liegenschaften, um eine planmässige Bebauung nach ihren (ästhetischen und wirtschaftlichen) Interessen zu steuern. 1661 standen einerseits die passende Bauordnung und andererseits die nötige Infrastruktur bereit: rechtwinklige Erschliessungsachsen mit den Hauptstrassenzügen Talacker und Pelikanstrasse, die sich am grosszügig angelegten, quadratischen Pelikanplatz kreuzen.

Textilgewerbe und Wohnkultur im Talacker

Die von der Stadt ausgeschiedenen Grossparzellen erwarben fast ausschliesslich im Textilverlag tätige Familien und Firmen, die hier bessere räumliche Voraussetzungen vorfanden als in der mittelalterlichen Stadt. Die Bauordnung von 1661 sah eine geschlossene Zeilenbebauung mit gleich hohen traufständigen Wohnhäusern an der Strasse und Ökonomiegebäuden und Gärten an der Rückseite vor. 1670/80 wurden die beiden Wohnhäuser «Weltkugel» und «Schanzenhof» nach dieser Ordnung erbaut. Sie sind fast als einzige dem Abbruch entgangen (1972 an die Bärengasse 20–22 verschoben, Wohnmuseum). Mit Kämmelstuben, Farb- und Gewerbehäusern bilden sie

Pelikanplatz mit «Grossem Pelikan». (Foto 1913)

Limmatquai···· 38–34 ············· 40, 38–34, 32 ·················· 40 ·················· 42 ······················· 42, 40 ···········

[E7–E3] Limmatquai 34–38, Grossmünsterplatz 1, 2, 3, Römergasse 2–4__ Lunkhofenhaus (Nr. 36), Manessehaus (Nr. 38). Wettingerhäuser, um 1220–30. Nrn. 36, 38 als Steinbauten mit romanischen Arkaden gegen die Limmat. 13./14. Jh. hangseitige Erweiterungsbauten (Römergasse 2, 4). 1254–1364 Erwerb durch das Kloster Wettingen. 1571/72 Umbau. 1840 zusammenfassender Umbau. 1927, 1947–49 Renovationen. Lit. ZD 2003–06, S. 86 f.; KDM, Stadt Zürich III.II, S. 43–47. > S. 64, 70 **Limmatquai 40 __**Zunfthaus Zur Zimmerleuten, 1708 anstelle eines hölzernen Vorgängerbaus. 1783–85 Erweiterungsbau von Conrad Bluntschli, Glasmalereien von Georg Röttinger. 2007 grosser Schaden durch Brand. Lit. KDM, Stadt Zürich III.II, S. 43–47. Siehe auch Römergasse 3. > S. 65 > S. 93 **Limmatquai 40a__**Siehe Nägelihof 4. **Limmatquai 42 __** Siehe Rüdenplatz 1. **Limmatquai 46_**Siehe Rüdenplatz 2. **Limmatquai 48__**Zur Käshütte, 1802. Um 1900 Umbau und Fassadengestaltung von Chiodera & Tschudy. 1982–84 Neubau mit Rekonstruktion der Fassade.

ein vorindustrielles Ensemble im Besitz von zwei Textilfabrikanten. Der bauordnungsgemäss uniforme äussere Aspekt wird durch kostbare Einrichtungen, unter anderem mit einem ausstuckierten Festsaal in jedem Haus, wettgemacht. Von den «Pelikan»-Häusern, dem einst stattlichsten Komplex von Wohn-, Verlags- und Fabrikationsgebäuden, steht heute noch das Wohnhaus «Zum Grossen Pelikan» von 1675 am Pelikanplatz 5 (1930/31 umgebaut). Beispielhaft steht der «Pelikan» für jene Seidenfabrikanten, die ihre Betriebe aus den engen Platzverhältnissen der Altstadt ins Neubaugebiet verlegten, um Produktion und Verlag in grossem Massstab betreiben zu können. Ein weiteres Beispiel: 1592 hatten die Gebrüder David und Heinrich Werdmüller vor den Mauern der Stadt, in der Gegend des heutigen Warenhauses Jelmoli, die erste Seidenfabrik gegründet. Die rasch erwirtschafteten Gewinne wurden in den Ausbau des Unternehmens reinvestiert, aber auch in für Zürich ungewohnter Weise zur Schau getragen. Das im Landesmuseum eingebaute Prunkzimmer aus dem «Alten Seidenhof» – einer der schönsten Spätrenaissance-Wohnräume der Schweiz – vermittelt mit kunstvoller Vertäferung, Kassettendecke und dem Pfau-Ofen den aristokratischen Lebensstandard der Familie um 1620.

Bärengasse 20. Festsaal um 1700, mit Ofen um 1770. (Foto 1970)

Limmatquai 50__ Zum Büchsenstein, mittelalterliche Häuser, 1770 zu einem Bau vereinigt. 1842 Umbau von Konrad Stadler. 1910 Fassadenerneuerung. Lit. KDM, Stadt Zürich III.II, S. 91. **Limmatquai 52__**Zur Haue, Zunfthaus der Gesellschaft zum Kämbel, drei mittelalterliche Häuser im 15. Jh. zusammengefasst. 1620 Umbau. Siehe Ankengasse 7. Lit. KDM, Stadt Zürich III.II, S. 93–95. **Limmatquai 54, Krebsgasse 4__** Zunfthaus zur Saffran (Nr. 54), Zur Kleinen Kette (Nr. 4). Nr. 54: Urspr. 1417. 1670 Neubau. 1719–23 weiterer Neubau. 1928/29 Umbau von Johann Albert Freytag. 1928 Fassadenrenovation. 1970 Gesamtrenovation. Lit. KDM, Stadt Zürich III.II, S. 95–105. > S. 93 **Limmatquai 55__**Rathaus, 1251 erstes Rathaus, 1398–1401 zweites Rathaus, 1694–98 bestehendes Gebäude. 1798 Renovation. Umbauten 1833 (Kantonsratssaal) und 1838 (Eingang/Quaianlage). 1938 Renovation von Otto Dürr. Lit. Christian Renfer, Rathaus Zürich, Schweizerische Kunstführer, Nr. 637/638, Bern 1998; KDM, Stadt Zürich I, S. 282–361. > S. 92

Landsitze an der Zürichberghalde

Im Unterschied zum planmässig überbauten Talacker bewahrte das Vorstadtgebiet am Zürichberghang oberhalb des Hirschengrabens einen ländlichen Aspekt und blieb locker bebaut. Zwischen Reben und Obstgärten bauten begüterte Stadtbürger Landsitze in Form traditioneller, schmuckloser Giebelbauten. Vermögen und Kunstsinn präsentierten sie in kostbaren Inneneinrichtungen. Das 19./20. Jahrhundert griff zwar mit den Bauten der ETH und der Universität massiv ins barocke Siedlungsbild ein, doch die erhaltenen Bauten lassen die barocke Bebauung noch erahnen, beispielsweise das Ensemble des «Neuberg» (Hirschengraben 56, 60) oder das «Stockargut» (Künstlergasse 15). Das Doppelgiebelhaus Stockargut, vor dem sich ein terrassierter Garten mit Pavillon erstreckt, liess sich der Handelsherr Joseph Orelli-Meyer von Knonau 1691–1693 bauen. Die zum Hirschengraben abfallenden gutseigenen Rebberge und Obstgärten sind heute überbaut.

Prunkzimmer aus dem «Alten Seidenhof», um 1620, im Schweizerischen Landesmuseum. (Foto 1949)

[E7–E3] **Limmatquai 56__**Zum Dach, 1357 erstmals erwähnt. 1620, 1846 Erweiterungen. Lit. KDM, Stadt Zürich III.II, S. 105. **Limmatquai 58__**Siehe Marktgasse 2. **Limmatquai 61__**Hauptwache, 1824, A: Hans Caspar Escher. 1988–90 Ersatzbau für die 1952 abgebrochene «Fleischhalle» und Sanierung der Polizeiwache von Tilla Theus. Lit. KDM, Stadt Zürich III.II, S. 352–361. > S. 107 > S. 231 **Limmatquai 62__**Museumsgesellschaft, 1868, A: Ferdinand Stadler. Lit. KDM, Stadt Zürich III.II, S. 143–147. > S. 121 **Limmatquai 64–66__**Zum Schneggen. Gesellschaftshaus der Schildner zum Schneggen, 1864–66, A: Leonhard Zeugheer, Adolf Brunner, Georg Lasius. Lit. Ulrich Conrad, Zur Baugeschichte des Hauses zum Schneggen, in: Zürcher Taschenbuch auf das Jahr 2001, S. 211–283; KDM, Stadt Zürich III.II, S. 147–154. **Limmatquai 68__**Geschäftshaus, ehem. Modehaus Modissa, heute Bankfiliale, 1955, A: Karl Egender, Wilhelm Müller.

DIE AUFWERTUNG DES LIMMATRAUMS IM 17. UND FRÜHEN 18. JAHRHUNDERT

Mancher Besucher Zürichs um 1600 dürfte sich über die altertümliche Erscheinung der öffentlichen Bauten gewundert haben, die im Zentrum der Stadt die Limmat säumten. Tatsächlich standen die spätmittelalterlichen, teils aus Holz errichteten Bauten des Rathauses, des Kornhauses und der Zunfthäuser in merkwürdigem Kontrast zu den vielen in Stein erneuerten Wohnhäusern (siehe S. 79). Gut hundert Jahre später präsentierte sich die Stadtsilhouette entlang der Limmat um einiges moderner und ansehnlicher. Anstelle des baufälligen hölzernen Kornhauses am Weinplatz war ein hübscher Platz entstanden, mit der Wühre eine schöne Uferpassage (siehe S. 82 f.), und an beiden Ufern reihten sich stattliche Neubauten der Obrigkeit und der Zünfte.

Hirschengraben mit «Neuberg» (links) und «Stockargut» (rechts). Federzeichnung von Jakob Kuhn, um 1770/80.

.. 72 .... 76, 74 .... 76 .... 80, 78, 76 .... 80, 78, 76, 72 ....

Limmatquai 72__ Ehem. Hotel Schweizerhof, 1859, A: Wilhelm Waser. Seit 1918 Wohn- und Geschäftshaus. **Limmatquai 74__**Zum Geist, Teil der Baugruppe des Glentnerturms (siehe Nr. 76). Ausbau vor 1576. Lit. KDM, Stadt Zürich III.II, S. 153 f. **Limmatquai 76, Rosengasse 4__**Glentnerturm. Nr. 76: «Haus an der Limmat», Nr. 4: Glentnerturm. Wohnturm des späten 12. Jh. Im 14. Jh. Erweiterung um den limmatseitigen Vorbau. Erste Hälfte 16. Jh. und 1875 Umbau. Lit. Claudia Colombo, Daniel Mondino, Die mittelalterlichen Wohntürme der Stadt Zürich, 1984; KDM, Stadt Zürich III.II, S. 153–157. **Limmatquai 80__**Zum Gerwi, ehem. Zunfthaus zur Gerwe. Frühes 15. Jh. erste Trinkstube. 1703 Neubau. 1856–59 Neubau von Wilhelm Waser. Lit. KDM, Stadt Zürich III.II, S. 157 f. **Limmatquai 82, Hirschengasse 1__**Zum Grossen Schiff, 1858–60, A: Wilhelm Waser. Lit. KDM, Stadt Zürich III.II, S. 158 f.

Das neue Kornhaus

Mit Ausnahme des Schützen- und des Bauhauses hatte die Stadt im Jahrhundert nach der Reformation keine Neubauten erstellt. Erst mit dem Kornhaus (1616–1619 erbaut), das bis 1897 an der Stelle des heutigen Waldmann-Denkmals am Stadthausquai stand, realisierte sie wieder ein grösseres Projekt. Verkehrstechnisch günstig gelegen und grossräumig, entsprach der Bau der neuen Kornpolitik, zur Preisregulierung Vorräte anzulegen und die Stadt als Getreideumschlagplatz zu etablieren. Zugleich verliehen die prominente Lage an der Einfahrt vom See in die Stadt, das Bauvolumen, die Treppengiebel und die reiche Fassadenbemalung dem Kornhaus einen repräsentativen Aspekt. Wie das Rathaus stand das Kornhaus in der Limmat über zwei parallelen Wasserdurchläufen, die der Getreideanfuhr per Schiff dienten. Sie sind mit den beiden in der heutigen Quaimauer sichtbaren seitlichen rundbogigen Einfahrten noch erhalten.

Kornhaus von Südosten. Federzeichnung aus dem Regimentsbuch von Gerold Escher, um 1700.

Limmatquai 92, 88, 84 ············· 94, 92, 88, 86 ························ 94 ···················· 100 ·········· 102, 100 ····

[E7–E3] **Limmatquai 84, Graue Gasse 1**__Zum Roten Schild, zweigeschossiger Steinbau kurz nach 1270. 14.–17. Jh. Anbauten und Aufstockungen. Lit. ZD 1993/94, S. 151–155; KDM, Stadt Zürich III.II, S. 159. **Limmatquai 86, Köngengasse 2**__Zum Sieb, 1841. **Limmatquai 88**__Zum Schwarzen Adler, heute Hotel Krone, undat. 1863 prägender Umbau von Wilhelm Waser. **Limmatquai 92**__Zum Neuegg, Geschäftshaus, 1924, A: Franz Huwyler. Lit. ZD 1987/88, S. 18–20. **Limmatquai 94**_Mosse-Haus, Geschäftshaus, 1912, A: Bischoff & Weideli. > S. 179 **Limmatquai 100, Schmidgasse 2**__Zum Lämmli, Bausubstanz 13. Jh. 1629 Umbau und Aufstockung. Lit. KDM, Stadt Zürich III.II, S. 168 f. **Limmatquai 102, Schmidgasse 1**__ Frontfastenhaus, hochmittelalterliche Bausubstanz, 1357 erstmals erwähnt. Teilneubau nach Brand 1755/56. Lit. KDM, Stadt Zürich III.II, S. 169. **Limmatquai 104**__Zum Halbmond, undat. 1921, 1935 Umbauten.

Bibliothek in der Wasserkirche

1633 richtete sich die Bibliotheksgesellschaft mit ihrer Sammlung von Büchern, Porträts, Münzen, Messinstrumenten und Kunstobjekten in der Wasserkirche ein. Sie knüpfte damit an die repräsentative Bedeutung der Kirche für die Stadt vor der Reformation an (siehe S. 73). Die Kosten für die baulichen Anpassungen übernahm die Stadt, und Mitglieder der regimentsfähigen Oberschicht trugen als Donatoren die rasch wachsende Sammlung mit. Die halböffentliche Institution erlangte hohes Prestige. In Nachbildung der frühneuzeitlichen Akademien avancierte sie zu einer Stätte der Bildungs- und Wissenschaftspflege ersten Ranges. Ein für die Baukultur interessanter Aspekt ist, wie die Gesellschaft die ihr überlassene Kirche als sakrale Aura in ihr Selbstverständnis einbezog. Der Umbau von 1717 brachte den spätgotischen Raum mit dem Netzgewölbe durch den eleganten Galerieeinbau wieder zur Geltung und schuf in «alter Hülle» eine der frühesten barocken Galeriebibliotheken im süddeutschen Raum. Mit der «Regotisierung» der Kirche 1940 ging dieses interessante Geschichts- und Architekturmonument verloren.

Bibliothek in der Wasserkirche, nach dem Galerieeinbau 1717. Aquatinta von Franz Hegi, 1846.

10, 108, 106, 104, 102, 100 ············· 118, 116, 112 ············· 132, 130, 128, 126 ············· 134, 132 ················· 138, 136 ········

Limmatquai 106__ Siehe Niederdorfstrasse 39. **Limmatquai 108__**Siehe Niederdorfstrasse 41. **Limmatquai 110__**Siehe Niederdorfstrasse 43. **Limmatquai 112__**Siehe Niederdorfstrasse 47. **Limmatquai 116__**Siehe Niederdorfstrasse 49. **Limmatquai 118__**Zum Hinteren Rank, im Mittelalter vermutl. zwei Bauten. 16.–18. Jh. limmatseitige Erweiterung. 1860 Aufstockung mit Flachdächern. **Limmatquai 120, Am Rank 3__**Wohnhaus, undat. **Limmatquai 126__**Zum Verlorenen Sohn, undat. Siehe auch Niederdorfstrasse 61. **Limmatquai 128, 130__**Siehe Niederdorfstrasse 63. **Limmatquai 132__**Siehe Niederdorfstrasse 67. **Limmatquai 134__**Siehe Niederdorfstrasse 69. **Limmatquai 136__**Siehe Niederdorfstrasse 71. **Limmatquai 138__**Zur Geduld, Bausubstanz 13. Jh. Im 14./15. Jh. Erweiterung. 1855/56 Umbau. Lit. ZD 1987/88, S. 121–123; KDM, Stadt Zürich III.II, S. 169–171. **Limmatquai 140__**Siehe Niederdorfstrasse 77.

Das Rathaus

Wie die zwei mittelalterlichen Vorgänger (siehe S. 64, 66) markiert der dritte Rathausbau (1694–1698, Limmatquai 55) eine wichtige Etappe in der politischen Entwicklung der Stadt: Im Westfälischen Frieden 1648 hatte die Eidgenossenschaft die formelle Reichsunabhängigkeit erreicht, Zürich war zu einer souveränen Stadtrepublik geworden. Diesem Status verlieh der aufgrund architekturtheoretischer Traktate sorgfältig projektierte Neubau Ausdruck. Der allseitig freistehende, in die Limmat vorgebaute, mit sorgfältigem Steinquaderwerk verkleidete Palazzo wirkt zentrumsbildend. Konzeptionell dicht und kohärent lösen die Architektur und die Bildprogramme den Anspruch eines Regierungsbaus auf europäischem Niveau ein. Freiheit und Souveränität der jungen Republik dominieren als Thema den Fassadenschmuck, der in der zürcherischen Bautradition erstmalig und in diesem Reichtum einzigartig ist. In den prunkvoll ausgestatteten Repräsentationsräumen und Ratssälen gelangt vor allem das «Gute Regiment» zur Darstellung, das Friede und Gerechtigkeit garantiert.

Rathauslaube mit Ausstattung aus der Bauzeit. (Foto Kantonale Denkmalpflege, 1996)

Limmatquai 144, 142   Lindenhof ····· 4 ················· bei 4 ·················· o. Nr. ················ 1 ·················

[E7–E3]   **Limmatquai 142**__Hotel Limmathof, 1858. 1908 neue Fassadengestaltung von Chiodera & Tschudy. 1987 Fassade purifiziert und teilweise neu nachgebildet. **Limmatquai 144, Zähringerstrasse 51**_Talstation Polybahn, Wohn- und Geschäftshaus, 1888.

[D5]   **Lindenhof o. Nr.**__Brunnen, 1912. **Lindenhof 4, Pfalzgasse 8**__Zum Paradies, zweite Hälfte 13. Jh., zweigeschossiger Steinbau, Oberbau aus Holz. Im 15. Jh. erneuert. Im 17. Jh. bedeutende Baumassnahmen. 19. Jh. Aufstockung und Umgestaltung im EG. Lit. KDM, Stadt Zürich I, S. 260–266. **Lindenhof bei 4**__ Freimaurerloge, 1854, A: Gustav Wegmann. Lit. Siehe Lindenhof 4.

[D5/D4]   **Lindenhofstrasse 1**__Zum Kleinen Schütz, undat. Siehe auch Lindenhofstrasse 3.

Die Zunfthäuser

Die Architektur des Rathauses setzte einen Massstab, der unter den Zünften als Mitträger des Staatswesens offenbar den Ehrgeiz nach einer präsentableren Erscheinung ihrer Häuser anstachelte. Die Zunft zur Zimmerleuten (Limmatquai 40) machte 1708 den Anfang mit einem schönen, aber eher konventionellen Sichtquaderbau in zurückhaltenden Barockformen (siehe S. 65). Die Krämerzunft zur Saffran, direkt gegenüber dem Rathaus (Limmatquai 54), hatte bereits 1669/70 ihre Liegenschaft vergrössert und in Stein neu ausgeführt. Nicht Baufälligkeit oder Platzprobleme waren demnach Anlass für den nochmaligen Neubau von 1719–1723, sondern die Absicht, der vornehmen Nachbarschaft die Stirn zu bieten. Es ist bezeichnend, dass die Zunft für den prächtigen, mit Haustein verkleideten Bau und dessen Ausstattung eine Reihe von Handwerkern verpflichtete, die am Rathaus tätig gewesen waren. Einen für Zürich völlig unkonventionellen Akzent setzte das von einer Balustradenbrüstung mit goldverzierten Pyramiden und Vasen eingefasste Flachdach. Schon nach wenigen Jahren wurde es allerdings durch ein konventionelles Walmdach ersetzt.

Zunfthaus zur Saffran, nach dem Neubau 1719–23. Vorzeichnung für Ofenkachel von Johann Melchior Füssli, um 1724. (StAZ)

Lindenhofstr. 1–5 .... 9–11, 13, 15 .... 15, 17 .... 19 .... 21, 23

Lindenhofstrasse 3__Zum Schütz, undat. Bis 1861 Gesellschaftshaus der Bogenschützen. 1697 Neu- oder Umbau. 1928 Umbau. Lit. KDM, Stadt Zürich II.II, S. 268–271. **Lindenhofstrasse 5–7**__Zur Blauen Taube, Wohnhäuser, 1891 (Nr. 5), Zu den vier Winden, vor 1812 (Nr. 7). **Lindenhofstrasse 9–11, 11a**__Wohnhäuser, 1876 (Nrn. 9–11), 1905 (Nr. 11a). **Lindenhofstrasse 13**__Wohnhaus, 1876. **Lindenhofstrasse 15, 17, Kaminfegergasse 12, Oetenbachgasse 1a**__Zum Rebstöckli, undat. **Lindenhofstrasse 19, Oetenbachgasse 22, Uraniastrasse 7**__Amtshaus IV, 1919, A: Gustav Gull, K: Arthur Abeljanz. Lit. Regula Michel, u. a., Amtshaus IV, Zürich. Umbau und Sanierung, Zürcher Baudokumentation, Zürich 2001. **Lindenhofstrasse 21–25, Uraniastrasse 2, Werdmühleplatz 4, Werdmühlestrasse 10–12**__Amtshaus III, 1919, A: Gustav Gull. Lit. Amt für Hochbauten (Hrsg.), Stadt Zürich, Drei Umbaustrategien – die Verwaltungsbauten von Gustav Gull, Zürich 2004.

ERNEUERUNG DER KIRCHENRÄUME IM 17. UND 18. JAHRHUNDERT

Die Barockisierung der Predigerkirche

Nach der Reformation waren die Kirchen, die weiterhin für den Gottesdienst genutzt wurden – St. Peter, Fraumünster, Grossmünster – baulich kaum verändert, sondern lediglich durch die Aufstellung von Kanzel, Taufstein und Abendmahlstisch dem reformierten Kult angepasst worden. Der erste gestaltete protestantische Kirchenraum Zürichs war das Langhaus der Predigerkirche. Vom Chor durch die Vermauerung des Triumphbogens abgetrennt, hatte der romanisch-frühgotische Raum nach der Reformation als Trotte gedient, bis er durch Ratsbeschluss 1607 wieder Pfarrkirche wurde. Nach reformiertem Brauch wurde die Kanzel über dem Taufstein in der Mitte der Ostwand angebracht (1967 entfernt), umrahmt von einer stuckierten Aedikula. Die räumliche Einheit gewann der Predigtsaal 1611–1614 durch die helle,

Predigerkirche. Inneres gegen Osten, mit frühbarocker Ausstattung. (Foto 1885)

Lintheschergasse 2, 8   Lochmannstr. 2   Löwenstrasse 1 ················· 30, 28 ················· 32, 30 ················· 30 ·····

frühbarocke Ausstuckierung, an der neben einheimischen Kräften die Tessiner Pietro und Antonio Castelli mitwirkten. Es sind die frühesten datierten Stuckaturen in Zürich.

Der spätbarocke Neubau von St. Peter

Hundert Jahre später folgte der erste Kirchenneubau auf Stadtgebiet nach der Reformation (1705/06). Der Schluss liegt nahe, St. Peter als kirchliches Gegenstück zum Repräsentationsbau des Rathauses zu sehen, beabsichtigt war das jedoch keineswegs. Am Anfang standen Platzmangel und Bauschäden am spätgotischen Langhaus, denen nach den Prinzipien Sparsamkeit und Nützlichkeit durch einen Teilneubau abgeholfen werden sollte. Als bautechnische Gründe aber einen Neubau nötig machten (unter Beibehaltung des romanischen Turmchors), stachelte das den künstlerischen Ehrgeiz der Baukommission an. «Das schönste Holz und Maser» sollte beispielsweise Tischmacher Kaspar Weber für den Kanzellettner, den kultischen Mittelpunkt und optischen Blickfang des Raums, verwenden. Entstanden ist

St. Peter. Inneres gegen Südosten. (Foto 1975)

···45, 47, 49   Malergasse 3   Marktgasse ······· 2 ·································· 3 ····················· 6, 4, 2 ···

Löwenstrasse 43–49__Wannerhäuser, 1878/79, A: Jakob Friedrich Wanner. 1981/84 Teilrekonstruktion der Fassade (Nr. 45) und Neubau (Nrn. 47–49). Siehe auch Gessnerallee 28, 32.
Löwenstrasse 68__Siehe Bahnhofplatz 9.

[E4] **Malergasse 1–3**__Zum Eich, 1912.

[E5] **Marktgasse 2, Limmatquai 58**__Altes Zunfthaus zur Meise, 1416 Trinkstube, 1449 Zunftbesitz. 1550–52, 1644 prägende Umbauten. 1908 Umbau Schweizerische Kreditanstalt. Lit. KDM, Stadt Zürich III.II, S. 120–123. **Marktgasse 3**__Zum Schwendenkeller, ehem. Comestibles Bianchi, 1888, A: Friedrich Fissler. Lit. KDM, Stadt Zürich III.II, S. 141. **Marktgasse 4, Krebsgasse 3**__Zum Judentempel, Zum Alpha, 1357 erstmals erwähnt. 1901/02 prägender Umbau. Lit. KDM, Stadt Zürich III.II, S. 123.

eine dreischiffige Emporenhalle, die mit ihren Proportionen und ihrer grosszügigen Belichtung eine barocke Festlichkeit ausstrahlt. Die Material- und Farbdialoge zwischen der weiss stuckierten Raumhülle, dem farbigen Stuckmarmor der Säulen und dem dunklen Eichenholz des Kanzellettners harmonieren wunderbar. Der mehrfach als schönste Kirche Zürichs gepriesene Bau wirkte vorbildhaft auf den protestantischen Kirchenbau der Umgebung (z. B. auf die Pfarrkirche Eglisau, 1716), regte aber auch die Nachrüstung der alten Stadtkirchen an: Das Fraumünster erhielt durch die Erhöhung des Langhauses 1713/14 und des Nordturms 1728–1732 eine stärkere Präsenz im Stadtbild. Den Innenraum des Grossmünsters passte man in den 1760er-Jahren durch barockisierende Eingriffe und eine helle Tünchung dem neuen Ideal des protestantischen Predigtsaals an.

Fraumünster am Münsterhof, im Vordergrund ehemaliges Kornhaus (links) und Zunfthaus zur Meise (rechts). (Foto um 1887)

Marktgasse · 6 ········· 12, 17 ················· 12 ················· 12 ················· 15 ················· 17, 19 ················· 19

[E5] **Marktgasse 6, Krebsgasse 5**__Zum Goldenen Schild, undat. 1863,1875 Umbauten. **Marktgasse 7**__Zum Salmen, erstmals 1357 erwähnt. Ende 16. Jh. Einrichtung einer Bäckerei, ab 1896 Bäckerei Bertschi (bis 2005). **Marktgasse 8, Krebsgasse 7**__Zum Kirschbaum, 1834. **Marktgasse 9**__Zum Liegenden Riesen, erstmals 1357 erwähnt. Äusseres Erscheinungsbild durch Umbauten im 19. Jh. 1917 Erwerb durch E. Bertschi, danach mit Nr. 7 baulich verbunden. **Marktgasse 11**__Zum Kalten Keller, Bausubstanz 16. Jh. **Marktgasse 12**__Elsässerhof, 1897, A: Fietz & Leuthold. **Marktgasse 13**__Zum Langen Antlitz, mittelalterliche Bausubstanz. 1540 und 19. Jh. Umbauten. **Marktgasse 17**__Zum Rothaus, Bausubstanz 13. Jh. Ende 13. Jh. erstmals erwähnt. Um 1576 Umbau. 19. Jh. Umgestaltungen. Lit. KDM, Stadt Zürich III.II, S. 124 f. > S. 79 **Marktgasse 18**__Zum Schwarzen Adler, spätes 13. Jh. 1603, 1624 Umbauten. Ältester (frühbarocker) Kastenerker in Zürich. Lit. KDM, Stadt Zürich III.II, S. 141.

DAS «PALAIS»: EIN NEUER BAUTYP IM STADTBILD DES 18. JAHRHUNDERTS

Der Neubau für die Zunft zur Meisen

Der Bau des Zunfthauses zur Meise (1752–1757, Münsterhof 20) anstelle des Schmidschen Palais setzte architektonisch neue Massstäbe. Bauherrin war die Meisenzunft, mitbeteiligt an den Kosten und an der Planung die Physikalische Gesellschaft als künftige Mieterin. Baumeister dieses für Zürcher Verhältnisse spektakulären Baus war David Morf. Er hatte sich seit den 1730er-Jahren vor allem im Dienst der Zünfte verdient gemacht. Mit dem «Meisen»-Palais realisierte er seinen ersten Neubau. An exponierter Lage wird erstmals in Zürich ein «Hôtel entre cour et jardin» in der Tradition des französischen Schlossbaus realisiert, ein Bautyp, der ein aristokratisches Selbstverständnis zum Ausdruck bringt und – als städtebaulichen Gewinn – einen räumlichen Bezug zur Umgebung schafft: Der hufeisenförmige

Zunfthaus zur Meise, von Südwesten. (Foto 1938)

Marktgasse 19, Metzgergasse 15__Zum Mohrenkönig, Bausubstanz 13. Jh. **Marktgasse 20**__Zum Goldenen Horn, Zunfthaus Zur Schmiden, 1358 erstmals erwähnt. 1520 Um- und teilweise Neubau (Einbau des Zunftsaals). 1634/35 Renovation und Aufstockung. 1701/05 Baumassnahmen im Innern (unterer Zunftsaal; 1856–59 Umbau). 1881 Umbau von Chiodera & Tschudy. 1912 Renovation. 1963 Umgestaltung des Äussern. Lit. KDM, Stadt Zürich III.II, S. 126–139. > S. 65 **Marktgasse 23, Stüssihofstatt 13**__Zur Linde, Bausubstanz 13. Jh. Vor 1551 Aufstockung. 1829 Umbau. 1946 Renovation und Erkeranbau. 1956 Umbau. Lit. ZD 1995/96, S. 169–171.

[E5] **Metzgergasse 3**__Zum Tanzforst, Bausubstanz 13. Jh. 16. Jh. Aufstockung. 1866 weitgehender Neubau. Lit. ZD 1991/92, S. 86–90; KDM, Stadt Zürich III.II, S. 161 f. **Metzgergasse 15**__Siehe Marktgasse 19.

Ehrenhof bezieht den Münsterhof als Vorplatz ein, die Limmat ersetzt den Garten. Die Balkone auf der ehemaligen Zunftetage – die ersten in Zürich – vermitteln zwischen Aussen- und Innenraum.

Ein Privatpalais: Der «Rechberg»

Mit dem Neubau des «Rechberg» («Krone») 1759–1770 übernimmt eine private Bauherrschaft die «moderne» französische Dreiflügelanlage (Hirschengraben 40). Das Wohn- und Geschäftshaus des Textilfabrikantenpaars Hans Kaspar und Anna Werdmüller-Oeri setzte in der lockeren Bebauung des vorindustriellen Textilzentrums im Florhofquartier einen Akzent urbaner Eleganz. Das raumgreifende Konzept dieses Bautyps stiess hier auf ideale Voraussetzungen: Die rückseitige Hanglage zur Schanze liess sich für einen terrassierten Barockgarten nutzen, das Vorgelände gegen den Hirschengraben als Vorfahrt, von der sich ein freier Blick auf die Schaufassade des Palais ergab.

Blick über den Seilergraben auf das Florhofquartier mit «Kronen»-Palais (Rechberg). Federzeichnung von Johann Jakob Hofmann, 1772. (ZBZ)

Mühlegasse ⋯⋯ 3, 5, 7 ⋯⋯⋯⋯⋯⋯ 22, 12 ⋯⋯⋯⋯⋯⋯ 13, 15 ⋯⋯⋯⋯⋯⋯ 17, 19, 21–29 ⋯⋯⋯⋯ 23, 25, 27, 2

[E4] **Mühlegasse 3**__Zum Roten Mühlerädli, Zur Vorderen Stege, undat. **Mühlegasse 5**__Zur Schwarzen Stege, mittelalterliche Bausubstanz, 1357 erstmals erwähnt. Umbau 16. Jh. 1907/08 Kino Radium von Huldi & Pfister. 1928 Fassadenbemalung erneuert. Lit. KDM, Stadt Zürich III.II, S. 469 f. **Mühlegasse 12**__Zur Eisernen Zeit, Bausubstanz 13. Jh., erstmals 1357 erwähnt. 1887 Umbau. Lit. ZD 1987/88, S. 21–24, 123 f.; KDM, Stadt Zürich III.II, S. 222 f. **Mühlegasse 13, 15**__Wohn- und Geschäftshaus, 1883, A: August Welti-Herzog. Lit. KDM, Stadt Zürich III.II, S. 467 f. **Mühlegasse 17–19, Zähringerstrasse 10**__Wohn- und Geschäftshaus, heute Hotel Scheuble, 1879, A: Heinrich Ernst. **Mühlegasse 21, 23, 25**__Wohn- und Geschäftshaus, 1880. **Mühlegasse 27, 29**__Wohn- und Geschäftshaus, 1878. **Mühlegasse 31, 33, Seilergraben 37**__Wohn- und Geschäftshaus, 1881.

Die Gesamtanlage, die Monumentalität und die architektonische Durchgestaltung des Baus sowie die herrschaftliche Ausstattung sprengten die Konventionen der biederen heimischen Wohnarchitektur – eine aristokratische Gebärde hart an der Grenze der «convenance», der standesgemässen Schicklichkeit.

Eine «beinahe fürstliche Wohnung»: Das Waisenhaus

Schlechte Luft, mangelnde Hygiene und Bewegung gaben den Anstoss, den Waisen, die zusammen mit den Strafhäftlingen im alten Oetenbachkloster untergebracht waren, eine bessere Unterkunft zu erstellen. Die Stadt liess im ehemaligen Klosterbaumgarten 1765–1771 einen Bau errichten, der – luftig über der Limmat gelegen – nicht nur den gesundheitlichen und erzieherischen Anforderungen, sondern auch ihren Repräsentationsansprüchen entsprach (Bahnhofquai 3).

Blick vom «Kronen»-Palais auf den Barockgarten (Rechberggarten). (Foto 1971)

Münsterbrücke   Münstergasse ···· 1, 5, 9 ············ 1, 5 ················· 2 ······················ 10, 8 ····················· 9 ··········

[D6/E6] **Münsterbrücke__**Erstmals erwähnt 1221. 1564–66 Erneuerung. 1836/38 neue Münsterbrücke von Alois Negrelli. Lit. KDM, Stadt Zürich I, S. 161–169. >S.42 >S. 113

[E6–E5] **Münstergasse 1__**Siehe Zwingliplatz 2. **Münstergasse 2__**Zur Linde, undat. Siehe auch Zwingliplatz 3. **Münstergasse 5__**Zum Grossen und Kleinen Löwenstein, 1858–60, A: Johann Jakob Breitinger. 1952 Neubau. **Münstergasse 8__**Zum Oberen Leopard, altes Berichthaus, Bausubstanz 13. Jh. Um 1900 Umbau von Gottlieb Dättwyler. Lit. KDM, Stadt Zürich III.II, S. 186 f. **Münstergasse 9__**Zum Schwanen, im Kern mittelalterliche Bausubstanz über römischen Mauerresten, 1362 erstmals erwähnt. Im 17./18. Jh. bedeutende Umbauten. 1947–50 Umbau und Renovation. Lit. KDM, Stadt Zürich III.II, S. 187–189. >S.214 f.

K
L
M

Es war seit dem Rathausbau das bedeutendste öffentliche Bauvorhaben an ebenso exponierter Lage. Das Projekt des Tessiner Architekten Gaetano Matteo Pisoni im Stil eines italienischen Palazzo erschien dennoch zu imposant und wurde etwas redimensioniert. Als «grösste Zierde der Stadt» und als fortschrittliche fürsorgerische Institution im Sinne der Aufklärung stiess das über der Limmat thronende Waisenhaus bei Einheimischen und Fremden auf Bewunderung. Das Gebäude bot Einrichtungen für die soziale Erziehung, den Schulunterricht und praktische Arbeiten. Gleichermassen funktional und repräsentativ war auch die Gartenterrasse, die dem Spiel im Freien diente, mit dem barocken Gartenparterre und den skulpturenbestückten Brunnen aber auch einen herrschaftlichen Aspekt besass. Die Einbindung in den grossstädtischen Amtshäuserkomplex Gustav Gulls 1911–1914 hat der architektonischen Präsenz des Baus keinen Abbruch getan, ihn jedoch seiner Umgebung beraubt.

Städtisches Waisenhaus von Nordosten, mit Gartenanlage und Brunnen (heute Hauptwache der Stadtpolizei). Aquatinta von Franz Hegi, vor 1799.

Münstergasse · 10 ············· 14 ················· 15 ················· 18 ················· 18, 18a ············· 18a, b

[E6–E5] **Münstergasse 10**__Zum Unteren Leopard, alte Druckerei, Bausubstanz 13. Jh. Zweites Drittel 14. Jh. Ausstattungsreste. 1875 Aufstockung. Lit. KDM, Stadt Zürich III.II, S. 189 f. **Münstergasse 11**__Wohnhaus, undat. **Münstergasse 13**__Zum Schwänli, undat. **Münstergasse 12–14, 18, 18a, 18b**__Zum Vorderen Meyerhof (Nr. 12), Zum Hinteren Meyerhof (Nr. 14), Zum Unteren Meyerhof (Nr. 18), urspr. Chorherrenhof, 1281 erstmals erwähnt. 1599 Aufstockungen. Nr. 14: Ausstattung 17. Jh. Nr. 18: Wandmalereien um 1360, 17. Jh Baumassnahmen. Lit. KDM, Stadt Zürich III.II, S. 190–195. **Münstergasse 15**__Zum Blumengeschirr, heute Bodega Española, Kellergewölbe mit romanischen Rundsäulen um 1200. 1887 Umbau von Albert Weber. 1892 Maurischer Saal. Lit. KDM, Stadt Zürich III.II, S. 195.

Öffentliche Brunnen

Brunnen dienten nicht nur der Wasserversorgung, sondern bildeten auch einen Teil von Platz- und Strassengestaltungen; sie waren die wichtigsten Bildträger im Stadtraum. In Zürich treten erst vom späteren 16. Jahrhundert an monumentale Figuren auf den Brunnenstöcken auf: Bannerträger (Stüssihofstatt), allegorische Statuen (Gerechtigkeit, Weisheit, Mässigkeit) und Gestalten aus der griechisch-römischen Mythologie. Mangels Auftragsfeldern für grossplastische Bildwerke im reformierten Zürich gab es kaum einheimische Bildhauer, die Stadt musste deshalb auswärtige verpflichten. Die Steinmetzarbeiten, die Bemalung und die metallenen Ausgüsse an den Brunnenstöcken hingegen besorgten einheimische Kräfte. In den 1570/80er-Jahren hat Johannes Tub aus Kolchen (in der Nähe von Köln) mehrere Brunnenstatuen geschaffen, in den 1760/70er-Jahren scheint der in Luzern ansässige Tiroler Bildhauer Friedrich Schäfer eine Art Monopolstellung innegehabt zu haben. Neben privaten führte er diverse öffentliche Aufträge für monumentale Steinskulpturen aus, beispielsweise die Amazone für den Brunnen am oberen Rennweg.

Statue der Amazone des Brunnens am oberen Rennweg, um 1770. (Foto Beringer & Pampaluchi, 1964)

Bannerträger des Stüssibrunnens, verm. 16. Jh. (Foto 1961)

17, 19, 21 ············· 17, 19 ···························· 24 ···················· 23, 25, 30 ················ 25 ················· 30, 26

Münstergasse 17, 19__ Zum Schäppeli (Nr. 17), Zum Grauen Mann (Nr. 19). Nr. 17: 1368 erwähnt. Beide Häuser von 1662–1838 Sitz der Post. 1912 Umbau zum bestehenden Kolonialwarengeschäft Schwarzenbach. Lit. KDM, Stadt Zürich III.II, S. 195 f. **Münstergasse 21__**Zum Goldstein, undat. 1968–71 Abbruch unter Erhaltung der Hauptfassade aus dem 17. Jh. **Münstergasse 23__**Siehe Krebsgasse 10. **Münstergasse 24__**Siehe Spiegelgasse 2. **Münstergasse 25__**Zum Leuenberg, um 1663. **Münstergasse 26, Spiegelgasse 1__**Zur Weissen Lilie, zwei Häuser aus dem 13./14. Jh. 1577 zusammengefasst. 1758 Umbau. 1885 Umbau mit Erweiterung. 1916 Cabaret Voltaire. Lit. ZD 2003–06, S. 89; KDM, Stadt Zürich III.II, S. 328 f. > S. 195 **Münstergasse 27, 29, 31__**Zinnenanbau, um 1702. 1837, 1866 Umbau. 1953 Einbau Kiosk. Lit. ZD 1991/92, S. 90–92; KDM, Stadt Zürich III.II, S. 198.

Der prestigeträchtigste Auftrag, den er von der Stadt erhielt, waren die Statuen für den Neptunbrunnen auf dem Münsterhof (1766/67). Die Idee für diese ambitiöseste Brunnenanlage der Stadt in Nachahmung der figurenreichen Barockbrunnen Roms entsprang demselben weltmännischen Geist, der die Zürcher Baukultur ein Jahrzehnt lang beflügelte und die Architektur der «Meise», des «Rechberg» und des Waisenhauses entstehen liess. Doch das Unternehmen scheiterte aus technischen Gründen, 1811 wurde der Prachtsbrunnen abgebrochen. Nur die Schalen haben, wiederverwendet am Brunnen auf der Stüssihofstatt, überdauert.

Landschaft in der Stadt

Mit dem wissenschaftlichen, ästhetischen und literarischen Interesse an der Natur zur Zeit der Aufklärung wuchs das Bestreben, die Natur auch in den Stadtraum einzubeziehen: Die Stadt liess öffentliche Grünflächen anlegen, es mehrten sich gestaltete Gärten bei Wohnhäusern. Die wohlhabenden Stadtbewohner holten sich Ideallandschaften in Form bemalter Wandverkleidungen in die Innenräume, den echten Landschaftsausblick ermöglichten grössere Fenster und Balkone. Der bis zur

Platzspitzpromenade. (Foto 1890)

Münsterhof · · · · 2 · · · · · · · · · · · · · 4 · · · · · · · · · · · · · · · · · 4, 5, 6, 7 · 6, 7, 8 · · · · · · · · · · · · · · · · 7 · · · · · · · · · · · · ·

[D6] Münsterhof 2__Fraumünster, Stiftung 853. 9. Jh. Basilika mit Aussenkrypta. 11. Jh. Umbau. 12. Jh. Südturm und Kreuzgang. 13. Jh. Nordturm und Chor. 13.–15. Jh. Querhaus und Langhaus. 1713/14 Erhöhung des Mittelschiffs. 1728–32 Erhöhung des Nordturms und Einkürzung des Südturms. 1900–01, 1911–12 Restaurierung und Umbau von Gustav Gull. 1969/70 Glasfenster von Marc Chagall. Lit. KDM, Stadt Zürich II.I, S. 24–137. Siehe auch Stadthausquai 19. >S.33 >S.57 **Münsterhof 4, Poststrasse 4**__ Zum St. Jakob, Zum Münstereck, 1938, A: Ernst und Bruno Witschi, Max Haefeli. Lit. ZD 1969–79, 3. Teil, S. 34–37. **Münsterhof 5, Poststrasse 6**__Zum Psalter, 1969/70. **Münsterhof 6**__Schäniserhaus, rückwärtiger Kernbau 12. Jh. Mitte 14. Jh. Erweiterung zur heutigen Grösse. Im 14./16. Jh. Wandmalereien. Lit. KDM, Stadt Zürich II.II, S. 42–44. >S.62 **Münsterhof 7**__Zum Tor, Kernbau zweite Hälfte 13. Jh. Im 13./14. Jh. Erweiterung. Im 17. Jh. Aufstockung. Lit. KDM, Stadt Zürich II.II, S. 44 f.

Eröffnung der Quaianlagen (1887) beliebteste öffentliche Park war die Platzspitzpromenade, die die Stadt nach 1780 ausserhalb der Schanzen, beim Zusammenfluss
von Limmat und Sihl, nach französischem Vorbild anlegen liess. Die Promenade
diente nicht nur der Erholung, sondern war vor allem Treffpunkt der geistigen Elite
und der galanten Gesellschaft Zürichs und wurde deshalb auch von Fremden gerne
aufgesucht. Seit der Errichtung des Denkmals für den Idyllendichter und Maler
Salomon Gessner 1793 avancierte der Park als «Gessner's Promenade» zu einer der
ersten Sehenswürdigkeiten Zürichs. Er wurde mehrfach umgestaltet und dem Zeit-
geschmack angepasst, besonders für die Schweizerische Landesausstellung 1883,
auf die der Musikpavillon zurückgeht, und 1898 mit dem Bau des Landesmuseums.
Erfüllte die Platzspitzpromenade eine wichtige soziale Funktion – «Sehen und
gesehen werden» –, stieg man zum Genuss der Aussicht zur Hohen Promenade empor,
wo die 1784 gepflanzte Allee mit einer offenen Gartenlaube prächtige Ausblicke
über den See, die Uferlandschaften und das Alpenpanorama bot. (Regine Abegg)

Hohe Promenade mit Pavillon und Denkmal für Hans Georg Nägeli. Aquatinta von Heinrich Siegfried,
nach 1850.

··· 8, 9, 10, 11 ············· 8 ············· 8, 9, 10, 11, 12 ············· 12, 13 ············· 13 ·········

Münsterhof 8__ Zunfthaus zur Waag, zwei Vorgängerbauten, 1637 Neubau. 1778 Umbau. 1938,
1950 prägende Renovationen. Lit. KDM, Stadt Zürich II.II, S. 45–52. **Münsterhof 9__**Zum Barfüsser,
Zum Obmannamt, Bausubstanz 16. Jh. Aufstockungen nach 1636 und im späten 19. Jh. **Münsterhof 10,
11__**Zum Münsterhof (Nr. 10), Zum St. Lorenz (Nr. 11). Reste karolingischer Bauten, Bausubstanz
12./13. Jh. 19. Jh. Aufstockung (Nr. 10). Lit. ZD 1985/86, S. 105 f.; ZD 1980–84, 2. Teil, S. 149–152.
Münsterhof 12__ Zur Farb, zwei Kernbauten zweite Hälfte 13. Jh. Im Spätmittelalter zu einem Steinhaus
zusammengefasst. 1461–1721 Färberei. 17. Jh., 1780 Umbauten. Spätes 19. Jh. Schaufenster und Zinne.
Lit. ZD 1999/2002, S. 85; KDM, Stadt Zürich II.II, S. 52 f. **Münsterhof 13__**Pfrundhaus des St.-Niklausen-
Altars im Fraumünster, 1461 erstmals erwähnt. Um 1800, 1893, 1908 prägende Umbauten. Lit. KDM,
Stadt Zürich II.II, S. 53 f.

AUFBRUCH IN DIE MODERNE, UMBAU DER STADT

1798–1893

ZÜRICH – SI

VOM STADTSTAAT ZUR
STADTGEMEINDE (1798–1830)

Revolution und Restauration

Mit dem Einmarsch französischer Truppen ins Waadtland im Jahre 1798 brach die Alte Eidgenossenschaft zusammen. An ihre Stelle trat die Helvetische Republik, ein Einheitsstaat nach den Prinzipien der Französischen Revolution. Am 29. März 1798 nahm eine Versammlung im Grossmünster die neue Verfassung an, ein Freiheitsbaum auf dem Lindenhof signalisierte die neue Zeit. Knapp einen Monat später, am 26. April, besetzten die Franzosen Zürich. Im folgenden Jahr geriet die Stadt in den Strudel des zweiten Koalitionskrieges. Nach der ersten Schlacht von Zürich im Juni 1799 rückten die Österreicher, später die verbündeten Russen in die Stadt ein. Ende September wurden sie in der zweiten Schlacht wieder von den Franzosen vertrieben.

Limmatquai 61. Rathauswache, 1826, dahinter die 1952 abgebrochene «Fleischhalle». (Foto um 1950)

Münsterhof ·· 14, 15, 16 ··············· 16, 17, 18 ·················· 18, 19, 20 ················ 19, 18 ············ 13, 14, 15, 16, 17, 18

[D6] **Münsterhof 14**__Zum Affen, 1293 erstmals erwähnt, mittelalterliche Bausubstanz. 16./17. Jh. Umbauten und Aufstockungen. 1866 Ladenfront. **Münsterhof 15**__Zum Kleinen Christoffel, undat. **Münsterhof 16**__Zur Goldenen Gilge, mittelalterliche Bausubstanz. 1892 Verbindung mit Storchengasse 3. Siehe auch Storchengasse 3. **Münsterhof 17, Kämbelgasse 6**__Zum Münsterhof, 1857, A: vermutl. Wilhelm Waser. Lit. KDM, Stadt Zürich II.II, S. 54. **Münsterhof 18**__Ehem. Zunfthaus zum Kämbel, vermutl. vor 1200. Mitte 15. Jh. Erwerb durch Kürschner, 1486/87 Verkauf an Kämbelzunft. 1518/19, 1651 verschiedene Baumassnahmen. 1758 Zusammenlegung mit Münsterhof 19. Lit. Siehe Münsterhof 19. **Münsterhof 19**__Zur Luchsgrub, 1357 erstmals erwähnt. 1518 Um- oder Neubau zur Steinhütte mit hoher Werkhalle im EG. 1758 Zusammenlegung mit Münsterhof 18. Lit. KDM, Stadt Zürich II.II, S. 54–57.

Schon bald versank die Helvetische Republik in Chaos und Anarchie. 1803 diktierte Napoleon die Mediationsverfassung und setzte dabei auf die alten Strukturen und die alten Geschlechter. Auch in Zürich etablierten sich wieder die «ci-devants», die alten Regenten. Die Restauration, die 1803 einsetzte, wurde nach dem Ende Napoleons, 1815, noch einmal verstärkt. Nur noch wenige Relikte erinnerten an die Versprechungen der Helvetik. So etwa war die Landschaft, die rund 95 Prozent der Gesamtbevölkerung stellte und vor 1798 überhaupt keine politischen Rechte im Staat hatte, nach 1815 mit immerhin 79 von 212 Abgeordneten vertreten.

Das einzige öffentliche Gebäude von Bedeutung, das 1826 während der Restaurationszeit entstand, war bezeichnenderweise die Polizei-Hauptwache neben dem Rathaus, ein schlichter klassizistischer Bau von Hans Caspar Escher (Limmatquai 61, siehe auch S. 231). Bereits 1806 hatte Escher in den Gebäuden des ehemaligen Barfüsserklosters das Casino erbaut (Hirschengraben 13), ein Versammlungsort der feinen Gesellschaft, in dem vor allem Konzerte gegeben wurden. 1873/74 baute der Kanton das Casino zum Obergericht um.

Hirschengraben 13. Casino, 1806. 1873/74 Umbau zum Obergericht. Stich um 1830.

.... 20 .... 20 .... Münzplatz .... 1 .... 1 .... 1, 2 ....

Münsterhof 20, Wühre 1__Zunfthaus Zur Meise, 1752–57, A: David Morf. 1955/56 umfassende Aussen- und Innenrenovation. Lit. KDM, Stadt Zürich II.II, S. 57–83. > S. 43 > S. 82, S. 97

[D5] **Münzplatz 1, Augustinerhof 8**__Zur Münz, Kirchgemeindehaus, undat. **Münzplatz bei 1**__Augustinerbrunnen, 1535 erstmals erwähnt. 1583/84 in Stein mit Figur «Weisheit» von Johannes Tub. 1749 erneuert. 1761 Figur durch «Mässigkeit» ersetzt, 1950 Kopie. Lit. KDM, Stadt Zürich II.II, S. 216 f. **Münzplatz 2**__ Augustinerkirche, um 1270. Um 1400, Ende 15. Jh. Wandmalereien. Ab 1527/29 Trotte- und Kornmagazin im Langhaus, ab 1596 Münzstätte im Chor. 1620–22 Umbauten. 1841–43 Umbau des Langhauses zur katholischen Kirche. Seit 1873 christkatholische Kirche. 1900/01 Renovation. 1936/37 Umbau des Chortraktes. 1959 Restaurierung. Lit. Regine Abegg, Christine Barraud Wiener, Die Augustinerkirche in Zürich, Schweizerische Kunstführer, Nr. 661, Bern 1999. > S. 59 > S. 138

Industrialisierung

Bedeutender aber war Hans Caspar Escher als Unternehmer. 1805 gründete er zusammen mit dem Bankier Salomon Wyss eine mechanische Baumwollspinnerei. Dabei baute er mit einer Belegschaft, die er persönlich ausgebildet hatte, die Maschinen selbst. Aus den mechanischen Werkstätten der Spinnerei entwickelte sich nach 1825 die Maschinenfabrik. 1860 wurde die Spinnerei aufgegeben, 1873 war Escher Wyss mit über 1300 Beschäftigten die grösste Maschinenfabrik der Schweiz. Zu den ursprünglichen Spinnmaschinen kamen Turbinen, Pumpen, Dampfmaschinen und Schiffe sowie einige Lokomotiven.

Die erste Fabrik wurde in der «Neumühle» (beim heutigen Central) eingerichtet. Die Schleifung der Schanzen in den 1830er-Jahren verschaffte dem wachsenden Unternehmen etwas Luft; in der Folge entstand ein unübersichtliches Konglomerat am Hang über der Limmat. Ab 1891 wurde die Fabrik sukzessive nach dem Industriegelände im Hard verlegt, in die leer stehenden Hallen zogen vorübergehend andere Firmen ein (siehe S. 172).

Ehemalige Fabrikhallen von Escher Wyss am Neumühlequai. (Foto um 1909)

Museumstrasse ·· 2 ·········· bei 2   Nägelihof ·· 1 ···················· 1, 2, 3 ···················· 2, 3 ····························· 4

Opposition im Untergrund

Mehr und mehr entwickelten sich die neue industrielle Gesellschaft und das reaktionäre politische System auseinander. Zu den wichtigen Opponenten gehörten neben
Vertretern des Bildungsbürgertums die Fabrikanten, die mehrheitlich in der benachteiligten Landschaft ansässig waren. Aber auch in der Stadt mehrte sich der Widerstand. Die repressive Atmosphäre begünstigte verschwiegene Gemeinschaften. So
nahm 1811 die Freimaurerloge «Modestia cum Libertate» nach 25-jährigem Unterbruch ihre Tätigkeit wieder auf. Auf dem Lande bildeten sich, wie schon im Ancien
Regime, äusserlich harmlose «Lesegesellschaften». Eine wichtige Rolle spielten
auch die unverdächtigen Gesangsvereine. Den ersten Männerchor gründete 1810
Hans Georg Nägeli, dessen Lieder im Volkston weite Verbreitung fanden.

Lindenhof 4. Freimaurerloge. (Foto 1965)

Hohe Promenade mit Denkmal für den Sängervater
Hans Georg Nägeli. (Foto 1940)

Napfgasse 3, 5 ············ 3, 5 ················ 3 ················ 6, 4, 3, 5 ············ 4 ··················· 6

[E5] **Napfgasse 1–5__**Siehe Spiegelgasse 2. **Napfgasse 4__**Conditorei Schober, ehem. Hinterhaus des 1836
abgerissenen Manesseturms an der Münstergasse 22, mittelalterliche Bausubstanz. Umbauten im 18. Jh.
1875 Umbau im Auftrag von Theodor Schober. 1890 Fassade und Ladeneinrichtung. 2007 Umbau.
Lit. KDM, Stadt Zürich III.II, S. 348 f. **Napfgasse 6__**Zum Napf, im 15. Jh. Vereinigung kleinerer Vorgängerbauten zu einer Liegenschaft. Um 1450 und im 16. Jh. entscheidende Baumassnahmen. 1733–43
prägende Umbauten. Lit. KDM, Stadt Zürich III.II, S. 348–353. **Napfgasse 8__**Siehe Obere Zäune 19.

LIBERALER AUFBRUCH (1831–1860)

Regeneration

Ende 1830 fegte die erstarkte liberale Opposition das alte Regiment hinweg. Am 20. März 1831 wurde die neue republikanische Verfassung von der Bevölkerung mit grosser Mehrheit angenommen. Für die Stadt bedeutete sie das Ende ihrer Vorherrschaft. Äusseres Zeichen war die 1833 von der Landschaft durchgesetzte Schleifung der barocken Festungsanlage. Davon übrig geblieben sind der Schanzengraben, die Hohe Promenade, das Bauschänzli und das Katzbollwerk (Pelikanstrasse 40), auf dem 1838 ein botanischer Garten mit einem Gewächshaus eingerichtet wurde. Es dauerte noch Jahrzehnte, bis das Schanzenareal mit öffentlichen und privaten Gebäuden aufgefüllt war.

Die zwei zentralen Aufgaben des neuen Kantons, die allgemeine Schulpflicht und die Verbesserung der Verkehrsinfrastruktur, lösten auch in der Stadt grosse Bauvorhaben und

Bauschänzli. Überrest der Stadtbefestigung in der Limmat. (Foto um 1900)

Neumarkt········ 1, 3 ·····················1·······························2····························· 2, 3 ·························4········

[E5/F5] **Neumarkt 1, 3, Froschaugasse 2__**Neuburg (Nrn. 1, 2), Zur Deutschen Schule (Nr. 3), Bausubstanz erste Hälfte 13. Jh. Letztes Viertel 13. Jh. wichtige Um- und Neubauten. 14. Jh. Aufstockung. 16. Jh. Baumassnahmen für die Deutsche Schule. Um 1700 Umbauten für die Musikgesellschaft. Lit. KDM, Stadt Zürich III.II, S. 361–363 (Nr. 3), S. 413 f. (Nr. 1, Froschaugasse 2).
Neumarkt 2, Spiegelgasse 33__ Zur Traube, heute Restaurant Kantorei, Teil des Komplexes Grimmenturm (Spiegelgasse 29), 1324 erstmals erwähnt. Um 1900 Umbau. 1966/67 weiterer Umbau von Wolfgang Arnold Behles, Karl Knell. Lit. KDM, Stadt Zürich III.II, S. 360 f. > S. 54 **Neumarkt bei 2__**Jupiterbrunnen, heute Nikebrunnen, 1550 Brunnenfigur erstmals erwähnt. 1992 neue Brunnenfigur.

eine grundlegende Veränderung des Raumgefüges aus. Zur Anfangsfinanzierung diente der «Direktorialfonds», in den seit dem 17. Jahrhundert die Erträge aus dem Postregal geflossen waren und über den bisher die städtischen Kaufleute verfügt hatten.

Im «Züriputsch» von 1839 stürzten konservative Kräfte die allzu forsche liberale Regierung, aber nur für wenige Jahre. Die Zürcher Liberalen spielten eine wichtige Rolle im Kampf um den neuen Bundesstaat, der mit der Verfassung von 1848 Wirklichkeit wurde. Mitten im reaktionären Europa war der Unruheherd Schweiz Zufluchtsort für progressive Intellektuelle und Künstler, die nicht nur das kulturelle, sondern auch das politische Leben enorm bereicherten. In Zürich lebten unter anderen der Dichter Georg Büchner, der Komponist Richard Wagner, der Architekt Gottfried Semper und eine ganze Reihe deutscher Professoren, die an der neu gegründeten Universität lehrten.

Das Wachstum, das nach 1830 einsetzte, lässt sich ablesen an der Zunahme der Bevölkerung. 1830 war sie noch gleich gross wie 1798 (rund 10 000 Einwohner), bis 1860 verdoppelte sie sich auf 19 750 Personen.

Pelikanstrasse 40. Gewächshaus auf dem Katzbollwerk. Stich um 1840.

········ 5, 10–6 ·················· 5 ························· 6 ························· 7 ························· 8, 6 ··········

Neumarkt 4__ Zum unteren Rech, heute Baugeschichtliches Archiv Zürich und Stadtarchiv, Bausubstanz um 1200. 1497, 1534, 1574, 1879 Umbauten. 1969–76 Restaurierung und Umbau zum Stadtarchiv. Lit. Barbara Handke, Jürg Hanser, Ulrich Ruoff, Das Haus zum Rech, Der Bau und seine Bewohner während 800 Jahren, Zürich 1979; KDM, Stadt Zürich III.II, S. 364–370. Siehe Spiegelgasse 22, 26. > S. 55 f.
Neumarkt 5__ Bilgeriturm und ehem. Zunfthaus zur Schuhmachern, heute Restaurant und Theater Neumarkt, Bausubstanz 13. Jh. 1742/43 Anbau des Zunfthauses von David Morf. Renovation 1940. Lit. KDM, Stadt Zürich III.II, S. 370–381. > S. 54 > S. 182 f. **Neumarkt 6__**Zum Steinberg (Zum Rechberg), heutiges Volumen aus zwei Kernbauten der ersten Hälfte des 13. Jh. und drei Anbauten zusammengewachsen. Ende 19. Jh. letzte Aufstockung und Fensterverdachungen. Lit. KDM, Stadt Zürich III.II, S. 381–383. **Neumarkt 7__**Zum Adlerberg, 1608. Um 1700 Baumassnahmen. Lit. KDM, Stadt Zürich III.II, S. 383 f.

Landstrassen und Posthof

Für den Strassenbau gab der junge Kanton Zürich doppelt so viel Geld aus wie für das Erziehungswesen. So genannte Kunststrassen waren die Voraussetzung für witterungsunabhängige und fahrplanmässige Postkurse, die sprunghaft zunahmen. Die Stadt verlegte deshalb die Post von der engen und überlasteten Münstergasse auf die linke Seite der Limmat und liess beim ehemaligen «Säumärt» (heute Paradeplatz) durch Hans Conrad Stadler den Posthof bauen. Am 31. Oktober 1838 fand die Eröffnung mit einem Galadiner im benachbarten, gleichzeitig erbauten Hotel Baur statt (Bahnhofstrasse 28, Poststrasse 12). 1844 eröffnete Johannes Baur, ein Tourismuspionier aus dem Vorarlberg, sein zweites Hotel «Baur au Lac» (Talstrasse 1, Börsenstrasse 25–27). Das Haus am Paradeplatz hiess fortan «Baur en Ville» (heute Hotel Savoy). Als die Post 1873 ein neues Gebäude an der Bahnhofstrasse bezog, bauten private Investoren anstelle des Posthofes den «Zentralhof», Mietshäuser für gehobene Ansprüche (Fraumünsterstrasse 21–29, Kappelerstrasse 14–16).

Hotel Baur (heute Savoy), rechts davon Posthof. Aquatinta um 1850.

Neumarkt 11, 13, 15, 17 ····· 8, 6, 2, 5 ············· 12, 10, 8 ··················· 14, 12 ··············· 14 ··············· 16, 14, 12 ··

[E5/F5]   **Neumarkt 8__**Zum Tannenberg, Bausubstanz 13. Jh. 15. Jh. Erweiterung. Lit. KDM, Stadt Zürich III.II, S. 384 f. > S. 218 **Neumarkt 10__**Zum Vorderen Schönenberg, undat. **Neumarkt 11__**Zur Stelze, 1316 erstmals erwähnt. 1754/55 Einbau Prachtsaal. 1987/88 Restaurierung Stuckdecke und Rückführung Deckengemälde. Lit. KDM, Stadt Zürich III.II, S. 386–390. **Neumarkt 12__**Zur Löwengrub, 1722. Lit. KDM, Stadt Zürich III.II, S. 390. **Neumarkt 13__**Zum Mohrenkopf, Bausubstanz 13. Jh. Im 16. und 19. Jh. Umbauten. Lit. KDM, Stadt Zürich III.II, S. 390–392. **Neumarkt 14__**Zur Stund, undat. **Neumarkt 15__**Zur Blauen Lilie, Bausubstanz 13. Jh. Um 1560 Erweiterung. Lit. KDM, Stadt Zürich III.II, S. 392 f. **Neumarkt 16–18__**Zum Blumengarten, undat. **Neumarkt 17__**Zum Habicht, um 1280. **Neumarkt 18__**Wohnhaus, undat. **Neumarkt 19__**Siehe Predigergasse 1.

Als direkte Verbindung von der «grossen Stadt» auf der rechten Limmatseite zum neuen Verkehrszentrum entstand der Durchbruch der Poststrasse und die daran anschliessende Münsterbrücke. Entworfen hat sie in den Jahren 1835–1838 der Wiener Ingenieur Aloys von Negrelli, der später auch beim Eisenbahnbau und beim Bau des Suezkanals eine wichtige Rolle spielte. Die Münsterbrücke war, nach der Rathaus- oder Gemüsebrücke, der zweite mit Fuhrwerken befahrbare Limmatübergang und der erste aus massivem Mauerwerk.

Hafen

Relativ spät, erst 1835, nahm das erste aus England importierte Dampfschiff seine Fahrten auf dem Zürichsee auf. 1860 gab es sechs weitere Dampfer auf dem Zürich- und Walensee, alle erbaut von Escher Wyss. Die Dampfschifffahrt diente dem fahrplanmässigen, kommerziellen Güter- und Personenverkehr mit den bevölkerungsreichen Seegemeinden und als Zubringer zu den Bündner Pässen. Ausflugsfahrten mit «Salondampfern» gewannen erst nach 1870 an Bedeutung.

Münsterbrücke, 1835–1838. (Foto kurz vor 1900)

···· 20 ················· 22 ················ 28, 24, 7–21 ················ 21, 23 ····················· 21, 23 ················ 29

Neumarkt 20__ Zum Steinernen Kindli, undat. **Neumarkt 21__**Zum Zollhaus, 1389 erstmals erwähnt.
Neumarkt 22__ Zum Kleinen Mohr, spätmittelalterliche Bausubstanz. 1897 Ladenfront.
Neumarkt 23__ Zum Büffel, zwei mittelalterliche Bauten, vermutl. 1832 zusammengefasst.
Neumarkt 24__ Zum Damhirschli, undat. **Neumarkt 25__**Zum Winkel, undat.
Neumarkt 27__ Zum goldenen Winkel, undat. Geburtshaus Gottfried Keller. **Neumarkt bei 28__**Brunnen, undat. **Neumarkt 29__**Zum Stock, Thalwiler Haus, 16. Jh. 1661, 1863, 1877 Umbauten. Lit. KDM, Stadt Zürich III.II, S. 395.

1837–1840 baute die Stadt einen grossen Hafen, der sich vom Hechtplatz bis zur heutigen Falkenstrasse erstreckte. Gleichzeitig entstand daneben ein neues Kornhaus. Die Abfolge der Kornhäuser markiert die Zentrumsverlagerungen. Das alte Kornhaus, ein prachtvoller Renaissancebau von 1662, stand an der Limmat, im Schutz der Stadtbefestigung. An den ehemaligen Prachtbau erinnern nur noch zwei Bogenöffnungen, durch die die Schiffe einst einfuhren. Nach der Schleifung der Schanzen entstand der Neubau beim Hafen auf der heutigen Sechseläutenwiese, dem nun wichtigsten Umschlagsplatz. 1860 liess die Stadt einen Neubau am Bahnhof (beim heutigen Landesmuseum) errichten; das Kornhaus auf der Sechseläutenwiese wurde zur Tonhalle, einem Versammlungsort, in dem nicht nur Konzerte stattfanden, sondern auch Gemeindeversammlungen und grosse Festveranstaltungen. So etwa feierten hier die Deutschen 1871 den Sieg über Frankreich mit einem «Kommers». Der handgreifliche Protest der Bevölkerung gegen diese Siegesfeier ging als «Tonhallekrawall» in die Geschichte ein.

Kornhaus von 1662, 1897 abgebrochen. Heute noch sichtbar die Bogenöffnungen in der Quaimauer. (Foto um 1896)

Neumühlequai · 10 ········ 12, 10   Neustadtgasse ······ 2 ·················· 4 ···················· 5, 7 ···················· 6, 4 ····

Limmatquai

Von den neuen Verkehrsknoten Posthof und Hafen gingen weitere Strassensanierungen aus. Mit einer Brücke über den Schanzengraben (1835) an der Stelle der abgebrochenen Wollishofer Pforte entstand erstmals eine direkte Fahrstrasse vom Paradeplatz über den Bleicherweg nach der Enge. Umfangreicher waren die Veränderungen auf der rechten Limmatseite. Bis ins 19. Jahrhundert waren hier die Häuser direkt ans Ufer gebaut, ähnlich wie heute noch auf der andern Seite im Abschnitt zwischen Rathaus- und Rudolf-Brun-Brücke (Wühre und Schipfe). Einzige durchgehende Nord-Süd-Verkehrsachse war der enge Strassenzug von Niederdorfstrasse, Münstergasse und Oberdorfstrasse. Nur ein kurzes Strassenstück an der Limmat, zwischen Rathaus und Rosengasse, hatte das Restaurationsregiment 1823–1825 gebaut. In den 1830er-Jahren verlangte der neue Hafen nach einem besseren Zugang zur neu erstellten Münsterbrücke. Dieses als «Sonnenquai» bezeichnete Strassenstück wurde als «Rathausquai» bis zum Rathaus verlängert. Auch an dieser zentralen Lage entstanden Hotels. 1855–1859 liess die Stadt endlich die Strecke von der Rosengasse

Limmatquai 16. Ehemaliges Hotel du Lac. (Foto 1950er-Jahre)

····· 7 ····················· 11 ····················· 8, 6 ········· Niederdorfstrasse ···· 1 ····················· 2 ························ 3 ··········

Neustadtgasse 7–9__Zum Vorderen Grundstein (Nrn. 7, 7a), mittelalterliche Bausubstanz. Umbau frühes 17. Jh. 1741 tiefgreifender Umbau. Lit. KDM, Stadt Zürich III.II, S. 237–240. **Neustadtgasse 11**__Zum Sul, mittelalterliche Bausubstanz. 16. Jh., 1950 Umbauten. Lit. KDM, Stadt Zürich III.II, S. 240 f. **Neustadtgasse 12**__Siehe Kirchgasse 22.

[E5–E3] **Niederdorfstrasse 1**__Zum Roten Kämbel, heute Hotel Franziskaner, Bausubstanz 12./13. Jh. **Niederdorfstrasse 2**__Zum Hirschli, 1358 erstmals erwähnt. Um- und Ausbau 1880/81. Lit. KDM, Stadt Zürich III.II, S. 216 f. **Niederdorfstrasse 3**__Zu den Drei Seilen, Bausubstanz vermutl. 13. Jh. 1560 Umbau. Im 19. Jh. weitgehende Umbauten. 1962 Umbau und Renovation. Lit. KDM, Stadt Zürich III.II, S. 217.

bis zur Neumühle erstellen und nannte sie «Limmatquai». Die unterschiedlichen Bezeichnungen weisen auf die etappenweise und lange Entstehungsgeschichte hin; seit 1933 heisst die ganze Uferstrasse Limmatquai.

Erst unter der Führung des Baukollegiums (siehe S. 126) wagte sich die Stadt in den 1860er-Jahren an die kostspielige Sanierung der «Metzgpassage» beim Rathaus. Dazu wurde das an die Hauptwache anschliessende, in der Limmat stehende Schlachthaus in die Walche verlegt. An seiner Stelle entstand die Fleischhalle, in der die Metzger ihre Verkaufsstände aufschlugen. Das Café, das heute an dieser Stelle steht, nimmt die Formen des ehemaligen Schlachthauses wieder auf (Limmatquai 61).

Limmatquai 61. Altes Schlachthaus 1824, 1864 abgebrochen. Lithografie um 1825.

Niederdorfstr. 5–19 ········ 11, 13, 15 ················ 11, 13 ···················· 15, 18 ···········,········ 20, 18 ····················· 19 ···

[E5–E3] **Niederdorfstrasse 4__**Zum Roten Ochsen, Bausubstanz um 1200. Um 1602 Umbau. Lit. KDM, Stadt Zürich III.II, S. 218. **Niederdorfstrasse 5__**Zur Alten Landkutsche, undat. 1862 weitgehender Neubau. 1893 Umbau und Einrichtung Restaurant von Chiodera & Tschudy. Lit. KDM, Stadt Zürich III.II, S. 218 f. **Niederdorfstrasse 11__**Zu den drei Seilern, undat. **Niederdorfstrasse 13__**Zum Hirschen, Bausubstanz 13. Jh. Spätes 16. Jh. Umbau. 17. Jh. Gewölbekeller. 18./19. Jh. Aufstockungen. 1935 Umbau von Karl Egender, Wilhelm Müller. Lit. KDM, Stadt Zürich III.II, S. 219. **Niederdorfstrasse 15, Graue Gasse 12__** Zum Gelben Hörnli, undat. **Niederdorfstrasse 17, Graue Gasse 11__**Zum Sieb, 1357 erstmals erwähnt. **Niederdorfstrasse 18__**Zum Ehrenfels, 1879. **Niederdorfstrasse 19, Köngengasse 8__**Zum Gelben Mönch, Bausubstanz 16. Jh. 1881 Umbau. Lit. KDM, Stadt Zürich III.II, S. 219 f. **Niederdorfstrasse 20__**Zum Strauss, vermutl. 16. Jh. **Niederdorfstrasse 21, Badergasse 9__**Zum Roten Ring, vermutl. 17. Jh.

Ästhetik im öffentlichen Raum

Die Aufwertung des öffentlichen Raums war ein zentrales Anliegen der bürgerlichen Stadtregierung. Ordnung und Reinlichkeit waren sowohl aus ästhetischen wie aus hygienischen Überlegungen anzustreben. Ein ganzes Bündel von Massnahmen verfolgte diesen Zweck: Seit 1836 sammelten städtische Abfuhrwagen den Kehricht ein, die traditionellen Waschplätze an der Limmat wurden aufgehoben, das Aufhängen von Wäsche über dem «Reichsboden» verboten. Ebenso gehörten zur Aufwertung des öffentlichen Raums «Fusswege unmittelbar neben der Fahrbahn», also Trottoirs, die erstmals beim Bau der Münsterbrücke erstellt wurden, die Gasbeleuchtung (ab 1855), die Kennzeichnung der Strassen mit weisser Schrift auf blau emaillierten Schildern (1852) und die Einführung von Hausnummern (1865).

Auch die Buden und Bretterverschläge, die sich seit dem Mittelalter an die Fassaden der Kirchen anlehnten, verschwanden allmählich. Als Ersatz waren die säulengeschmückten Kaufhallen am Hechtplatz 7 gedacht (1835).

Kaufhallen am Hechtplatz, 1835. (Foto von 1946)

29, 31, 33 · · · · · · · · · · 29, 31, 33 · · · · · · · 35, 37, 39 · · · · · · · 35 · · · · · · · · · 37 · · · · · · · · 24, 22, 13–19 · ·

Niederdorfstrasse 22__Zur Alten Wiege, 1307 erstmals erwähnt. **Niederdorfstrasse 24, 26**__Zum Neuhaus, Zum Rehböckli, Kernbau frühes 14. Jh. 1931 prägende Umbauten. Lit. ZD 1985/86, S. 113–116; KDM, Stadt Zürich III.II, S. 220 f. **Niederdorfstrasse 28, Preyergasse 13**__Zur Weissgerwe, Kernbau vor 1576. 18./19. Jh. Aufstockungen. Lit. KDM, Stadt Zürich III.II, S. 227. **Niederdorfstrasse 29–31**__Zum Mohrentatz (Nr. 29), Zum Blumengeschirr (Nr. 31). Nr. 29: Undat. Nr. 31: 1826. Siehe Niederdorfstrasse 33. **Niederdorfstrasse 33, Schmidgasse 8**__Zur Tiefen Schmitte, 1826 Neubau unter Einbezug der erhaltenen rückwärtigen Teile. 1930, 1940 prägende Umbauten. 1993/94 Fassadenrekonstruktion. Lit. KDM, Stadt Zürich III.II, S. 221 f. **Niederdorfstrasse 35, Schmidgasse 5**__Zum Schwandegg, Bausubstanz 12./13. Jh. 16. Jh. Erweiterung. Lit. ZD 1999–2002, S. 72–78, 88. **Niederdorfstrasse 37**__Zum Schwarzen Weggen, 1744.

Schule und Bildung

Der obligatorische Schulunterricht «für Kinder aller Volksklassen» war ein zentrales Anliegen des liberalen Staates, denn die vollständige Alphabetisierung war Voraussetzung für das Funktionieren der Demokratie und das Gedeihen der industriellen Produktionsweise.

Der hervorragende Stellenwert der Bildung drückt sich in den meist aufwändigen Schulhäusern aus, die nicht in erster Linie als «kindgerechte» Bauten konzipiert sind, sondern als repräsentative Bauten zum Ruhm des republikanischen Staates. Ein hervorragendes, wenn auch stilistisch untypisches Beispiel ist das Mädchenschulhaus beim Grossmünster (1849) von Gustav Albert Wegmann, ein mächtiger, dreigeschossiger Kubus, der mit seinen Blendbogen, Lisenen und Rundbogenfenstern Elemente des Grossmünsters übernimmt (siehe S. 39).

Die Alte Kantonsschule mit den beiden Abteilungen klassisches Gymnasium und mathematisch-naturwissenschaftliche Industrieschule bereitete auf eine

Zwingliplatz 6. Ehem. Mädchenschulhaus, 1852, mit Kreuzgang aus dem 12. Jh. (Fotos um 1925)

Niederdorfstr. 39, 41 ······ 39, 41, 43 ················ 48, 50, 52 ···················· 49, 51 ············· 50 ··········· 58, 52, 50,

[E5–E3] Niederdorfstrasse 39, Limmatquai 106__ Zum Schäfli, 1899. **Niederdorfstrasse 41, Limmatquai 108__**Zum Schwarzen Bären, undat. **Niederdorfstrasse 43, Limmatquai 110__**Zum Paradiesvogel, undat. **Niederdorfstrasse 46, Häringstrasse 1__**Zum Schwarzen Rad, Zur Sunnezyt, undat. **Niederdorfstrasse 47, Limmatquai 112__**Zum Gelben Adler, 1376 erstmals erwähnt. 1726 Umbau und Zusammenschluss beider Häuser. 1979–81 Neubau mit Rekonstruktion der Hauptfassade. **Niederdorfstrasse 48__**Zum Roten Stern, undat. **Niederdorfstrasse 49, Limmatquai 116__**Zur Schwarzen Eichel, undat. **Niederdorfstrasse 50__**Zum Unteren Bierhaus, undat. **Niederdorfstrasse 51__**Zum David und Goliath, undat. **Niederdorfstrasse 52__**Zur Unteren Schmitte, Bausubstanz 13. Jh. 1861 Auskernung und Aufstockung. 1980/81 zweite Auskernung und Fassadenrenovation. Lit. ZD 1980–84, 2. Teil, S. 156.

akademische Laufbahn vor. Im Streit um den Standort setzte sich Zürich gegen Winterthur durch. 1842 wurde das Gebäude von Gustav Albert Wegmann auf dem ehemaligen Schanzenareal eröffnet. Krönender Abschluss des staatlichen Bildungswesens war die Gründung der Universität im Jahre 1833. Sie fand vorerst in der ehemaligen Fraumünsterabtei, dann im «Hinteramt» (Augustinergasse) Unterkunft. 1864 bezog sie den Südflügel des neu erbauten Polytechnikums.

1848 hatte Zürich den Wettbewerb um den Bundessitz an Bern verloren, wurde dafür aber mit der «polytechnischen Schule» entschädigt (Rämistrasse 101). Zum ersten Architektur-Professor an der 1854 gegründeten Institution wurde Gottfried Semper berufen. 1859–1864 erbaute Staatsbauinspektor Johann Caspar Wolff nach den Plänen von Semper das Polytechnikum auf ehemaligem Schanzenareal. Die Westfassade des Neurenaissance-Palastes prägte das Stadtbild. Die heute dominierende Kuppel entstand während des umfassenden Umbaus durch Gustav Gull in den Jahren 1915–1924.

Rämistrasse 59. Alte Kantonsschule, 1842. (Foto um 1900)

58, 56, 54, 52 · · · · · · · · · · · · · · · 61, 63, 67 · · · · · · · · · · · · · 63–67, 82, 80, 76 · 63 · · · · · · · · · · · · · · · · · 66, 64 · · · · · · ·

Niederdorfstrasse 54__Zum Weinhahnen, 1851. **Niederdorfstrasse 56**__Zum Kübel, Bausubstanz 13. Jh. 16./17. Jh. Aufstockung. Vor dem späten 18. Jh. prägender Umbau. 19. Jh. Aufstockung. 1987/88 zurückhaltende Sanierung. Lit. ZD 1987/88, S. 125–127. **Niederdorfstrasse 61, Limmatquai 126**__Zum Verlorenen Sohn, 1357 erstmals erwähnt. Umbauten um 1630, 1830, 1962/63. **Niederdorfstrasse 63, Limmatquai 128, 130**__Zum Simmelring (Nrn. 63, 130), Zur Gans (Nrn. 63, 128), Bausubstanz 13./14. Jh. 19. Jh. limmatseitige Erweiterung und Aufstockung. **Niederdorfstrasse 64, Gräbligasse 2–4**__Zum Schwarzen Kessel (Nrn. 2, 64), Zum Grossen Kessel (Nr. 4), undat. **Niederdorfstrasse 66, Gräbligasse 1**__Zum Türk, undat.

Feste und Feiern

Die eidgenössischen Feste der Turner und Schwinger, Sänger und Schützen bildeten ein wichtiges Element zur Identitätsfindung der jungen Nation. Manche von ihnen fanden in Zürich statt, wobei insbesondere die platzgreifenden Schützenfeste mit ihren Schiessständen in den Vororten abgehalten wurden, so 1859 in Riesbach und 1872 in Aussersihl.

Andere Anlässe wurden in der Kernstadt durchgeführt. Für das eidgenössische Sängerfest von 1867 liess die Stadt das alte Kornhaus auf der Sechseläutenwiese zur Tonhalle umbauen. Später fanden auf diesem Areal die Bauten für das Turnfest 1903 und das Sängerfest 1905 Platz. Zentrum der Festarchitektur war jeweils der Gabentempel mit der Fahnenburg. Die Protagonisten in Gottfried Kellers «Fähnlein der sieben Aufrechten» entblössten ihre Häupter «angesichts des Gabentempels, der mit seinen Schätzen schimmerte und auf dessen Zinnen eine dichte Menge Fahnen flatterte in den Farben der Kantone, der Städte, Landschaften und Gemeinden».

Sechseläuten am Stadthausquai. (Foto 1889)

Niederdorfstr. 63, 70–80 ·· 67, 69 ················ 70, 68 ···················· 71 ················· 84–68 ··········· 76, 74, 70, 68 ············· 76

[E5–E3] **Niederdorfstrasse 67, Limmatquai 132__**Zum Grossen Wolf, Bausubstanz vermutl. 13. Jh. 1522–24 Umbau und Zusammenschluss zweier Häuser. 1571 Umbau. 1860, 1881 Aufstockungen und limmatseitige Erweiterungen. Lit. Jürg Hanser, Jürg Schneider, u. a., Haus zum Wolf, Vorgeschichte und Geschichte einer Bierhalle, Zürich 1980. **Niederdorfstrasse 69, Limmatquai 134__**Zum Kleinen Wolf, undat. **Niederdorfstrasse 70__**Zum Johanniter, undat. **Niederdorfstrasse 71, Limmatquai 136__**Zum Weissen Mühlerädli, heute Hotel Leonhard, 1820. **Niederdorfstrasse 74__**Zum Laubfrosch, Bausubstanz 13. Jh. **Niederdorfstrasse 76__**Zur Teufels Herdplatte, undat.

Am Sechseläuten dagegen huldigt das Zürcher Bürgertum sich selbst. Bezeichnenderweise wurde dieser alte Zunftbrauch in den 1830er-Jahren wieder belebt und neu gestaltet, das heisst, in einer Zeit, da die Zünfte ihre politischen und wirtschaftlichen Vorrechte weitgehend eingebüsst hatten. Erst seit 1904 wird der «Böögg» auf der Sechseläutenwiese verbrannt; die Aufnahme von 1889 zeigt ihn am Stadthausquai.

Kulturelle Gesellschaften

In die Aufbruchstimmung der 1830er-Jahre fällt die Gründung von Gesellschaften, welche sich der Förderung des kulturellen Lebens verpflichteten. 1833 konstituierte sich die Antiquarische Gesellschaft zur «Erforschung der einheimischen Altertümer», ein Jahr später die Museumsgesellschaft. 1866 bezog sie ihr Haus am Limmatquai 62, in welchem sich eine grosse Bibliothek und ein Lesesaal befindet. 1834 eröffnete die Theater-Aktiengesellschaft in der Kirche des ehemaligen Barfüsserklosters (siehe S. 58) das erste permanente Theater in Zürich.

Limmatquai 62. Haus der Museumsgesellschaft, 1866. (Foto 1963)

···· 77 ················ 84, 82, 80, 76–66 ················ 90, 77 ················ 90, 77 ················ 90, 88

Niederdorfstrasse 77, Limmatquai 140__Zum Brotkorb, 1857, A: Wilhelm Waser. **Niederdorfstrasse 80**__ Zum Blauen Störchli, 1459. 1630, 1872 Erweiterungen. **Niederdorfstrasse 82**__Zum Weissen Rössli, mögliches Baujahr 1690. 1898 Umbau. 1992–94 Rekonstruktion der Strassenfassade. Lit. ZD 1995/96, S. 137 f. **Niederdorfstrasse 84**__Zum Blumengeschirr, um 1280. Lit. KDM, Stadt Zürich III.II, S. 227 f. **Niederdorfstrasse 88**__Zur Gans, 1357 erstmals erwähnt. 17. Jh. Aufstockungen. Dachaufbau 19. Jh. **Niederdorfstrasse 90**__Zur Sempacher Helbard, 1423 erstmals erwähnt. 18. Jh. Vereinigung mit dem südlich anstossenden Nachbarhaus. 1903, 1910, 1918 Umbauten. Lit. KDM, Stadt Zürich III.II, S. 226.

Neue Quartiere

Die Selnau, zwischen Sihl und Brandschenkestrasse auf der einen, Schanzengraben und Freigutstrasse auf der andern Seite gelegen, hat ihren Namen vom mittelalterlichen Zisterzienserinnenkloster «Seldenouwe». Mit der Reformation gelangte es in den Besitz der Stadt. Das letzte Gebäude aus dem ehemals umfangreichen Klosterkomplex verschwand nach einem Brand im Jahre 1767.

Erst 1853 ging das weitgehend unbebaute Areal politisch von der Gemeinde Enge an die Stadt Zürich über. Damit waren die Voraussetzungen gegeben, um ein «Project zur Anlage eines neuen Stadtquartiers auf der Selnauwiese» zu realisieren. Die 1854 gebaute Selnaubrücke über den Schanzengraben stellte die Verbindung zur Altstadt sicher. Innerhalb des beinahe rechtwinkligen Strassenrasters war an prominenter Stelle das Bezirksgericht vorgesehen, der grössere Rest stand dem privaten Bau von Wohn- und Geschäftshäusern zur Verfügung, wobei jedes Objekt an die 1860/61 gebaute Kanalisation anzuschliessen war. Dies waren die ersten systematisch angelegten Abwasserkanäle in Zürich.

Selnaustrasse 9. Ehemaliges Bezirksgericht, 1857. (Foto 1946)

Nüschelertr. 1 ·················· 6, 2 ························· 9, 11 ···················· 11 ·················· 11 ···················· 15 ···

[C6–B4] **Nüschelerstrasse 1__**Ehem. Wohn- und Geschäftshaus «Zentralhalle», 1911, A: Franz Huwyler. 1919 Umbau von Nikolaus Hartmann, Emil Weber. 1951/52 Einbau von Kino «Astoria» mit Dancing und Milchbar von Hans Weideli, Alois Müggler. Ab 1970 zahlreiche Umbauten und Umnutzungen. Lit. ZD 1991/92, S. 99–102. **Nüschelerstrasse 6__**Siehe Bahnhofstrasse 41. **Nüschelerstrasse 9, 11, Pelikanstrasse 19__** Geschäftshaus Neuegg mit Kino Studio 4, 1948/49, A: Werner Frey. Kino-Innenausstattung von Roman Clemens. Lit. Silvio Schmed und Arthur Rüegg, Amt für Hochbauten der Stadt Zürich (Hrsg.), Kino Studio 4 – Filmpodium, Zürich 2004. > S. 226 **Nüschelerstrasse 15__**Siehe Pelikanstrasse 18.

Das 1857 eröffnete Bezirksgericht, ein spätklassizistischer Kubus mit zwei offenen, seitlichen Höfen und einer grossen Vorfahrt, stammt von Leonhard Zeugheer (Selnaustrasse 9). Es ist, wie das 1842 vom gleichen Architekten erbaute Pfrundhaus an der Leonhardstrasse, dem Geist «republikanischer Bescheidenheit» verpflichtet.

1862, also bereits unter der Ägide des Baukollegiums, erliess die Stadt einen Bebauungsplan für das Gebiet des ehemaligen Stadelhoferbollwerks. Nach dessen Abbruch hatte hier ein offenes Feld als Viehmarkt gedient. In seinem südlichen Teil entstand 1863–1866 ein spätklassizistisches Häusergeviert, im nördlichen Teil 1863 der baumbestandene Stadelhoferplatz nach französischer Manier mit einem Gusseisenbrunnen (1870) in der Mitte.

Stadelhoferplatz. Springbrunnen 1870 und Wohnhaus 1863 (Goethestrasse 12). (Fotos 1924)

····· 31 ························· 36 ········· Oberdorfstrasse 2 ········· 3, 5, 24–8 ···························· 3 ·················· 5 ········

Nüschelerstrasse 31__Siehe Talacker 42. **Nüschelerstrasse 36**__Synagoge mit Schulhaus. Synagoge: 1884, A: Chiodera & Tschudy. 1936 Umbau und Purifizierung von Louis Parnes. 1952 Umbau und Renovation von Moritz Hauser. Schulhaus: 1896, A: Hermann Müller-Scheer. Lit. ZD 1993/94, S. 66–73. > S. 138 f.

[F7–E6] **Oberdorfstrasse 2**__Zum Glotz, undat. 16. Jh. Ausbau. 1863 Erweiterungen. 1984 Abbruch unter Bewahrung der Hauptfassaden. Lit. KDM, Stadt Zürich III.II, S. 175. **Oberdorfstrasse 3**__Zur Sommerau, Pfrundhaus des Grossmünsters, 16. Jh. Lit. KDM, Stadt Zürich III.II, S. 175 f. **Oberdorfstrasse 5**__Zum Neuhaus, 1357 erstmals erwähnt. 1694 zusammenfassender Umbau zweier Häuser. 17. Jh. Innenausstattung. Um 1760 Stuckdecken und Treppenanlage. Lit. KDM, Stadt Zürich III.II, S. 176 f.

Das System Escher

System Escher nannten bereits die Zeitgenossen die enge Verflechtung von Politik und Wirtschaft, wie sie von Alfred Escher, Spross einer reichen Kaufmannsfamilie aus der Enge, virtuos gehandhabt und autoritär kontrolliert wurde. Brennender Ehrgeiz, strenge Selbstdisziplin und eine ungeheure Schaffenskraft führten ihn rasch die Karriereleiter empor: 1844 Grossrat, 1848 Regierungsrat und «Amtsbürger-meister» (Präsident des Regierungsrates), 1849, im Alter von 30 Jahren, Präsident des Nationalrates, 1853 Gründer der Nationalbahn, 1856 Gründer der Kreditanstalt.

Gegen die «Günstlings- und Interessenherrschaft» erhob sich die demokratische Opposition, die ihren Schwerpunkt nicht zufälligerweise in Winterthur hatte. Winterthur sah sich gegenüber der alten Rivalin Zürich immer wieder benachteiligt. 1869 setzte die demokratische Bewegung eine neue Kantonsverfassung mit mehr Volksrechten (Initiative und Referendum) durch.

Bahnhofplatz. Escher-Brunnen von Richard Kissling, 1889. (Foto um 1895)

Oberdorfstrasse ···· 10 ··············· 14, 12, 10 ············· 12, 10 ················· 15 ················· 17················· 17···

[F7–E6] **Oberdorfstrasse 10, Oberdorfstrasse 16, 16 a–e**__Zum Gelben Haus (Nr. 10) mit Hofgebäude (Nr. 16), Magazine (Nr. 16 a–d) und Waschhaus (Nr. 16 e). Nr. 10: 1725 Baumassnahmen. 1852 Umbau. 1933 Aufstockung. Nr. 16: 1725. Lit. ZD 1987/88, S. 128 ff.; KDM, Stadt Zürich III.II, S. 177 f. **Oberdorfstrasse 11**__ Zum Ungar, 1971–75 Neubau mit Erhaltung der Fassade, A: Gebr. Fischer. Lit. ZD 1970–74, 1. Teil, S. 243 f. **Oberdorfstrasse 12**__Zur Vogelhäre, 1470 erstmals erwähnt. 1626 Umbau. **Oberdorfstrasse 14**__ Zur Traube. 1357 erstmals erwähnt. **Oberdorfstrasse 15, Scheitergasse 5**__Zum Schwarzen Kreuz (Nr. 5), Zum Till (Nr. 15), 1357 erstmals erwähnt. 1620 Umbau (Nr. 15).
Oberdorfstrasse 16__Siehe Oberdorfstrasse 10. **Oberdorfstrasse 17**__Zum Bracken, 1365 erstmals erwähnt. 1621/22 und nach 1678 prägende Umbauten. 1883–85 Ladenfront. Lit. KDM, Stadt Zürich III.II, S. 179 f.

Auch nachdem Escher nicht mehr im politischen Zentrum stand, blieb sein Einfluss gross. Er war massgeblich beteiligt am Bau der Gotthardbahn, als deren Direktionspräsident er bis 1878 wirkte. Die Eröffnung der Gotthardbahn, 1882, machte Zürich endgültig zum Zentrum des schweizerischen Eisenbahnnetzes und wurde im folgenden Jahr mit der grossen Landesausstellung auf dem Platzspitz gefeiert. 1889 entstand das Denkmal von Richard Kissling für den 1882 verstorbenen Escher (Bahnhofplatz).

Escher hat sich aber auch um Kultur und Bildung Verdienste geschaffen. Als Erziehungsrat und Erziehungsdirektor förderte er das kantonale Bildungswesen. Ihm war in erster Linie zu verdanken, dass das eidgenössische Polytechnikum (heute ETH) nach Zürich kam. Eschers Wirken hat sich fest ins Stadtbild eingeschrieben. «Seine» Bauten definieren drei strategische Orte der Stadt: Der Bahnhof als neues Zentrum, das Polytechnikum (Rämistrasse 101) hoch über der Stadt und die Kreditanstalt (heute Credit Suisse) am Paradeplatz 8 als Brennpunkt der Finanzwelt.

Rämistrasse 101. Polytechnikum, 1859–64. (Foto 1880)

19 .... 20, 14, 12–2 .... 26 .... 23–27, 32 .... 25, 27, 34 27

Oberdorfstrasse 19, Geigergasse 6__ Zum Steinbock, undat. **Oberdorfstrasse 20__**Zum Weissen Wind (Zunfthaus zum Weggen), Restaurant mit Brauerei, 1851–70. Lit. KDM, Stadt Zürich III.II, S. 181 f. **Oberdorfstrasse 21, Geigergasse 7__**Zum Schwibbogen, vermutl. 13. Jh., erstmals 1337 erwähnt. Zweite Hälfte 18. Jh. grösserer Umbau. Lit. KDM, Stadt Zürich III.II, S. 60 f. **Oberdorfstrasse 22__**Zum Grauen Wind, undat. **Oberdorfstrasse 24, 26__**Zur Blauen Schnecke, undat. **Oberdorfstrasse 25__**Siehe Rössligasse 9. **Oberdorfstrasse 27__**Zum Roten Turm, 1471, Vorgängerbau 13. Jh. Mitte 19. Jh. Umbau. Lit. KDM, Stadt Zürich III.II, S. 182. **Oberdorfstrasse 28__**Zum Steinernen Erggel, 1961 Neubau unter Wiederverwertung des steinernen Erkers. **Oberdorfstrasse 32__**Zum Weissen Pfau, undat. 1960/61 Umbau. **Oberdorfstrasse 34, Frankengasse 1__**Wohnhaus, 1874.

DER UMBAU DER STADT (1860–1893)

Die Stadt der Ingenieure

Der in den 1830er-Jahren begonnene Umbau der Stadt erfährt 30 Jahre später neuen Schwung und eine grössere Dimension. Ausdruck dafür ist das Baukollegium, ein von der Gemeindeordnung von 1859 vorgesehenes, beratendes Gremium aus Privatleuten und Behördenvertretern. 1860 wählte es den damals erst 27-jährigen Arnold Bürkli zum Stadtingenieur.

Der Stadtingenieur, eine neu geschaffene Schlüsselfunktion, symbolisiert den Paradigmenwechsel: Die Probleme der rasch wachsenden Stadt sollten mit technischen Mitteln gelöst werden. Fassbar wird der neue Geist auch an der Kritik, die der Sekretär des Baukollegiums, Conrad Escher, an den bisherigen Entscheidungsträgern äusserte. Der «Bauherr» (für das Bauwesen verantwortliche Stadtrat) Leonhard Ziegler hätte «für Neuerungen und namentlich grössere Unternehmungen weder

Das Rösslitram auf der Münsterbrücke. (Postkarte um 1900)

Oberdorfstrasse · 36   Obere Zäune ······ 10, 8, 6 ················· 12, 10, 8, 6 ···················· 12, 10, 8 ······················· 12, 10, 8, 6 ···

[F7–E6] **Oberdorfstrasse 36, Kirchgasse 12__**Zum Silberschild, heute Teil des Seniorenzentrums Karl der Grosse, Bausubstanz 13. Jh. 1878 vollständige Auskernung und Erhöhung. 1920 Umbau. Lit. ZD 1987/88, S. 59–64. Siehe auch Kirchgasse 14.

[F6/E5] **Obere Zäune 1–3__**Siehe Kirchgasse 33. **Obere Zäune 5__**Ökonomiegebäude zu Kirchgasse 27, undat. **Obere Zäune 6__**Zum Schaffhauserhaus, 1518. 1869 Umbau von Theodor Bartholomäus Geiger. 1886, 1929 weitere Umbauten. Lit. KDM, Stadt Zürich III.II, S. 307. **Obere Zäune 8__**Zum Eyenberg, 1530. 1674 Aufstockung. Ende 17./erste Hälfte 19. Jh. Umbauten und Aufstockungen. Lit. KDM, Stadt Zürich III.II, S. 307 f.

Sinn noch Verständnis» gehabt, und der Stadtbaumeister Kaspar Ulrich sei zwar ein tüchtiger Beamter gewesen, hätte aber nicht «die Bildung eines Technikers im neueren Sinn» besessen.

Neben der Verkehrs- und Stadtplanung gehörte der Bau der Kanalisation zu Bürklis wichtigsten Aufgaben. Die Typhus- und Choleraepidemien in den Jahren 1865–1867, die man mit Staunässe und verseuchtem Boden in Verbindung brachte, mahnten zur Dringlichkeit. 1867 gab es 10 km Abzugskanäle, 1873 bereits 80 km, 1900 dann 182 km. Auch die 1868 beschlossene Einführung der zentralen Wasserversorgung galt als wesentliches Element der Seuchenprävention, bedingte aber ihrerseits eine ausgebaute Kanalisation und weitere grosse Infrastrukturbauten, u. a. eine Filteranlage in der Limmat zur Entnahme von Wasser und ein Pumpwerk im Letten (1875–1878). 1871 waren bereits 902 von 1408 Wohnhäusern des heutigen Kreis 1 angeschlossen. 1865 befasste sich Bürkli in einem Bericht mit der Wünschbarkeit von Strassenbahnen; es dauerte allerdings noch fast zwanzig Jahre, bis das «Rösslitram» 1882 seinen Betrieb aufnahm.

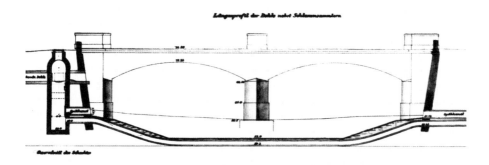

Das Abwasser aus der Selnau unterfährt 1864 bei der Selnaubrücke den Schanzengraben.

13   19   26, 19   26, 19

Obere Zäune 10__Zum Weissen Fräulein, 1860, A: Theodor Bartholomäus Geiger. Lit. KDM, Stadt Zürich III.II, S. 308. **Obere Zäune 12**__Zum Grossen Weissen Fräulein, im 14. Jh. erstmals erwähnt. 1858 grosser Umbau. 1904, 1919 Umbauten Fassaden. Lit. KDM, Stadt Zürich III.II, S. 309.
Obere Zäune 13__Wohnhaus, 1842, A: Leonhard Zeugheer. **Obere Zäune 17**__Zum Roseneck, heute Café Schlauch, undat. Ehem. Nebengebäude zu Münstergasse 20. **Obere Zäune 19, Napfgasse 8**__Zum Blauen Himmel, Kernbau 12./13. Jh. Im 14./15. Jh. Erweiterung. 16. Jh. Umbauten (Wandmalereien). 1864 Umbau. Lit. KDM, Stadt Zürich III.II, S. 353–355.

Bahnhofquartier und Bahnhofstrasse

1847 war der erste Bahnhof beim Platzspitz, jenseits des Schanzengrabens errichtet worden. Pläne, die Linie bis an den See weiterzuziehen und beim Paradeplatz den definitiven Bahnhof zu bauen, zerschlugen sich. Solange die Eisenbahn sich auf die Strecke Zürich–Baden beschränkte, war der damals abgelegene Standort kaum von Nachteil. Erst 1854 begann der Aufbau eines eigentlichen Eisenbahnnetzes, bereits acht Jahre später waren sämtliche Städte nördlich der Alpen untereinander und mit den ausländischen Netzen verbunden. Damit entwickelte sich die Eisenbahn zum wichtigsten Verkehrsträger, und die Lage des Bahnhofs im «abgelegensten Winkel der Stadt», den man nur auf Umwegen erreichen konnte, wurde zum Problem. Zuoberst auf der Prioritätenliste des Baukollegiums stand deshalb die Erschliessung des Bahnhofquartiers mit einer Brücke nach der rechten Limmatseite und einer breiten Strasse nach dem Paradeplatz und See.

Bahnhofbrücke. (Foto 1880)

[F6/E5] **Obere Zäune 24**__Zum Zipfelhaus, 1564 erstmals erwähnt. 1984 Neubau unter teilweiser Belassung der Fassade. Lit. ZD 1980–84, 2. Teil, S. 162. **Obere Zäune 26**__Zum Brunnenturm, Bausubstanz 13. Jh. Im 16. und 17. Jh. Umbauten sowie 1810 (Armenschule, Blindenanstalt). 1942 Renovation. Lit. 1987/88, S. 39–41, 130 f.; KDM, Stadt Zürich III.II, S. 311–312. > S. 54

[F5] **Obmannamtsgasse 2**__Siehe Hirschengraben 13–15. **Obmannamtsgasse 5**__Wohnhaus, undat. **Obmannamtsgasse 7**__Wohnhaus, 1839. **Obmannamtsgasse 9**__Wohnhaus, 1839. **Obmannamtsgasse 11**__ Wohnhaus, 1839. 1866 Umbau. **Obmannamtsgasse 15**__Wohnhaus, heute Gemeinschaftszentrum Altstadthaus 1863. **Obmannamtsgasse 17**__Wohnhaus, undat. **Obmannamtsgasse 19**__Wohnhaus, undat. **Obmannamtsgasse 21**__Wohnhaus, 1883.

Dem Bau der Bahnhofbrücke (1861–1863) stand die Einmündung des Schanzen-grabens in die Limmat im Wege. Er wurde deshalb in die Sihl geleitet und in seinem unteren Teil aufgeschüttet. Die Bahnhofstrasse entstand 1863–1864 als 24 Meter breiter, lindenbestandener Boulevard über dem zugeschütteten «Fröschengraben» (siehe S. 49), in den ein grosser Sammelkanal für die Kanalisation gelegt worden war. Das Rennwegbollwerk, das mächtigste noch verbleibende Monument der mittel-alterlichen Stadtbefestigung, fiel der Spitzhacke zum Opfer.

1864 erliess die Stadt ein «Baureglement für das neue Stadtquartier beim Bahnhof und die Bauten an der Bahnhofstrasse». Vorgeschrieben war der Bau repräsen-tativer fünfgeschossiger Blockrandbauten. Ab 1867 entstanden Hotels, Wohn- und Geschäftshäuser auf diesem ehemaligen Schanzengelände zwischen Sihl, Limmat, Bahnhofplatz und Sihlkanal (heute Uraniastrasse).

Bahnhofstrasse 80. Hotel Wanner, Reklame in Form einer Postkarte, um 1900.

Oetenbachgasse 1–9 ········· 3, 5, 7, 9 ···················· 5, 7, 9 ················· 11, 13, 13a, 15, 15a ················· 13a ···········

[D4] **Oetenbachgasse 1**__Zum Rebstöckli, 1888. Lit. KDM, Stadt Zürich II.II, S. 277.
Oetenbachgasse 1a__Siehe Lindenhofstrasse 15, 17. **Oetenbachgasse 3**__Zur Sonnenblume, 1576 erstmals ersichtlich im Murerplan. 1832 Umbau zur Weinschenke. 1864 Umbau. Lit. ZD 1980–84, 2. Teil, S. 162–164; KDM, Stadt Zürich II.II, S. 276. **Oetenbachgasse 5, 7–9**__Zur Hohen Tanne (Nr. 5), Zur Akazia (Nr. 7), Zur Alpenrose (Nr. 9), im 13./14. Jh. erwähnt, Bausubstanz 16. Jh. Nr. 5: 1674 Umbau und Aufstockung. Nrn. 7 und 9: Spätkeltischer Befestigungsgraben und frührömische Siedlungsspuren. Lit. ZD 2003–06, S. 89 f.; KDM, Stadt Zürich II.II, S. 274–276, 278. **Oetenbachgasse 11**_Zum St. Peter, undat. 1885 Umbau von Ernst Jakob Diener. 1889 Umbau von Heinrich Ernst. Lit. KDM, Stadt Zürich II.II, S. 277.

Bahnhof und Kaserne

Militärbauten waren über die ganze Stadt verstreut, so auch im untern Teil der projektierten Bahnhofstrasse. Seit längerem waren die kantonalen Militärbehörden bestrebt, die verschiedenen Einrichtungen zusammenzufassen. 1863 bot die Stadt dem Kanton ein Areal im Austausch gegen die innerstädtischen Grundstücke an. Lage und Zeitpunkt waren geschickt gewählt. Das Gelände befand sich am linken Ufer der Sihl, also bereits in der Gemeinde Aussersihl, direkt gegenüber den Stallungen und der Reithalle, welche Staatsbauinspektor Wolff 1857 erbaut hatte. Damit konnte sich hier zusammen mit einer Brücke über die Sihl eine (nicht ganz) axialsymmetrische Schlossanlage entwickeln. Das kantonale Zeughaus, das der Anlage des Bahnhofquartiers im Weg stand, ging an die Stadt über und musste dem Bahnhofquartier weichen. Während die Zeughäuser ab 1864 entstanden, verzögerte sich der Bau der Kaserne jahrelang.

Kasernenstrasse 49 (Aussersihl). Kaserne, 1875, Aussicht von der Gessnerallee. (Postkarte um 1936)

Oetenbachgasse 22 ·············· 26, 22 ····················· 26   Olgastrasse ········ 2 ················ 4   Paradeplatz 2, 3, 4,

[D4] **Oetenbachgasse 13, 13a**__Zum St. Paul, mit Hofgebäude, undat. 18. Jh. Aufstockung. 1877 Ladenvorbau. Lit. ZD 1995/96, S. 138–140. **Oetenbachgasse 15**__Wohnhaus, Bausubstanz 16. Jh. Um 1875 Ladenvorbau. Lit. ZD 1995/96, S. 138–140; KDM, Stadt Zürich II.II, S. 276. **Oetenbachgasse 22**__Siehe Lindenhofstrasse 19. **Oetenbachgasse 26**__Siehe Rennweg 58.

[F7] **Olgastrasse 2, 4, 6**__Wohnhäuser, 1899, A: Julius Burkhart. **Olgastrasse 8**__Wohnhaus, 1902, A: Johann Weilenmann.

[D6/C6] **Paradeplatz 2, 3, 4, 5, Tiefenhöfe 9, 10, 11**__Geschäftshäuser Tiefenhöfe, 1856–59, A: M. Koch, K. Stadler, G. Wegmann. Siehe Bahnhofstrasse 21.

Erst nachdem 1871 die alte Kaserne an der Talstrasse den Flammen zum Opfer gefallen war, ging man ernsthaft an Ausführungspläne und Realisierung, 1875 konnte das Gebäude an der Kasernenstrasse 49 teilweise bezogen werden.

Die Planung des Hauptbahnhofes (Bahnhofplatz 15) begann schon 1851 mit einem Wettbewerb, zu dem die bedeutendsten Architekten, Gottfried Semper, Ferdinand Stadler, Leonhard Zeugherr und Johann Jakob Breitinger, eingeladen waren. Schliesslich übertrug Escher den 1865–1871 ausgeführten Bau seinem Hausarchitekten Friedrich Wanner. Deutlich spürbar in dieser Basilika des Verkehrs sind die Einflüsse Sempers. Die Anlage strahlt enormes Selbstbewusstsein aus. Sie stellt sich quer zum Verkehrsfluss der Stadt, dem sie sich mit einem als Triumphbogen ausgebildeten Portal zuwendet. Die als Kopfbahnhof konzipierte Anlage signalisiert: Hier ist der Anfang und das Ende. Die Limmatfassade mit ihren grossen Thermenfenstern, die dieses Ende markiert, trägt hoch oben die Null-Kilometer-Säule: Von hier gehen, wie einst im imperialen Rom, alle Wege aus.

Bahnhofplatz 15. Hauptbahnhof, 1865–71. (Foto 1880)

······ 3, 4, 5 ···················· 6 ····················· 8 ········ Pelikanplatz ········ 5 ···························· 5 ··············

Paradeplatz 6, Bärengasse 19, Bleicherweg 2, Talstrasse 26__ Ehem. Schweiz. Bankverein, heute UBS, 1949–60, A: Roland Rohn nach Projekt von Otto R. Salvisberg. **Paradeplatz 8, Bahnhofstrasse 25–27, Bärengasse 5, 9__**Nr. 8: Schweiz. Kreditanstalt, heute Credit Suisse, 1873–76, A: Jakob Friedrich Wanner. 1896–98 Umbau von Gebr. Brunner. 1924 Umbau von Gebr. Pfister. Nr. 25: Hauptpost, 1873, A: Heinrich Honegger. Nr. 27: Seidenhaus Rüdel & Abegg, 1872–74, A: Gebr. Brunner. 1899 Schalterhalle von Adolf Brunner. Nr. 5, 9: Schweiz. Kreditanstalt, 1913–14, A: Gebr. Pfister. Lit. Dieter Nievergelt, Die Credit Suisse am Paradeplatz in Zürich, Bern 1998. > S. 125, 134

[C5/C6] **Pelikanplatz 5__**Vorderer (Grosser) Pelikan, vor 1675. 1683 Erweiterung. 1930/31 prägender Umbau und Erweiterung. Lit. KDM, Stadt Zürich IV, S. 353–364. > S. 87

Der See: Vom Wirtschafts- zum Erholungsraum

Von alters her war der See in erster Linie Wirtschaftsraum. An flachen Ufern liessen sich bevorzugt Bauunternehmer, Zimmerleute und Steinmetze nieder, da sich hierher schweres Baumaterial leicht transportieren liess. So auch im mittelalterlichen Kratzquartier südlich des Fraumünsterklosters zwischen Limmat, See und der heutigen Bahnhofstrasse.

Im 18. Jahrhundert entdecken Dichter und Gelehrte die Natur als Gegenkraft zur zivilisationsmüden Gesellschaft des Rokoko. Im gleichen Jahr, da Rousseaus preisgekrönte Schrift «Discours sur les sciences et les arts» (1750) erschien, veröffentlichte der junge Dichter Friedrich Gottlieb Klopstock seine «Ode an den Zürichsee». Erst allmählich aber setzte sich im 19. Jahrhundert die Umgestaltung der Seeufer zum Erholungsraum durch. 1803 zog die Stadtverwaltung in das ehemalige Bauhaus im Kratz ein. 1844 eröffnete Johannes Baur sein Hotel «Baur au Lac», 1849 entstand die Stadthausanlage auf Aufschüttungsgebiet, das vor allem aus dem Material des Schanzenabbruchs stammte.

Kratzquartier mit Werkhof (heute obere Bahnhofstrasse). Darstellung von 1835.

Pelikanplatz 15   Pelikanstrasse 5 .... 5 .... 18 .... 18 ......

[C5/C6]   **Pelikanplatz 15, Talacker 35, Talstrasse 66, 70__**Büro- und Geschäftshaus Talhof, 1948, A: Walter Henauer.

[C5-B6]   **Pelikanstrasse 2__**Siehe Bahnhofstrasse 53–55. **Pelikanstrasse 5, 9a__**Siehe Bahnhofstrasse 45–47.
Pelikanstrasse 18, Nüschelerstrasse 15, Talacker 34__ Ehem. Schul- und Vereinshaus zum Kaufleuten, heute Kaufmännischer Verband Zürich, Restaurant, Bar, Club und Theatersaal. > S. 179
Zwei Bauetappen: 1913–15, A: Bischoff & Weideli, und 1927–29, A: Gottlieb Leuenberger, Werner Flückiger.
Pelikanstrasse 19__ Siehe Nüschelerstrasse 9, 11.

1863 gab der Kanton als Eigentümer des Sees den flachen, morastigen Uferstreifen frei. Die Nordostbahn nutzte diesen Umstand, um die geplante Linie auf der rechten Seeseite unmittelbar entlang des Ufers rund um das untere Seeende nach dem Bahnhof Enge zu projektieren. 1873 erhob sich dagegen massive Opposition. Die Eisenbahngesellschaft verpflichtete sich dazu, mit finanzieller Unterstützung der Gemeinden die Linie unterirdisch nach dem Letten und zum Hauptbahnhof zu führen. Wegen der grossen Wirtschaftskrise in der zweiten Hälfte der 1870er-Jahre wurde diese allerdings erst 1894 fertiggestellt. Der erfolgreiche Widerstand gegen die Eisenbahnpläne gab den Anstoss, den lange aufgeschobenen Umbau der Stadt am See mit verschiedenen, aufeinander bezogenen Projekten voranzutreiben.

Kratzquartier und obere Bahnhofstrasse

Gegen die Weiterführung der Bahnhofstrasse vom Paradeplatz zum See sträubten sich Konservative, weil sie den Abbruch des Kratzturms und des «Baugartens» bedingte, einer kleinen Erhebung mit einem idyllischen Gartenrestaurant. Sie konnten

Utoquai, im Hintergrund die Quaibrücke. (Foto 1901)

40   46   40   bei 40   40

Pelikanstrasse 40, Pelikanstrasse 42, 46, 50, Talstrasse 71__Ehem. Botanischer Garten, 1836–39, A: Theodor Froebel. 1836 Gebäude mit Hörsaal, Glashaus und Wohnung (Nr. 40). 1839 Bau von zwei weiteren Gewächshäusern (abgebrochen). 1851 ehem. Palmenhaus, 1877 durch Gusseisenkonstruktion ersetzt (Nr. 46). 1861–64 Sammlungsgebäude von Johann Jakob Breitinger (Nr. 71). 1898 Erweiterung/Aufstockung des Sammlungsgebäudes. 1977/78 Renovation und Umbau der Gebäude. Seitdem Institut für Völkerkunde der Universität Zürich (Nr. 40) sowie Völkerkundemuseum (Nr. 71). Lit. Jäggi 2005, S. 30 ff.; KDM, Stadt Zürich IV, S. 395–399. **Pelikanstrasse bei Nr. 40**__Conrad-Gessner-Denkmal, 1853, K: Georg Johann Hörbst.

sich aber nicht durchsetzen. 1876 beschloss die Gemeindeversammlung, den Baugarten zu opfern. 1877–1880 entstand die obere Bahnhofstrasse, gleichzeitig begann die Umgestaltung des Kratzquartiers. An die Stelle der «unordentlichen» mittelalterlichen Nutzungsvielfalt, die unter den Puristen der damaligen Verantwortlichen schon längst ein Dorn im Auge war, trat ein rechtwinkliges Strassenraster zwischen Fraumünster und Stadthausanlage, Bahnhofstrasse und Stadthausquai.

Prestigebauten begannen die teure Bahnhofstrasse zu säumen. Um 1870 kostete am Paradeplatz der Quadratmeter schon gegen 300 Franken – im Vergleich dazu verdiente zum Beispiel ein Maurer drei Franken am Tag. Begehrt war der Standort bei Finanzinstituten. Bereits 1873 liess sich hier die Bank in Zürich nieder (Bahnhofstrasse 36, St. Peterstrasse 12), darauf 1875 die Bank Leu (Bahnhofstrasse 44) sowie die Börse (Bahnhofstrasse 3, 1877–1880). Den architektonischen Höhepunkt setzte die Kreditanstalt, deren Neubau Friedrich Wanner 1873–1877 am Paradeplatz errichtete (Paradeplatz 8).

Paradeplatz 8. Kreditanstalt, 1873–77. (Foto 1901)

Pfalzgasse ·· 1, 3 ············· 1, 3 ············· 3 ············· 4, 2 ············· 6, 1, 3 ············· 4, 2

[D5] **Pfalzgasse 1**__Siehe Strehlgasse 24, 26. **Pfalzgasse 2–6**__Zum Oberen Hammerstein (Nr. 2), Zur Kapelle (Nr. 4), Zur Oberen Kapelle (Nr. 6). Nr. 4: 1879 Fassadenumbau. Nr. 6: 1357 erstmals erwähnt. 1532–35 und frühes 18. Jh. Umbau. Lit. KDM, Stadt Zürich II.II, S. 259 f. **Pfalzgasse 3**__Wohnhaus, undat. **Pfalzgasse 8**__Siehe Lindenhof 4.

[D1/D2] **Platzpromenade 1**__Kiosk- und Toilettengebäude und Schifflände, 1912/13, A: Gebr. Pfister. **Platzpromenade o. Nr.**__Salomon-Gessner-Denkmal, um 1790, K: Alexander Trippel. 1808 erneuert von Josef Christen.

Die Bahnhofstrasse war aber auch eine erstklassige Wohnadresse. Neben dem Zentralhof (ehemals Posthof) entstand 1878–1888 der Kappelerhof, ebenfalls Mietshäuser im Blockrandbau für gehobene Ansprüche (Bahnhofstrasse 12–16).

Quaianlagen

1872 bildeten Vertreter der betroffenen Gemeinden Zürich, Enge und Riesbach die «Seequaikommission», welche Projekte ausarbeiten liess. 1881 beschlossen die Stimmberechtigten die Ausführung des Werks. 1882 begannen die Arbeiten unter der Leitung von Arnold Bürkli, der als Stadtingenieur demissioniert hatte, um diese Arbeit auszuführen. Im Juli 1887 fand die Einweihung der Quaianlagen mit einem grossen Volksfest statt. Bereits Ende 1884 war die Quaibrücke eröffnet worden (siehe Abb. S. 133).

Poststrasse 1–9. Zentralhof, dahinter Kappelerhof anstelle des Kratzquartiers. Stich um 1890.

Platzpromenade o. Nr. ··········· o. Nr. ······························ 5 ······························ o. Nr. ····················· 9

Platzpromenade o. Nr.__ Platzspitz, im Mittelalter Verwendung als Allmend und bis ins 19. Jh. als Schützenplatz. Ab 18. Jh. auch öffentliche Promenade. 1856–67 Gasfabrik. 1868/69 Umgestaltung in Park von Stadtgärtner Blattner. 1883 Umgestaltung anlässlich der Landesausstellung. 1949–54 prägende Umbauten. 1992/93 Sanierung und teilweise Neugestaltung. Lit. Gartenbauamt Zürich (Hrsg.): Der Platzspitz – Chronik eines Gartendenkmals, Zürich 1995. > S. 103 **Platzpromenade o. Nr.__**Hadlaub-Denkmal, 1884, K: Victor von Meyenberg. **Platzpromenade o. Nr.__**Denkmal Wilhelm Baumgartner, 1891, K: August Heer. **Platzpromenade o. Nr.__**Hirschenplastik, 1912, K: Franz Wanger. **Platzpromenade 5__**Musikpavillon, 1883, A: Gebr. Koch. Umbau 1955. Lit. ZD 1974–79, 2. Teil, S. 41 f. **Platzpromenade 9__**Toilettenhäuschen, 1914.

Verkehrsknoten Bellevue

Die Quaibrücke verschloss den Zugang zum Limmattrichter; die Dampfschiffe, die zu Ausflugsbooten geworden waren, legen seither nicht mehr an der Schifflände, sondern bei der Stadthausanlage an; der alte Hafen bei der Sechseläutenwiese (siehe S. 114) wurde beim Bau der Quaianlagen zugeschüttet. An seine Stelle trat eine weitläufige Platzanlage, die bis heute in der Abfolge von Bellevue-, Sechseläuten-, Theater- und Stadelhoferplatz nur vage definiert ist. Zwar fehlte es nicht an grossartigen und prunkvollen Projekten an dieser städtebaulich empfindlichen Stelle, doch zerschlugen sich alle.

Der rechtsufrige Brückenkopf der Quaibrücke, nach dem 1858 erbauten Hotel Bellevue benannt, entwickelte sich zum wichtigen Verkehrsknoten am Südende der alten Stadt, der immer wieder den wachsenden und sich ändernden Verhältnissen angepasst werden musste.

Rämistrasse 29–39. Wohn- und Geschäftshäuser, 1885–88. (Foto um 1895)

Poststrasse ·· 1, 3, 5 ············· 1, 3 ···················· 4   Predigergasse 1, 3 ······· 3, 12–4 ···························

[D6] **Poststrasse 1–7__**Ehem. Neues Postgebäude (Nr. 5, 7), A: Konrad Stadler. 1874 Erweiterung und Aufstockung zum Zentralhof von Adolf und Fritz Brunner. Siehe auch Fraumünsterstrasse 21–29. > S. 135
Poststrasse 4__ Siehe Münsterhof 4. **Poststrasse 6__**Siehe Münsterhof 5.
Poststrasse 12, Bahnhofstrasse 28__ Hotel Savoy Baur en Ville, 1836–38, A: Daniel Pfister; 1907/08 Um-, An- und Erweiterungsbau von Pfleghard & Haefeli. 1975–77 Abbruch und Rekonstruktion von Karl Steiner. Lit. Karl Steiner, Savoy Hotel Baur en Ville Zürich, Zürich 1978. > S. 112

[F5/E4] **Predigergasse 1, Neumarkt 19__**Zum Grossen Falken, undat. Im Innern Wandmalereien des 17./18. Jh. **Predigergasse 3__**Zum Kleinen Falken, Steinbau zweite Hälfte 13. Jh. Im 16. Jh. Umbauten, im frühen 18. Jh. Aufstockung. Lit. KDM, Stadt Zürich III.II, S. 457. **Predigergasse 4__**Zum Rosengarten, undat.

Die Vollendung der Zürcher «Ringstrasse».

Das 1881 vom Architekten Heinrich Ernst entwickelte «Rämistrasse-Unternehmen» sah eine Verbreiterung der vom Heimplatz steil abfallenden und im unteren Teil engen «Rämischlucht» zum Bellevue vor. Mit diesem Bau fand die Zürcher «Ringstrasse» auf dem ehemaligen Schanzenareal am See den Anschluss an das übergeordnete Strassennetz und eine repräsentative Gestaltung durch den Komplex von Wohn- und Geschäftshäusern zwischen Waldmannstrasse und oberem Hirschengraben, den Heinrich Ernst 1885–1888 baute (Rämistrasse 23–39).

Noch später wurde die Ringstrasse an ihrem nördlichen Ende geschlossen. Erst die 1896 erbaute Weinbergstrasse stellte eine befahrbare Verbindung zwischen Leonhardstrasse und Central her. Das Central, Pendant zum Bellevue auch darin, dass der Name von einem benachbarten Hotel stammt, wurde mit dem Bau des Limmatquais (1859) und der Bahnhofbrücke (1864) zum wichtigen Verkehrsknoten, der mit der Weinbergstrasse noch an Bedeutung gewann. Seit der Eröffnung des Neumühlequais (1912) münden sieben Strassen auf den engen Platz.

Central mit Bahnhofbrücke, Limmatquai. (Foto 1912)

....7 ·················· 10, 6, 8 ·················· 7, 9 ·················· 12 ············ 13, 18, 14, 12 ············ 14 ················ 13, 15 ······

Predigergasse 7, 9__Zum Stelzengarten, 1849 (Nr. 9), 1851 (Nr. 7). **Predigergasse 8**__Zum Rosenstock, Wohnhaus mit Werkstattvorbau, Bausubstanz 13. Jh. Lit. ZD 1997/98, S. 83–85.
Predigergasse 10__Zur Geduld, undat. **Predigergasse 12**__Zum Ritter, Türsturz mit Jahrzahl 1787, Bausubstanz älter. **Predigergasse 13**__Zur Kleinen Stelze, 16./17. Jh. Türsturz mit Jahrzahl 1723. Lit. KDM, Stadt Zürich III.II, S. 458. **Predigergasse 14**__Wohnhaus, 1889.
Predigergasse 15, bei 15, 17__Zum Kleinen Mohrenkopf (Nr. 15), undat. 1979 Neubau unter teilweiser Belassung der Altbausubstanz. Im Keller Sodbrunnen aus dem 15. Jh. Lit. KDM, Stadt Zürich III.II, S. 458f.

GESELLSCHAFTLICHE VERHÄLTNISSE

Zwischen 1830 (etwa 10 000 Einwohner) und dem Höhepunkt von 1894 (28 000 Einwohner) verdreifachte sich die Bevölkerung der Kernstadt beinahe. Dabei erweiterte und veränderte sich deren Zusammensetzung.

Katholiken und Juden

Bereits 1807 war den Katholiken in der Zwinglistadt die Ausübung ihrer Konfession gestattet worden. Sie feierten ihre Gottesdienste vorerst in der St. Anna-Kapelle. 1847 erhielten sie die Kirche des ehemaligen Augustinerklosters, die bisher als Magazin gedient hatte (siehe S. 59). 1873 ging diese über an die christkatholische Kirche, die sich im Gefolge des Kulturkampfes vom Papst losgesagt hatte, während die grosse Mehrheit der Romtreuen in aller Eile eine neue Kirche in Aussersihl bauen musste. Mit dem Emanzipationsgesetz von 1862 erhielten die Schweizer Juden die

Nüschelerstrasse 36. Synagoge 1884. (Foto um 1930)

Predigergasse 19 ············ 20, 18, 19 ······················· 22, 20 ···························· 22, 20   Predigerplatz ····· 1 ··········

[F5/E4] **Predigergasse 16–18**__Wohnhäuser. Nr. 16: 1857, Nr. 18: 19. Jh. **Predigergasse 19**__Zum Weissen Schwan, undat. **Predigergasse 20**__Wohnhaus, 1836. **Predigergasse 22**__Zur Helferei, undat.

[E4/F4] **Predigerplatz 1**__Predigerkirche, bis 1268 Bau von Kloster und Kirche. Erste Hälfte 14. Jh. Bau des gotischen Langchores. 1524 Aufhebung des Zürcher Konvents durch die Reformation, Umbau zwecks ökonomischer Nutzung. 1609–14 Umbau des ehem. Langhauses. 1871–73 Umbau des Chors zur Kantonsbibliothek. 1900 Turm von Gustav Gull. Lit. Dölf Wild, Das Predigerkloster in Zürich, Ein Beitrag zur Architektur der Bettelorden im 13. Jh., Monographien der Kantonsarchäologie Zürich 32, Zürich/Egg 1999; KDM, Stadt Zürich III.I, S. 212–271. Siehe auch Predigerplatz 33. > S. 58, 75 > S. 94

vollen Bürgerrechte, unter anderem die Niederlassungsfreiheit (siehe auch S. 60). Im gleichen Jahr gründeten 12 Männer den «Israelitischen Kultusverein», der sich 1880 in «Israelitische Kultusgemeinde Zürich» umbenannte. 1884 konnte sie die Synagoge einweihen, von Alfred Chiodera und Theophil Tschudy im orientalisierenden Stil erbaut.

Arm und Reich

Stürmischer als in der Kernstadt verlief das Wachstum in den eng mit der Stadt verbundenen elf Vororten, welche 1893 mit der Stadt vereinigt wurden. Sie zählten um 1830 gut 10 000, um 1894 dagegen 93 000 Bewohner. Gemessen am Steueraufkommen war um 1880 Aussersihl, das sich zur Arbeitervorstadt entwickelt hatte, die ärmste, Enge mit seinem Villenviertel am See die reichste Gemeinde. Knapp hinter der Enge und vor Riesbach lag die Kernstadt. Innerhalb ihrer Grenzen gab es aber grosse Unterschiede. Während sich mittlere und hohe Einkommen bevorzugt zwischen Bahnhofstrasse und Schanzengraben niederliessen, fanden Unterschichtangehörige

Köngengasse 6. Küche im Niederdorf. Wohnhaus 1940 abgebrochen. (Foto 1931)

·· 6, 2 ················· 2 ·············· 12–10, 6, 2 ·············· 20–10, 6, 2 ············· 20–18, 16–14 ········

Predigerplatz 2__Zur Oberen Froschau, Bausubstanz 13./14. Jh., erstmals 1280 erwähnt. 17. und 18. Jh. Baumassnahmen. Lit. KDM, Stadt Zürich III.II, S. 452. Siehe auch Froschaugasse 14–18.
Predigerplatz 6, 8__Zum Roten Kessel. Nr. 6: um 1350, Nr. 8: 1904. **Predigerplatz 10–12**__Zur Gemse, 1880. Lit. ZD 1970–74, 1. Teil, S. 244–246. **Predigerplatz 14–16**__Zum Schwarzen Kreuz (Nr. 14), undat. Schaufensterfront 1892. **Predigerplatz 18–20**__Zum blauen Himmel (Nr. 18), Kernbau 13./14. Jh., um 1541 erstmals erwähnt. Spätes 15. Jh. Erweiterung, nach 1585 Sanierung. 1827 Umbau und Aufstockung. Nr. 20: 19. Jh. Aufstockung. 1924 Gartenlaube. Lit. KDM, Stadt Zürich III.II, S. 453.
Predigerplatz 22, 24__Zum Grünen Berg (Nr. 22), 1582 erstmals erwähnt. Bausubstanz 14./15. Jh. 1607/10 Aufstockung. Lit. KDM, Stadt Zürich III.II, S. 453.

vor allem im überalterten und verdichteten Baubestand im Niederdorf und am Lindenhof Unterschlupf. Einer Studie von Arnold Bürkli lässt sich entnehmen, dass um 1860 die mittlere Lebenserwartung im Alter von fünf Jahren in den Nachbarschaften im Talacker 56 bis 67 Jahre betrug, während sie in Teilen des Niederdorfs auf 43, am Lindenhof auf 38 Jahre sank.

«Assanierung» und Hygiene

Mit seiner Studie bezweckte Bürkli den Zusammenhang von Wohnsituation und Gesundheit darzulegen. Die «insalubren» Unterschichtsquartiere wurden primär nicht als soziales Problem, sondern als Brutstätte von Seuchen und Krankheiten wahrgenommen, welche die ganze Stadt bedrohten. Zu ihrer «Assanierung» waren nicht nur Müllabfuhr, Wasserversorgung und Kanalisation vonnöten, sie mussten gelichtet und ausgedünnt werden, damit die Menschen nicht mehr so eng aufeinander wohnten, Licht und Luft dagegen freien Zutritt hatten. 1878 nahm der Stadtrat den «Zähringerdurchbruch» in Angriff, eine schnurgerade Strassenverbindung zwischen Central und Zähringerplatz. Es war das einzig ausgeführte

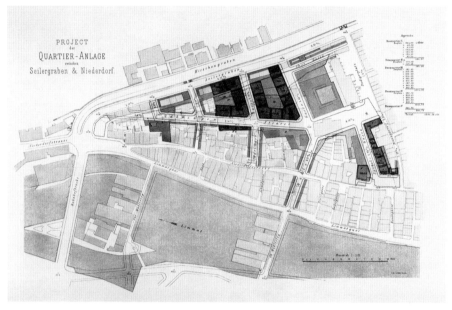

Zähringerdurchbruch. Quartierplan um 1880.

Predigerplatz ⋯⋯ 28–26 ⋯⋯⋯⋯⋯⋯⋯ 32–30 ⋯⋯⋯⋯⋯⋯⋯⋯⋯ 33 ⋯⋯⋯⋯⋯ 34, 32–30, 28–26, 24–22, 20–18, 16–

[E4/F4] **Predigerplatz o. Nr. 24__**Alte Klostermauer und Garten von St. Verena, 13.–15. Jh. Lit. Barbara Helbling, Magdalen Bless-Grabher, Ines Buhofer (Hrsg.), Bettelorden, Bruderschaften und Beginen in Zürich – Stadtkultur und Seelenheil im Mittelalter, Zürich 2002, S. 215–247. **Predigerplatz 26–28__**Zum Rehböckli (Nr. 26), Bausubstanz 13./14. Jh. Nach 1585 Aufstockung. Lit. KDM, Stadt Zürich III.II, S. 454. **Predigerplatz 30–32__**Zum Schwarzen Kreuz (Nr. 30), Bausubstanz 13. Jh. 15. Jh. Erweiterung. 1863, 1878 Umbauten. Lit. KDM, Stadt Zürich III.II, S. 454 f. **Predigerplatz 33__**Predigerchor, 1. H. 14. Jh. 1524 nach Reformation Umnutzung als Getreidelager und Spitalkapelle. 1871–73 Umbau zur Kantonsbibliothek. 1972–75 Restaurierung. Lit. Magdalen Bless-Grabher, Arbeitsgruppe Predigerchor (Hrsg.), Zürcher Predigerchor, Vergangenheit-Gegenwart-Zukunft, Zürich 1987; KDM, Stadt Zürich III.I, S. 212–271. Siehe auch Predigerplatz 1. >S. 75

unter vielen Projekten zur Sanierung des Niederdorfs und zur Verbesserung der Verkehrsverhältnisse. Noch um 1930 existierten bedenkliche Wohnverhältnisse in Teilen des Niederdorfs.

Weil bauliche Mängel nur schwer und nur allmählich behoben werden konnten, war die individuelle Reinlichkeit und eine allgemein gesunde Lebensführung umso wichtiger. Was schon in der ersten Hälfte des 19. Jahrhunderts von Ärzten, Sozialreformern und staatlichen Stellen propagiert wurde, wuchs gegen Ende des Jahrhunderts zu einer grossen internationalen Hygienebewegung, einer interdisziplinären angewandten Wissenschaft. Im heutigen Stadtbild ist sie an den verschiedenen Badeanstalten ablesbar. Die älteste ist die Männerbadeanstalt am Schanzengraben (Badweg 21, 1863). 1887 entstand anstelle einer ältern die neue Frauenbadeanstalt (Stadthausquai 13). Die Anlage, ein nach allen Seiten geschlossener Kasten, verdeutlicht, dass sie nicht zum lockeren Schwimmsport im freien Gewässer gedacht war, sondern zur Körperreinigung im geschützten, geschlechtergetrennten und streng moralischen Rahmen. (Bruno Fritzsche)

Stadthausquai 12. Frauenbadanstalt 1887. Im Hintergrund Hotel Bellevue und Opernhaus. (Foto um 1895)

, 34, 32–30 ·························· 36 ························· 44–42 ················· 46, 44–42, 40–38, 36 ······· 52–50, 46, 44–42

Predigerplatz 34__Zum Weissen Schwan, undat. 1969/70 Auskernung. **Predigerplatz 36**__Wohnhaus, undat. **Predigerplatz 38–40**__Haumesser. Nr. 38: Vorderhaus mit ehem. Laden und Werkstatt im Keller, älteste Bauteile 1684. 1825 Aufstockung zum heutigen Volumen. 1928 Ladenfront. Nr. 40: Hinterhaus, 1839. Lit. ZD 1997/98, S. 173. **Predigerplatz 42–44**__Zum Weissen Berg, undat. **Predigerplatz 46**__Zum Schwarzen Berg, undat. **Predigerplatz 50**__Zur Mönchskappe, undat. **Predigerplatz 54**__Zum Mönch, 1826. 1890, 1978 Umbauten.

GEPLANT UND NICHT REALISIERT

Unter den Archivalien zur Geschichte der Stadt Zürich findet sich eine stattliche Anzahl von Bildern, Plänen und Texten zu grossen Bauvorhaben, die nie umgesetzt wurden. Diese Projekte warfen oft grundlegende städtebauliche Fragen auf. Sie betrafen in der zweiten Hälfte des 19. und im frühen 20. Jahrhundert insbesondere den Rand der historischen Altstadt, jene Orte also, die seit der zweiten Hälfte des 19. Jahrhunderts für die Entwicklung der Stadt wesentlich sind: das Seeufer und das Gelände der abgebrochenen Schanzen (siehe S. 85 f., 110).

Bebauungsplan Niederdorf von Karl Moser 1933, Blick Richtung See.

Preyergasse ··· 6 ················ 8, 6 ···················· 8, 6 ··························· 13 ················· 20 ················· 18, 16

[E4] **Preyergasse 6, Badergasse 5__**Spitalerhus, Zu den drei Sternen, 1318 erstmals erwähnt. Weitgehend intaktes Baudenkmal des späten Mittelalters. **Preyergasse 8__**Zum Rebmesser, undat.
Preyergasse 13__ Siehe Niederdorfstrasse 28. **Preyergasse 16__**Zum Hinteren Rehböckli, Kernbau frühes 14. Jh. weitgehend erhalten. 18. Jh. Aufstockung. Ende 19. Jh. Einbau Ladenfront. Lit. ZD 1985/86, S. 113–116. **Preyergasse bei 18__**Brunnen, undat. **Preyergasse 20__**Zum Schwarzen Löwen, undat.

Strassendurchbrüche in Zürichs Altstadt

Einige Vorschläge betrafen allerdings das Innere der historischen Altstadt. Das waren hauptsächlich Strassendurchbrüche, die die mittelalterliche Stadt dem neuzeitlichen Verkehr öffnen sollten, wie zum Beispiel eine Strassenverbindung vom Weinplatz durch den St.-Peter-Hügel zur Bahnhofstrasse oder die Verlängerung der Zähringerstrasse bis zur Rämistrasse. Gustav Gulls Projekt für «ein alle Verwaltungsabteilungen umfassendes Stadthaus» von 1902–1910 beinhaltete das weitgehendste Erschliessungsprojekt in der Altstadt und wurde in Teilen auch realisiert: Die Uraniastrasse, die Mühlegasse und die dazugehörenden städtischen Amtshäuser veränderten grosse Teile der mittelalterlichen Topografie wesentlich. Gulls Projekt bildete – mit Ausnahmen – den Schlusspunkt der realisierten Strassenbauten in der Zürcher Altstadt.

St. Peterstrasse. Projekt von Alexander Koch, 1881.

Promenadengasse · 1 ·············· 4 ·················· 5 ·················· 11 ···················· 11

[G7–F6] **Promenadengasse 1**__Ehem. Friedhofskapelle, 1847, A: Ferdinand und Konrad Stadler. 1895 Umbau zu St. Andrews Church von Alexander Koch. **Promenadengasse 4**__Taborkapelle, 1873, A: Johannes Baur. **Promenadengasse 5, Schanzengasse 11, 17**__Ehem. Erweiterungsbau Töchterschule I mit Turnhallengebäude, Aula und Mensa, heute Kantonsschule Stadelhofen, 1966, A: Paul Tittel. **Promenadengasse 11**__Ehem. Töchterschule mit Turnsaal, heute Kantonsschule Hohe Promenade, 1913, A: Gustav Gull, ausgeführt von Streiff & Schindler. **Promenadengasse 20**__Siehe Rämistrasse 26.

Das Bestreben allerdings neue Strassenverbindungen zu schaffen, blieb bis in die Mitte des 20. Jahrhunderts bestehen. Im Ideenwettbewerb für einen Bebauungsplan der Stadt Zürich und ihrer Vororte von 1915–1918 wurden Vorschläge zur grundlegenden Umgestaltung der Altstadt ausgearbeitet – aber nie umgesetzt. Sie hatten zum Ziel, die Altstadt dem Verkehr zu öffnen, die kleinteilige historische Bebauungsstruktur aufzubrechen, um die Voraussetzungen für eine «moderne Geschäftscity» zu schaffen.

Spätere Vorschläge, die einen umfassenden Abbruch der Altstadt und den nahezu vollständigen Verlust der historischen Bausubstanz vorsahen, waren ebenfalls chancenlos (siehe S. 212 ff.).

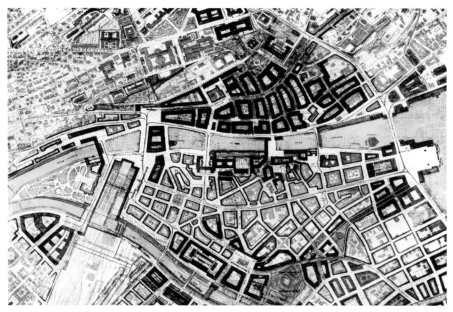

Abbruch/Neubau der Zürcher Altstadt. Vorschlag für Ideenwettbewerb 1914–18 von Rittmeyer, Furrer und Zoellig.

Rämistrasse ···· 2, 4 ················ 3, 5 ·················· 4 ·················· 7 ············· 8 ················· 17 ····

[E7-F3] **Rämistrasse 2, 4__**Zur Neuen Krone, 1841/42, A: Daniel Pfister. 1863 Unterteilung in zwei Häuser. Nr. 2: 1876 Aufstockung. Nr. 4: 1863 Umbau zu Café, Restaurant und Bierhalle Kronenhalle. 1884 Aufstockung. 1981–84 Umbau und Sanierung von Willi Fontana. Lit. Nico Cadsky, Karin Giger, Michael Wissing (Hrsg.), Kronenhalle Zürich, Zürich 2005. **Rämistrasse 3–7, Torgasse 4–10__**Denzlerhäuser. Wohn- und Geschäftshäuser, 1910–12, A: Bischoff & Weideli. > S. 178 **Rämistrasse 6–8__**Wohn- und Geschäftshäuser. Nr. 6: 1876, A: Theodor Geiger. Nr. 8: 1930, A: Carl Burlet, Julius Schlegel. > S. 206 **Rämistrasse 16__** Wohnhaus, undat. **Rämistrasse 17__**Siehe Waldmannstrasse 9.

Bauten für Regierung und Verwaltung

Für die politischen Behörden und die öffentliche Verwaltung, die seit jeher im Zentrum der Stadt beheimatet waren, ist eine Reihe von Bauprojekten erarbeitet worden, die nie zur Umsetzung kamen. Sie sollten die Aufgaben Regieren und Verwalten angemessen repräsentieren. 1831 nahmen die Zürcher Stimmberechtigten mit grossem Mehr die neue Kantonsverfassung an. Bereits 1832 schrieb der Kanton den Wettbewerb für ein neues Rathaus auf dem Obmannamtsareal aus (heute Obergericht). Die eingereichten Projekte repräsentierten mit griechischen und römischen Bauformen die neue demokratische Verfassung des Kantons Zürich. Doch bis heute bleibt das Rathaus von 1694–1698 in Funktion (siehe S. 92).

Vordere Fassade des neu zu erbauenden Rathhauses auf dem Hirschgraben in Zürich.

Neues Rathaus auf dem Obmannamtsareal (heute Obergericht). Projekt von Melchior Berri, 1832.

·· 18 ················· 22 ················ 23, 25, 27, 29 ············ 23 ················ 26 ················ 33 ················ 39 ·········

Rämistrasse 18__Zum Garten, Wohnhaus mit Ökonomiegebäude, um 1720/25. 1892 Verandaanbau. Einer der letzten intakt erhaltenen baulichen Zeugen des Spätbarocks in Zürich. Lit. ZD 1995/96, S. 54–62, 147 f. **Rämistrasse 20d, 22**__Zum Oberen Garten, Wohnhaus mit Garten, 1910, A: Jakob Geiger, Albert Gull. **Rämistrasse 24**__Seilerbahn Denzler (Seilerei) mit Nebengebäude, Werkstattgebäude und Kasematte, um 1860. Lit. ZD 1999–2002, S. 9–12. **Rämistrasse 23–39, Hirschengraben 1, Waldmannstrasse 4–10**__Wohn- und Geschäftshauskomplex, 1885–89, A: Heinrich Ernst. Lit. ZDK 1997–2000, S. 306–309. > S. 137 **Rämistrasse 26, Promenadengasse 20**__Zum Ehrenberg, 1837, A: Carl Ferdinand von Ehrenberg. Nr. 20: Ehem. Kutscherhaus, 1862. Lit. ZD 1974–79, 2. Teil, S. 43–45.

1848 wollte Zürich die Hauptstadt der Schweiz werden. Ferdinand Stadler entwarf dazu Pläne für das Bundeshaus auf dem Areal zwischen dem alten Stadthaus und dem See – das Areal war kurz vorher mit dem Abbruchmaterial der Schanzenanlage aufgeschüttet worden. Der vorgesehene Bau hätte eine wunderbare Aussicht auf den See und die Alpen versprochen. Mitte des 19. Jahrhunderts galt das Gelände aber als abgelegen und schlecht erschlossen. Stadlers Projekt zeigt die beginnende Orientierung der Stadt weg von der Limmat hin zum See. Allerdings kommt Stadler Jahrzehnte zu früh. Der vorgeschlagene, abgelegene Standort für das neue Bundeshaus und die Zurückhaltung der Stadt mit finanziellen Verpflichtungen dürften dazu beigetragen haben, dass Zürich nicht Hauptstadt wurde.

Im Mai 1858 lud der Stadtrat «einige anerkannte hiesige» Architekten ein, Pläne für das neue Stadthaus und ein neues Stadtquartier zu entwerfen. Zu den Architekten zählten unter anderem Gottfried Semper und Ferdinand Stadler. Das Projekt von Semper begeisterte die Experten. «Es böte Gelegenheit, ein Bauquartier zu erlangen, wie keine Schweizerstadt ein schöneres aufzuweisen habe.» Die Realisierung

Blick vom Hotel Baur au Lac auf das geplante Bundeshaus und den See. Aquarell nach dem Bundeshausprojekt von Ferdinand Stadler, 1848.

Rämistrasse ··· 30, 28 ············· 32–36 ··························· 59 ··························· 67 ··························· 69 ·······

[E7–F3] **Rämistrasse 28–30, Zeltweg 2**__Geschäftshaus Jecklin, 1837. **Rämistrasse 32–36**__Pfauen, Schauspielhaus, 1856, A: Theophil Tschudy, Alfred Chiodera. > S. 168 **Rämistrasse 45** __Siehe Heimplatz 1.
Rämistrasse 59__Alte Kantonsschule, 1839–42, A: Gustav Wegmann. 1881–83 Innenumbau.
1910 Renovation und Umbau. Lit. ZDK 1987–90, S. 372–379. > S. 118 **Rämistrasse 67**__Siehe Schönberggasse 2. **Rämistrasse 69**__Ehem. Institut für Physiologie und Physik, heute Medizinhistorisches Museum und Deutsches Seminar, 1884, A: Otto Weber. Lit. Jäggi 2005, S. 39.

des neuen Stadthausquartiers in den 1880er-Jahren blieb allerdings hinter der Grosszügigkeit des Semperschen Entwurfs zurück.

Eine zentrale Markthalle

Für das neue Stadthausquartier wurde das alte Kratzquartier abgebrochen. Da damit auch der Markt auf dem Kratzplatz verschwand, hatte Ferdinand Stadler im Wettbewerb von 1858 den Bau einer gedeckten Markthalle vorgeschlagen. Das sei aufgrund der Entfernung zur Stadt und des angestrebten Charakters des neuen Stadtquartiers nicht zweckmässig, schrieb die Jury. Nach dem Vorbild der «halles» in Paris wurden deshalb Projekte für Markthallen an verschiedenen Standorten entworfen. Vorerst konzentrierten sich die Studien auf den Ort des heutigen Stadthauses. Alle Projekte sahen den Abbruch des damals noch vorhandenen Klostergebäudes vor. Stadtbaumeister Arnold Geiser entwarf gar einen Bau, der Markthalle (im Erdgeschoss), Stadtverwaltung und Gemeinderatsaal (im obersten Stock) vereinigt hätte.

Markthalle auf der Rathausbrücke von Caspar Conrad Ulrich, 1878.

.... 71 .... 73 .... 101 .... 101 101

Rämistrasse 71, Doktor-Faust-Gasse 9–11, Karl-Schmid-Strasse 4, Künstlergasse 12–16__ Hauptgebäude der Universität Zürich, 1911–14, A: Curjel & Moser, K: u. a. Otto Kappeler, Paul Osswald, Paul Bodmer, Heinrich Altherr, Augusto Giacometti. Lit. Jäggi 2005, S. 40 ff. > S. 181 **Rämistrasse 73__**Ehem. Augenklinik des Kantonsspitals, heute Archäologisches Institut und Kunstgeschichtliches Seminar, 1893/94, A: Otto Weber. Lit. Jäggi 2005, S. 44 f. **Rämistrasse 101__**Eidgenössische Technische Hochschule ETH, 1854–64, A: Gottfried Semper, Johann Caspar Wolff. 1915–24 Erweiterungen (Haupthalle, Rotunde und Kuppel) von Gustav Gull. 1966–78 Innenumbau von Alfred Roth und Charles-Edouard Geisendorf. Lit. Jäggi 2005, S. 52 f. > S. 119, 125 > S. 181 f.

Nach dem Bau der Münsterbrücke fiel die Rathausbrücke als möglicher Standort für die Markthalle in Betracht. Vom Verkehr entlastet und als tradioneller Marktplatz, erschien sie für eine solche Nutzung gut geeignet. Für die Brücke und die Umgebung entstand eine Reihe von Projekten. So entwarf Caspar Conrad Ulrich 1878 eine Markthalle über der Limmat parallel zur damaligen Fleischhalle. Weitere Entwürfe sahen die Schipfe als Standort vor und setzten die Markthalle an die Stützmauer des Lindenhofs.

Projekt für eine neue Tonhalle auf dem Sechseläutenplatz von Eugen Meyer, 1892.

Rennweg ··· 1, 3 ············· 1, 3, 7 ················· 2 ····················· 2, 2a ···················· 6, 4, 2 ····················· 6, 4,

[D5/D4] **Rennweg 1__**Zunfthaus zum Widder, heute Hotel Widder, zwei bis ins 4. OG gemauerte Kernbauten aus dem 13. Jh. 1401 Erwerb durch Widderzunft. 1533 Umbau. 1756 und 1840er-Jahre Ausbau (mit Widdergasse 4) und Aufstockung. 1898 Neugestaltung Fassade und Ladeneinbau. 1990–95 Umbau und Zusammenlegung mit Rennweg 3, 5, 7 zum Hotel Widder. Lit. ZD 1989/90, S. 21–46; KDM, Stadt Zürich II.II, S. 302–304 . Siehe auch Rennweg 3, 5, 7, Augustinergasse 24, 28, Widdergasse 4–6. **Rennweg 2__**Zur Schelle, 1328 erstmals erwähnt. Umbauten und Neuausstattungen 1539, 1605, nach 1757. Lit. KDM, Stadt Zürich II.II, S. 304–309. **Rennweg bei 2__**Amazonenbrunnen, 1748/49. **Rennweg 3__**Zum Tatzfuss, Kernbau 13. Jh. Um 1300 Erweiterung zur Gasse. 1701 Aufstockung 5. OG. Seit 1995 Teil des Hotels Widder. Lit. KDM, Stadt Zürich II.II, S. 309. Siehe auch Rennweg 1.

Kunst und Kultur am Seeufer

In den 1880er-Jahren schrieb die gerade gegründete Tonhalle-Gesellschaft einen Wettbewerb für den Neubau der Tonhalle aus. Der alte Bau auf dem Gelände der heutigen Sechseläutenwiese genügte nicht mehr (siehe S. 114). Die Wettbewerbs-teilnehmer konnten als Standort zwischen dem bisherigen Gelände und einem neuen Bauplatz am heutigen General-Guisan-Quai wählen. Der Wettbewerbs-beitrag des in Paris lebenden Zürchers Eugen Meyer wurde mit dem dritten Preis prämiert. Er sah als einziger Prämierter einen Neubau am alten Standort auf der Sechseläutenwiese vor.

Die neue Tonhalle realisierten die Architekten Fellner und Helmer 1893–1895 am General-Guisan-Quai. Für das Areal der alten Tonhalle wurde 1895 erneut ein Wettbewerb ausgeschrieben. Aufsehenerregend war das Projekt von Adolf Brunner, der einen einzigen Block mit einer imposanten Längsfassade gegen den See vorschlug. Die Dimensionen dieses Baus hätten die bereits realisierten Wohn- und Geschäftshäuser Rotes und Weisses Schloss in den Schatten gestellt.

Projekt für ein Kunsthaus auf dem Sechseläutenplatz von Alfred Friedrich Bluntschli, 1899.

···· 3, 7, 9, 11–19 ························· 8, 6, 4, 2 ························· 7, 9, 11 ···················· 12, 10, 8–4 ····················· 12, 10, 8, 6 ······

Rennweg 4__Zum Schelleli, undat. 1882–87 Umbau/Aufstockung. Lit. KDM, Stadt Zürich II.II, S. 316. **Rennweg 5**__Zur Pfeife, Kernbau 12./13. Jh., dreigeschossiges Steinhaus 14. Jh. 1527 neue Fassade. 1757 4. OG in Eichenfachwerk. Seit 1995 Teil des Hotels Widder. Lit. KDM, Stadt Zürich II.II, S. 309 f. Siehe auch Rennweg 1. **Rennweg 6**__Zum Kreuzbüchs, undat. **Rennweg 7**__Zum Erzberg, zweite Hälfte 13. Jh., viergeschossiges Steinhaus. 1533 Fenstererneuerung. 19. Jh. Aufstockung in Fachwerk. Seit 1995 Teil des Hotels Widder Lit. KDM, Stadt Zürich II.II, S. 310. Siehe auch Rennweg 1. **Rennweg 8**__Zum Damhirsch, undat. **Rennweg 9**__Geschäftshaus, 1931. **Rennweg 10**__Zum Kleinod, 1971. Anbau zu Rennweg 12. **Rennweg 11**__Geschäftshaus, 1931. **Rennweg 12**__Zum Goldenen Kleinod, 1957.

Andere Wettbewerbsteilnehmer schlugen eine Unterteilung des Baugeländes in zwei oder drei Teile vor und projektierten dazwischen Parkanlagen. Realisiert wurde keines der Projekte.

Kurz vor 1900 verwarfen die Stimmberechtigten die Vorlage für den Bau eines Kunsthauses auf der Stadthausanlage, am Ort, wo heute die Nationalbank steht. Das verworfene Projekt stammte von Alfred Friedrich Bluntschli. Bluntschlis Projekt war allerdings eine «Zweitverwertung». Er hatte bereits das gleiche Projekt im Wettbewerb für das Areal der alten Tonhalle auf dem heutigen Sechseläutenplatz vorgeschlagen: ein Kunsthaus flankiert von zwei Wohn- und Geschäftshäusern – eine öffentliche Nutzung mit einer rentierenden Mantelnutzung. Das zur Abstimmung gelangte Kunsthausprojekt für die Stadthausanlage bestand aus dem über die Limmat verschobenen Kunsthaus, ohne die zwei flankierenden Wohn- und Geschäftshäuser.

Die erwähnten Beispiele zeigen, wie die Stadt im 19. Jahrhundert darum rang, der Bebauung gegen den See eine akkurate Form und eine sinnvolle Bedeutung zu geben. Im 20. Jahrhundert brachte der «Ideenwettbewerb für die Ausgestaltung der

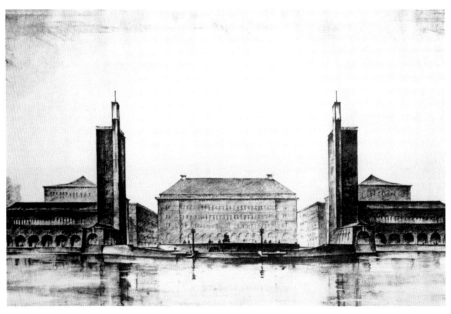

Gestaltung am Bürkliplatz. Ideenwettbewerb für Seeufer, 1926. Projekt von Krasimir Kaczorowski und Hans Hohloch.

Rennweg ·· 15, 19, 23 ······· 24, 22, 20, 18, 16, 14 ··················· 25 ····················· 26, 24, 22, 20, 18 ················ 27, 29, 31, 35–39

[D5/D4] **Rennweg 14–16**__Zum Schwarzen Ochs (Nr. 14), Zum Schwarzen Stern/Stier (Nr. 16), undat. **Rennweg 15**__Zum Trottbaum, 1357 erstmals erwähnt. 1872 Ladeneinbau. **Rennweg 18**__Wohnhaus, undat. **Rennweg 19**__Zum Kleinen Feuermörser, 1881. **Rennweg 20**__Zum Winkelmass, undat. **Rennweg 22**__Zu den Drei Vollen Brüdern, 1879. **Rennweg 23**__Zum Leuenberg, undat. **Rennweg 24**__ Zum Säuli, undat. **Rennweg 25, Kuttelgasse 1**__Zum Büffel, im 14. Jh. erstmals erwähnt. 1872–76 tiefgreifender Umbau. **Rennweg 26, Fortunagasse 15**__Zum Wilden Mann, 1401. 1558 Neu- oder Umbau. Im 19. Jh. zahlreiche Baumassnahmen. 1930/31 durchgreifender Umbau. Lit. KDM, Stadt Zürich II.II, S. 311–315. **Rennweg 27, Kuttelgasse 2**__Zur Sonnenzeit, Zum Hammerstein, undat. 1927 Fassadenmalerei von Willy Hartung (teilw. erneuert). **Rennweg 29**__Zum Pfeil, undat.

Seeufer im Gebiet der Stadt Zürich und ihrer Vororte von 1926» weitere Vorschläge zur Neugestaltung der Bebauung zum See. In den 1950er- und 1960er-Jahren propagierte Werner Müller die Idee des Seeparks. Kernstück war eine unterirdische Strassenverbindung Enge–Sechseläutenplatz mit Parkanlage und zusätzlicher Brücke über die Limmat. Letztlich blieb es aber bei den Quaianlagen von 1889 und der dazugehörenden Bebauung.

Bahnhofsfragen

Ähnlich häufig und intensiv wie am See wurde nur noch rund um den Hauptbahnhof projektiert und entworfen. Ein anonymes Projekt aus dem Jahr 1838 eröffnet die Reihe. Es schlägt einen Bahnhof-Standort zwischen Sihl und Schanzengraben vor. Aus dem Jahr der Fertigstellung des Hauptbahnhofs stammt ein Vorschlag, der zwischen die Stadt und den See eine neue Eisenbahnlinie gelegt hätte. An Stelle dieses so genannten «Eisernen Rings» wurden in den darauf folgenden Jahren unter Leitung Arnold Bürklis die Quaianlagen realisiert (siehe S. 135).

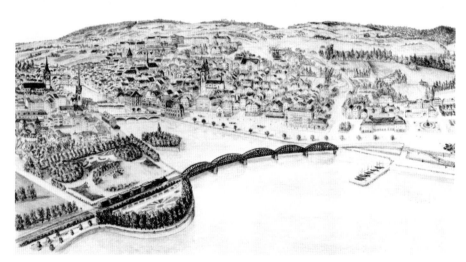

Der «Eiserne Ring». Bahnverbindung ans rechte Seeufer. Projekt von Kaspar Wetli, 1871. (Zeichnung T. Germann, 1987)

31, 35, 39 ················· 35, 39, 43 ············· 42, 38, 36, 34, 32, 30 ············ 43, 53 ············· 52, 50, 48, 46 ··············· 56, 52, 50 ········

Rennweg 30__Zum Grossen Stein, um 1520. Lit. KDM, Stadt Zürich II.II, S. 317. **Rennweg 31**__Zum Pelikan, undat. **Rennweg 32–34**__Zum Buchsbaum (Nr. 32), Zum Buchberg (Nr. 34), 1357 erstmals erwähnt. 1832, 1878 Umbauten (nur Nr. 32). 1981/82 Auskernung. **Rennweg 35**__Wohn- und Geschäftshaus Ditting, 1912, A: Jakob Arter, Emil Meier. **Rennweg 36, Fortunagasse 30**__Zur Jungen Buche, mit Werkstattgebäude, undat. **Rennweg 38**__Zur Grossen Buche, 1361 erstmals erwähnt. 1879 Umbau. 1988–90 Rekonstruktion des Inneren. Lit. ZD 1989/90, S. 136–139; KDM, Stadt Zürich II.II, S. 318. **Rennweg 39**__Zum Störchli, 1897. **Rennweg 43, 47, 51**__Siehe Bahnhofstrasse 60, 62. **Rennweg 46**__Zum Kleinen Pfau, undat. **Rennweg 48**__Zum Strigel, 1897, A: Otto Jakob von Tobel. **Rennweg 50**__Wohnhaus, undat. **Rennweg 52, 56**__Wohn- und Geschäftshaus, 1876.

Kurz nach der Fertigstellung des heutigen Hauptbahnhofs lagen die ersten Aus- und Neubauprojekte vor. Jacques Gros und darauf Heinrich Ernst versuchten in den 1890er-Jahren die Vorteile der Verlegung des Bahnhofs nach Aussersihl aufzuzeigen. Ernst entwarf zudem einen grossstädtischen Boulevard vom an der heutigen Langstrasse geplanten Bahnhof zur Limmat. Aus dem Bebauungswettbewerb 1915–1918 gingen mehrere Vorschläge für einen Durchgangsbahnhof hervor. 1918 präsentierte Karl Moser gleich drei Neubauprojekte, darunter auch einen Durchgangsbahnhof. 1947 zeichnete Philipp Bridel, Architekt bei der Bauabteilung der SBB, einen neuen L-förmigen Kopfbahnhof. Der Ideenwettbewerb für den vollständigen Neubau des Hauptbahnhofs erbrachte 1969 nochmals eine Reihe von Visionen, nun inklusive der Überbauung des Geleiseareals auf der anderen Seite der Sihl. Ein Element, das auf die Debatten um den HB-Südwest und Eurogate ab Ende der 1970er-Jahre verweist (siehe S. 154 ff.).

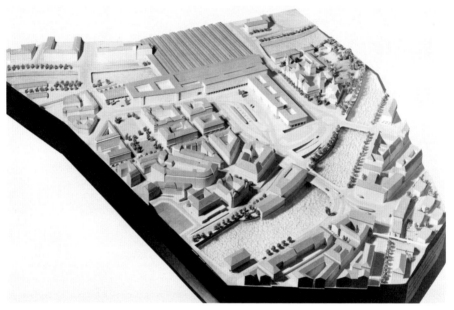

Umbau des Hauptbahnhofs. Projekt von Philipp Bridel, 1947.

Rennweg ····· 58   Rindermarkt ···· 1 ························· 3 ························· 3 ················· 5 ··················

[D5/D4] **Rennweg 53**__Wohn- und Geschäftshaus, 1876. **Rennweg 57**__Zum Feuermörser, undat. **Rennweg 58, Oetenbachgasse 26**__Zum Herkules, Wohn- und Geschäftshaus, 1875, A: Heinrich Ernst. 1978–80 Auskernung. Lit. KDM, Stadt Zürich II.II, S. 278.

[E5] **Rindermarkt 1**__Zum Grossen Pfau. **Rindermarkt 3**__Zum Weissen Täubli, zwei Vorgängerbauten, 1282, 1357 erstmals erwähnt. 1601 Um- oder Neubau. 1872 Ladenfront. Lit. KDM, Stadt Zürich III.II, S. 404 f. **Rindermarkt 5**__Zum Narren, Zur Farre, 1358 erstmals erwähnt. 1541 Umbau. Lit. KDM, Stadt Zürich III.II, S. 405.

Mit dem Auto in die Stadt

Die Visionen für den Eisenbahnverkehr konzentrierten sich zumeist auf die Vergrösserung der Kapazitäten des Hauptbahnhofs. Die Planungen für den Autoverkehr betrafen die ganze Stadt. Angefangen mit den weitgehend städtebaulich begründeten Strassendurchbrüchen durch die Altstadt bis zur Planung der leistungsstarken Expressstrassen ins Stadtzentrum: Ihre Umsetzung hätte das Bild der Zürcher Altstadt an vielen Orten grundlegend verändert.

Ein typischer Versuch, auf die starke Zunahme des motorisierten Individualverkehrs zu reagieren, bildet der Generalverkehrsplan von 1955. Sein Kernstück ist der so genannte City-Ring. Der Anspruch, auf Kreuzungen zu verzichten, führte an mehreren Orten zur Planung verwegener Kunstbauten, so beim Bellevue, am Bürkliplatz und beim Hauptbahnhof. Der Hauptbahnhof und mit ihm der gesamte Lauf der Sihl vom Sihlhölzli bis zum Platzspitz standen in den folgenden Jahren im Mittelpunkt der Diskussion um die Verknüpfung der Nationalstrassen A1 und A3. Diese Diskussion ist noch nicht beendet. (Thomas Meyer)

Generalverkehrsplan 1955. Modell des städtischen Tiefbauamts zur Strassenführung.

.... 7 .... 9 .... 11 .... 12 .... 14, 12, 8 ....

Rindermarkt 7__Zum Pilgrimstab, Zur Kante, hofseitiger Kern 13. Jh., mittelalterliche Überbauung der Parzelle mit zwei Häusern. 1801 Zusammenlegung von Pilgrimstab und Kante. Vermutl. 1861 Fassadengestaltung. Lit. Stiftung Baukultur, Zürich (Hrsg.), Abbruchobjekt Rindermarkt 7: Seine Rettung, Zürich 1995; KDM, Stadt Zürich III.II, S. 405 f. Siehe auch Stüssihofstatt 11. **Rindermarkt 9**__Zur Sichel. Im 14. Jh. erstmals erwähnt. 14.–16. Jh. Wandmalereien. Lit. KDM, Stadt Zürich III.II, S. 406 f. **Rindermarkt 11**__Zum Seckel, 1357 erstmals erwähnt. 16. Jh. Aufstockung. Ausstattung aus dem 17. Jh. Lit. KDM, Stadt Zürich III.II, S. 407 f. **Rindermarkt 12**__Zum Judenhut, heute Restaurant Oepfelkammer, undat.

STADTRAUM HB

PROJEKT FÜR DIE ZUKUNFT

HB Südwest und Eurogate

In den 1960er-Jahren begannen die Planungen zum Neubau und zur Erweiterung des Hauptbahnhofs. Der Hauptbahnhof von 1865–1871 sollte abgebrochen werden und die wohl besterschlossene Lage der Schweiz durch Neubauten eine angemessene Nutzung erhalten. Nachdem die ersten Projekte scheiterten, schrieben die Schweizerischen Bundesbahnen (SBB) einen Wettbewerb für eine Nutzungskonzentration über dem Gleisfeld aus, bei gleichzeitigem Erhalt des Hauptbahnhofs. Auf der Basis des erstrangierten Projekts von Ralph Bänziger, Claudia Bersin & Jakob Schilling stimmte die Bevölkerung 1988 dem Gestaltungsplan «HB Südwest» an der Urne zu. Daraus entstand im Lauf der Jahre das Projekt «Eurogate», das 1996 als Bauprojekt eingereicht wurde.

Das «Kopfstück» der Bahnhofstrasse basiert auf der städtebaulichen Planung des ausgehenden 19. Jahrhunderts. (Foto E. Spelterini, 1902)

Neben der Gleisüberbauung sah das Projekt entlang der Lagerstrasse grosse Wohnbauten des Architekten Mario Campi vor. Nach schwierigen Verhandlungen der Stadt und der SBB mit den Investoren und nach ausführlichen Diskussionen in der Öffentlichkeit wurden diese Planungen 2001 ad acta gelegt und die Entwicklungsgesellschaft aufgelöst. Trotzdem: Die heutigen werkseigenen Nutzungen der SBB sind für diese zentrale Lage unpassend. Das Gebiet soll seiner Lage entsprechend genutzt werden.

Neubeginn: Stadtraum HB

In einem gemeinsamen Planungspro-
zess erarbeitete die Stadt mit den SBB
und der Post ab 2002 ein städtebau-
liches Entwicklungskonzept als Basis für
einen neuen Gestaltungsplan. Drei Ar-
chitektenteams – darunter das Büro von
Kees Christiaanse – entwarfen Lösungs-
ansätze, die im Dialog mit einem Be-
gleitgremium die Rahmenbedingungen
zum Gestaltungsplan stellten. Im Gegensatz zu den Grossprojekten «HB Südwest» und «Eurogate» strebt dieser eine
Entwicklung an, die in Etappen realisiert werden kann. Eine qualitätsvolle
Quartiererweiterung, die Bezug nimmt
auf die angrenzenden Stadtstrukturen,
wird dadurch möglich. Dieses kontinu-
ierliche Wachstum – aus Investorensicht
in gut verdaubaren Portionen – ist da-

durch auch stadtverträglich und abge-
stimmt auf verschiedene weitere
Projekte im Umfeld des Hauptbahnhofs
wie etwa den Durchgangsbahnhof
Löwenstrasse, die Umnutzung des Kaser-
nenareals und die Erweiterung des
Landesmuseums.

Als erstes Projekt steht die Umnutzung
der Sihlpost im Vordergrund, da der Betrieb Anfang 2008 nach Schlieren (Post
Mülligen) ausgelagert wurde. Die Stadt
einigte sich mit dem Kanton Zürich darauf, dass die Sihlpost der neue Standort
der pädagogischen Hochschule sein
wird. Sieger des Architekturwettbe-
werbs zur Umnutzung und Erweiterung
der Post war das Architekturbüro Max
Dudler. Den zweistufigen Wettbewerb

Mit Rücksicht auf die bestehenden Quartiere entwickelt sich Zürich weiter.
(Stadtraum HB, KCAP Architects and Planners, Rotterdam, 2004)

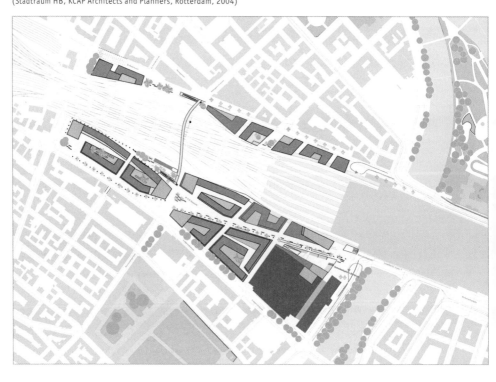

Das Planungsgebiet (Blick gegen Westen). (Foto 2006)

Volumenstudie Stadtraum HB im Stadtmodell (M 1:1000)

über die öffentlichen Räume des ganzen
Stadtraums HB gewannen die Land-
schaftsarchitekten Rotzler & Krebs.

Die Stadt Zürich bestimmt mit der Defini-
tion der Randbedingungen, der Begleitung
der Verfahren und der anschliessenden
Umsetzung massgeblich die Aufenthalts-
qualität der Plätze und Strassenzüge.
Diese werden gesäumt von öffentlich zugänglichen Nutzungen wie Läden, Cafés,
Restaurants, die für einen lebendigen
Quartiercharakter sorgen. Der neue Stadtteil erhält dadurch eine klare Prägung,
die Vernetzung mit den angrenzenden
Kreisen 4 und 5 wird verbessert. Der
Gestaltungsplan bestimmt über städtebauliche Regeln die Integration der
neuen Bauten in die angrenzenden
Quartiere: Maximale Dichte, Traufhöhen,

Mantellinien, Schattenwurf, Gebäude-
gliederung, Hochhaus-Positionen, usw.
Für die Menschen, die im neuen Stadtteil
leben und arbeiten, sollen vor allem im
Erdgeschoss publikumsnahe Nutzungen
angeboten werden. Damit entsteht
sowohl tagsüber als auch abends ein
sicherer öffentlicher Raum. Eine Grundlage für die Belebung des neu bebauten
Areals rund um die Uhr ist darüber
hinaus der minimale Wohnanteil von
40 Prozent auf einem grossen Teil des
Areals. Durch die Öffnung der heute
weitgehend abgeschlossenen SBB- und
Post-Areale ergeben sich aus den Kreisen
4 und 5 neue Zugänge zum Hauptbahnhof. So wird beispielsweise die Langstrasse durch die künftige Entwicklung
besser mit der Innenstadt vernetzt.

Durchmesserlinie

Eine neue Bahnlinie wird künftig Altstetten und Wiedikon im Westen mit dem Bahnhof Oerlikon im Norden verbinden. Diese Durchmesserlinie führt unter dem Hauptbahnhof hindurch, wo ein zweiter Durchgangsbahnhof entsteht. Die projektierte Linie unterquert von dort aus die Limmat und führt in einem grossen Bogen durch den Weinbergtunnel nach Oerlikon. Mit vier Gleisen und zwei 420 Meter langen Perrons ermöglicht der Bahnhof den Ausbau des S-Bahn- und des Fernverkehrsangebots. Grosszügige Rolltreppen und Lifte

verbinden die Perrons mit den darüber liegenden Querpassagen Löwenstrasse, Gessnerallee und Sihlquai. Auf der Höhe der Gessnerallee entsteht eine neue Gleisunterführung zum Landesmuseum. Das Shopville wird bis zu dieser Passage erweitert. Nach dem Bau der Durchmesserlinie und dem Durchgangsbahnhof beginnt der Rückbau des heutigen, provisorischen Bahnhofs Sihlpost.

(Peter Noser)

Verlauf der neuen Bahnachse mit dem Durchgangsbahnhof Löwenstrasse. (Grafik AfS)

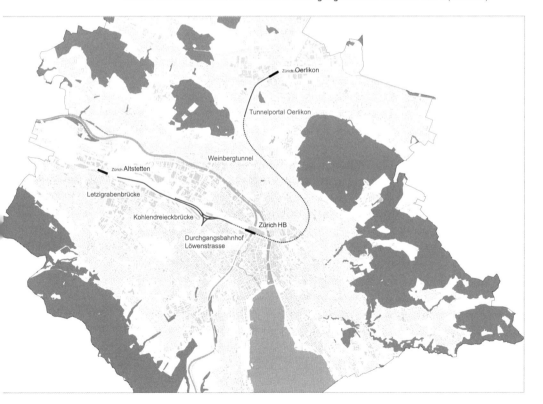

ZÜRICH WIRD GROSSSTADT

1893–1914

BELLE EPOQUE (1893–1914)

Die Stadtvereinigung 1893

Mit der schnellen Verstädterung des 19. Jahrhunderts war Zürich buchstäblich über sich selber hinausgewachsen. In der alten Stadt, dem heutigen Kreis 1, wuchs die Bevölkerung zwischen 1800 und 1894 um das Dreifache, von 10 000 auf 28 000 Personen. Immer dichter wohnten die Menschen in den engen Altstadtgassen. Den grössten Teil des Bevölkerungswachstums nahmen jedoch die selbständigen Vororte auf. Das verstädterte Siedlungsgebiet bedeckte schon in den 1880er-Jahren ein Vielfaches der Fläche der Altstadt, es fehlte jedoch an koordinierter Planung und Verwaltung dieses Raums. Wachsende soziale Ungleichheit prägte die expandierende Stadt: Die katastrophale Armut in den Arbeitervororten, vor allem in Aussersihl, gab den Anstoss zur Eingemeindung. Am 1. Januar 1893 vereinigten sich Stadt und Vororte zu einer Grossstadt mit über 100 000 Einwohnerinnen und Einwohnern.

Ballonaufnahme von E. Spelterini. (Foto 1903)

Rindermarkt 13–23 ······· 13 ···················· 14 ···················· 14 ··················· 19 ···················· 20–14

[E5] **Rindermarkt 13**__Zum Schwarzen Amboss, römerzeitliche Siedlungsspuren, Mitte 13. Jh. dreigeschossiges Steinhaus. 1305/06 Erweiterung. 1556 und Mitte 17. Jh. Aufstockungen. Lit. KDM, Stadt Zürich III.II, S. 408. **Rindermarkt 14, Leuengasse 13**__Zum Palmbaum, undat. **Rindermarkt 15**__Zur gelben Gilge, undat. 1836, 1863 prägende Umbauten. Um 1900 Ladeneinbau. Lit. KDM, Stadt Zürich III.II, S. 409 f. >S. 213 **Rindermarkt 16, Leuengasse 15**__Zum Ritter St. Georg, Bausubstanz 13. Jh., erstmals 1357 erwähnt. >S. 213 **Rindermarkt 17**__Zum grossen Steinbock, ehem. zwei Gebäude, 1467 erstmals erwähnt, 1682 zusammengeführt. 1903 Erdgeschossfront. Lit. KDM, Stadt Zürich III.II, S. 410. **Rindermarkt 18**__ Zum goldenen Apfel, viergeschossiger Wohnturm erste Hälfte 13. Jh. Um 1550 Aufstockung. Lit. KDM, Stadt Zürich III.II, S. 410–412. **Rindermarkt 19**__Zum Giessfass, undat. **Rindermarkt 20**__Zum Greifen, 1954, A: Max Kopp.

Im erweiterten Gemeinwesen wurde die klassenkämpferische Arbeiterbewegung rasch zu einer mächtigen politischen Kraft. Mit der Stadtvereinigung wurde die Altstadt zum Kreis 1, und während sich rund um die Bahnhofstrasse ein reines Geschäftsquartier, die City, herausbildete, wurden die dicht überbauten und oft düsteren Gassen vor allem der rechtsufrigen Altstadt zum anrüchigen Wohngebiet der Unterschicht, der neu Zugewanderten, Emigranten, Künstler und Studierenden.

Hoch über der Altstadt bauten die Behörden – wohlweislich noch kurz vor der Eingemeindung mit ihren finanziellen Belastungen – einen Schulpalast von ungewöhnlichem Luxus: Das Mädchen-Schulhaus Hirschengraben (Hirschengraben 46). Der in London wirkende Zürcher Architekt Alexander Koch entwarf 1891 bis 1895 den giebelgekrönten Sichtbacksteinbau mit grossflächigen Fenstern, flankiert von niedrigen Turnhallenflügeln. Den besonderen Schmuck dieses ungewöhnlich grosszügigen Schulgebäudes bildet bis heute die mit reichen, von exotischer Phantasie belebten Schnitzereien ausgestattete Aula im Dachgeschoss.

Mädchen-Schulhaus Hirschengraben, 1891–95. (Foto 1895)

········ 21 ···························· 24 ···················· 24 ··················· 26 ················· 26   Rollengasse ·· 4

Rindermarkt 21__Zur Armbrust, spätes 13. Jh. Bau und Erweiterung. 19. Jh. Aufstockung. Lit. KDM, Stadt Zürich III.II, S. 412 f. **Rindermarkt 23**__Siehe Froschaugasse 1. **Rindermarkt 24**__Zum Rechen, Bausubstanz frühes 13. Jh. Um 1900 Umbau. Lit. KDM, Stadt Zürich III.II, S. 414.
Rindermarkt 26__Zum Langen Keller, Teil des Komplexes Grimmenturm, Bausubstanz 13. Jh. Im 14. Jh. Wandmalereien (heute im Schweiz. Landesmuseum). Lit. KDM, Stadt Zürich III.II, S. 414–417.
Siehe Spiegelgasse 29. > S. 54, 62

[D5] **Rollengasse 4**__Siehe Wohllebgasse 11.

Späthistorismus

Die Eingemeindung von 1893 fiel in eine Periode optimistischer Hochkonjunktur und weckte grosse Erwartungen in die Zukunft. Politik und Behörden stellten sich auf den grösseren Massstab der Stadt ein, Bauprojekte in ungewohntem Massstab veränderten in wenigen Jahren die Topografie des Stadtzentrums. Die hochgemute Stimmung der Belle Epoque fand ihren Ausdruck im dekorationsfreudigen Stil des Späthistorismus. Die Häufung von baulichem Schmuck wie Säulen, Pilaster, geschwungenen Balkonen und schweren Fensterverdachungen, Kuppeln und Türmchen brachte nicht nur das wirtschaftliche Selbstbewusstsein der Nutzer zum Ausdruck, sondern ebenso den kommerziellen Konkurrenzkampf der Ersteller, oft Baufirmen oder private Spekulanten.

Die letzte Baulücke am Bahnhofplatz besetzten 1892–1895 der Architekt Adolf Asper und die Bauunternehmung Baur mit dem Haus «Du Nord» (Bahnhofplatz 1), einem Wohn- und Geschäftshaus für höchste Ansprüche. Die zwei rustizierten Sockelgeschosse dienen geschäftlichen Nutzungen. Karyatiden tragen das Gurtgesims, über dem die mit Kolossalpilastern ausgezeichneten Wohngeschosse aufsteigen. Die Risalite endeten ursprünglich in kecken Türmchen, die Ecken zum Platz sind turmartig gerundet.

Späthistorismus am Bahnhofplatz. Haus «Du Nord», 1892–95. (Foto 1906)

Römergasse 3–7 ············· 5 ················· 7 ················· 7, 9 ················· 9, 11 ················· 11

[E6] **Römergasse 2–4__**Zur Rose (Nr. 4), undat. Siehe auch Limmatquai 34–38. **Römergasse 3__**Zum Roten Turm, viergeschossiger Turmbau um 1200. Seit 1945 Teil des Zunfthauses zur Zimmerleuten. Siehe auch Limmatquai 40. **Römergasse 5__**Zur Vorderen Rose, frühes 13. Jh. Anbau an Römergasse 3. 15./16. Jh. Erweiterung zur Gasse. Lit. ZD 1969–79, 3. Teil, S. 94 f.; KDM, Stadt Zürich III.II, S. 107.
Römergasse 7, 9__ Zum Unteren Deutschen Haus (Nr. 7), Zum Oberen Deutschen Haus (Nr. 9), Bausubstanz aus dem späten 12./frühen 13. Jh. Bis 1530 eine bauliche Einheit. Lit. ZD 1974–79, 2. Teil, S. 45; KDM, Stadt Zürich III.II, S. 107 f. **Römergasse 11__**Zum Römer, vermutl. spätes 13. Jh.

Im Umfeld der Bahnhofstrasse entstanden um 1893 bereits die ersten Geschäftshäuser, die nur Läden und Büros, aber keine Wohnungen enthielten: So das Haus «Metropol». Der grossstädtische Architekt Heinrich Ernst erbaute 1893 dieses Bürohaus (Börsenstrasse 10) nach amerikanischem Muster als Stahlskelett-Konstruktion mit tragenden Pfeilern und vorgehängter Glasfassade, deren erkerartige Ausbuchtungen einerseits Licht in die Tiefe der Büros bringen, anderseits der Fassade einen barocken Schwung verleihen, der sich in der üppigen Dekoration der Dachzone fortsetzt.

Moderne Verwaltungsbauten

Die Behörden der eingemeindeten Stadt Zürich übernahmen im Sinn einer modernen Leistungsverwaltung auch neue öffentliche Aufgaben wie die Modernisierung der Schule, eine aktive Gesundheits- und Sozialpolitik, die Stadtplanung für den erweiterten Raum der Stadt und die Führung der industriellen Betriebe (Gaswerk, Wasserversorgung, Abwasseranlagen). Das erforderte eine wesentlich vergrösserte, professionalisierte Verwaltung, die entsprechenden Raum benötigte. Das 1898–1901 von Gustav Gull erbaute Stadthaus (Stadthausquai 17), ein moderner Verwaltungsbau in den Architekturformen

Chicago-Stil. Haus «Metropol», 1893. (Foto um 1905)

Rosengasse 3, 5, 7 ················· 6 ····························· 6, 10 (hofseitig)   Rössligasse 3–7, 9 ············ 3, 5, 7 ··············· 7, 9 ····

[E5] **Rosengasse 3**_Zur Kleinen Rose, vor 1352. 1610 Umbau und vermutl. Aufstockung. 1861–63 Aufstockung durch Willhelm Waser. **Rosengasse 5**__Zur Rose, um 1400. **Rosengasse 6**__Zum Kleinen Regenbogen, um 1250 als Annex von Rosengasse 8. Aufstockung in Fachwerk im 16. Jh. Umbau 1875. Lit. KDM, Stadt Zürich III.II, S. 163 f. **Rosengasse 7**__Zum Höfli, undat.

[E6] **Rössligasse 3**__Zum Weissen Kreuz, mittelalterliche Bausubstanz. 19. Jh. Erneuerung Südfassade. **Rössligasse 5**__Zur Glocke. Kernbauten erste Hälfte 13. Jh. Um 1300 Erweiterung und Auskernung. Um 1510–30 Wandmalereien. 19. Jh. Aufstockung. Lit. KDM, Stadt Zürich III.II, S. 61 f. **Rössligasse 7**__Zum Glätteisen, heute Hotel Rössli, Kernbau 12./13. Jh. Mitte 13. Jh. Erweiterung. 1320/30 bedeutende Wandmalereien. Umbauten 19./Anfang 20. Jh. Neubau unter Belassung der Fassaden 1985–89. Lit. KDM, Stadt Zürich III.II, S. 62 f.

altdeutscher Gotik und Renaissance, war dazu ein erster Schritt. Die Suche nach einem neuen, noch repräsentativeren Verwaltungszentrum konzentrierte sich bald auf den Hügel des Oetenbachklosters am nördlichen Fuss des Lindenhofs (siehe S. 59).

Die Planung der städtischen Amtshäuser durch Gustav Gull, der 1895–1900 als «planender» zweiter Stadtbaumeister wirkte, war mit einem tief greifenden Umbau der Innenstadt verbunden, mit einer neuen Verkehrsachse quer durch die Altstadt. 1901 wurde der alte Sihlkanal zugeschüttet, seinem gekrümmten Lauf folgen die Urania- und Sihlstrasse bis zum Werdmühle- und Beatenplatz. 1904 und 1905 gruben sich Bagger durch den Moränenhügel des ehemaligen Oetenbachklosters, 1913 erfolgten der Brückenschlag der Rudolf-Brun-Brücke und der Durchbruch der Mühlegasse ins Häusergewirr der rechtsufrigen Altstadt. Die geschwungenen Strassenlinien und die Folge geschlossener Plätze waren die erste und wichtigste Verwirklichung des romantisch gestimmten «künstlerischen Städtebaus» nach Camillo Sitte in Zürich (siehe S. 172). Die 1902 bis 1914 erbauten Amtshäuser bilden zusammen mit der benachbarten, ebenfalls von Gustav Gull erbauten «Urania» die Krönung der neuen Stadtanlage. Die Realisierung des geplanten Höhepunkts in einem gewaltigen, rittlings über der Uraniastrasse

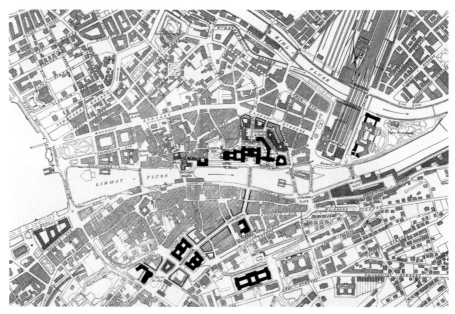

Plan für den Umbau der Innenstadt von Gustav Gull, 1905. (aus Schweizerische Bauzeitung, 1905)

Rössligasse···· 9   Rüdenplatz ········ 1 ························· 1 ··························· 2 ·····························

[E6]   **Rössligasse 9, Oberdorfstrasse 25__**Zum Weissen Adler, Wohnturm zweite Hälfte 12. Jh.
Ende 12./Anfang 13. Jh. Erweiterungsbau. Lit. ZD 1987/88, S. 25–28.

[E6]   **Rüdenplatz 1, Limmatquai 42__**Gesellschaftshaus zum Rüden, 1348/49. 1578 Umbau EG. 1659–64 grosser
Umbau (2. OG in Fachwerk, Erneuerung Ausstattung). 1732–57, 1886, 1936/37 Renovationen. Lit. KDM,
Stadt Zürich III.II, S. 78–91. > S. 64 **Rüdenplatz 2, Limmatquai 46__**Zur Kerze, Kernbau 13. Jh.,
1251/1284 erwähnt. 1548, 1858 Umbauten. Lit. KDM, Stadt Zürich III.II, S. 112–114. **Rüdenplatz 4__**
Zum Pflug, 1576 erkennbar auf Murerplan. 19. Jh. heutiges Erscheinungsbild mit Aufstockung.

[D4/E4]   **Rudolf-Brun-Brücke__**1904, A: Gustav Gull, I: Victor Wenner. 1991 Neubau in ähnlicher Form. Lit. KDM,
Stadt Zürich I, S. 169–177. > S. 42 > S. 166

projektierten Stadthaus konnte vor dem Ersten Weltkrieg nicht begonnen werden, was das Ende dieses Vorhabens bedeutete.

Kulturbauten

Im 19. Jahrhundert entwickelte sich das Gebiet zwischen Heimplatz und Bellevue zum Zentrum der bürgerlichen Kultur. Den Anfang hatte schon 1806 das von der Assemblée-Gesellschaft erbaute Casino (Hirschengraben 13) gemacht (siehe S. 107). 1834 öffnete das unmittelbar daneben gelegene «Aktientheater» in der ehemaligen Barfüsserkirche seine Pforten. Kultureller Höhepunkt war wohl die Uraufführung am 24. April 1852 von Richard Wagners Oper «Der fliegende Holländer» unter der Leitung des Komponisten. An Silvester 1889 brannte die alte Kirche nieder. Für den Neubau eines Theatergebäudes stellte die Stadt den Bauplatz unentgeltlich zur Verfügung und versprach 200 000 Franken an den zwei Millionen teuren Neubau; die verbleibende Finanzierung brachten Promotoren und Aktionäre der Theatergesellschaft, Leute aus dem gehobenen Bürgertum, mit privaten Mitteln auf. Mit dem Bau betraute man die berühmten Wiener Architekten Fellner und Helmer, welche von Hamburg bis Odessa Theater bauten. Diese konnten ein

Städtische Amtshäuser und «Urania», 1902–14. (Foto 1915)

Scheitergasse · 3, 5 ·········· 4 ············ 14, 12–8, 3, 5 ········· 8, 6, 4   Schienhutgasse 3, 5 ············ 6 ···················· 7

[F7/G7] **Schanzengasse 11, 17__**Siehe Promenadengasse 5. **Schanzengasse 25__**Eglise réformée française, 1900–02, A: Benjamin Recordon.

[E6] **Scheitergasse 3__**Wohnhaus, undat. **Scheitergasse 4__**Zum Handschuh, undat. **Scheitergasse 5__**Siehe Oberdorfstrasse 15. **Scheitergasse 6__**Zum Rebstöckli, undat. **Scheitergasse 8__**Zum Salzfass, undat. **Scheitergasse 10__**Zum Stiefel, undat. **Scheitergasse 14__**Zum blauen Egg, undat.

[E4/F4] **Schienhutgasse 3–5__**Wohnhäuser, 1853. **Schienhutgasse 6__**Pfarrhaus der Predigergemeinschaft, 1863. **Schienhutgasse 7__**Zum Oberen Berg, Bausubstanz vermutl. Anfang 17. Jh. Um 1923/24 prägender Umbau. **Schienhutgasse bei 7__**Brunnen, um 1700.

ursprünglich für Krakau vorgesehenes, aber nicht realisiertes Projekt aus der Schublade ziehen. Weniger als zwei Jahre nach dem Brand fand am 30. September 1891 die feierliche Einweihung des neuen Stadttheaters statt (heute Opernhaus, Theaterplatz 1). In den folgenden Jahren (1893–1896) bauten Fellner und Helmer auch die Tonhalle an der Claridenstrasse 7 auf einem Grundstück, das zwar in Luftlinie nur 500 Meter vom Stadttheater entfernt, aber jenseits des Schanzengrabens und damit nicht mehr auf dem Gebiet der Altstadt liegt. Während das Stadttheater mit seiner siebenachsigen Schaufassade dem Neubarock verpflichtet ist, war die Tonhalle dem damaligen Pariser Trocadéro nachempfunden. Die bis dahin bestehende Tonhalle auf der Sechseläutenwiese wurde 1896 abgebrochen (siehe S. 114).

Ebenfalls knapp jenseits der Altstadtgrenze, doch mit seiner Hauptfassade dieser zugewandt, liegt das Schauspielhaus (Rämistrasse 32–36). 1884 eröffnete der Wirt und Bierbrauer Heinrich Hürlimann als Annex zu seinem Restaurant Pfauen das Floratheater. 1889 wich der Komplex dem heute noch bestehenden Häuserblock. Die Arealüberbauung der Architekten Chiodera und Tschudy umfasste neben dem Restaurant und Hotel Pfauen auch Ladenlokale und Geschäftsräumlichkeiten. Ein über zwei Stockwerke laufender

Bürgerliches Kulturleben vor dem Opernhaus. (Postkarte um 1925)

Schifflände · · · · · · 5 · · · · · · · · · · · · · · · · · 8 · · · · · · · · · · · · · · · · 10 · · · · · · · · · · · · · · · · · 10 · · · · · · · · · · · · · · 5, 18, 16, 12 ·

[E7/E6] **Schifflände 5__**Zum Raben, zwei mittelalterliche Wirtshäuser und Pilgerherbergen (Raben und Hecht), 1791 zusammengefasst. 1840er-Jahre Umbau (Ladenvorbauten, Aufstockung). Bis 1873 Gaststätte. 1980–85 Neubau unter teilweiser Belassung der Fassaden. Lit. ZD 1985/86, S. 46–51, 99–101. > S. 208, 232 **Schifflände 8__**Zum Mohrenkönig, undat. **Schifflände 10__**Zum Eggstein, undat. **Schifflände 12__**Zum Bilgerischiff, 1357 erstmals erwähnt. Anfang 19. Jh. klassizistische Umgestaltung des Vorbaus. 19. Jh. Fassadenumbau. Lit. KDM, Stadt Zürich III.II, S. 48 f. **Schifflände bei 12__**Brunnen am Hechtplatz, 1431 erster Brunnen, 1702–04 Neuanlage. 1760 Renovation. Lit. KDM, Stadt Zürich III.II, S. 32 f.

grosser Torbogen im Mittelrisalit der Hauptfassade führte in den Zuschauerraum des «Volkstheaters zum Pfauen». Neben Schwänken, Operetten und andern leicht anrüchigen Darbietungen wurden auch gesellschaftskritische Stücke von Ibsen und Hauptmann gegeben. Beides passte dem etablierten Bürgertum nicht. In der kurzen, aber heftigen Wirtschaftskrise von 1900/1901 musste der Pfauen schliessen. Auch das Stadttheater geriet in finanzielle Nöte, konnte sich aber mit Unterstützung der Stadt retten. Ab 1902 bespielte die Theater-Aktiengesellschaft unter der Ära Reucker auch den Pfauen, der ab 1926 unter einem neuen Besitzer und Leiter in «Schauspielhaus» umbenannt wurde. Zum Ruin des Pfauentheaters von 1901 mag auch die Konkurrenz mit dem eleganteren «Corso» beigetragen haben (Theaterstrasse 10), einem 1900 eröffneten Varietétheater mit Restaurant, Tanzdiele und anderen Gesellschaftsräumen. Die Fassade, eine von Rokokoelementen umspielte Glasfront, wies auf das lockere und frivole Treiben im Innern hin. Das Konstruktionsprinzip, ein Stahlskelettbau, hatten die Architekten Stadler und Usteri kurz zuvor am Warenhaus Jelmoli erfolgreich erprobt.

1813 hatte die «Zürcher Künstlergesellschaft» das «Künstlergüetli» erworben, das 100 Jahre später dem Neubau der Universität weichen musste. 1895 eröffnete die

Varieté-Theater im Rokokostil. Das «Corso», um 1900. (Foto 1900)

···· 5, 8, 16, 12 ················· 22 ···················· 22 ························· 30 ···················· 32, 30 ···········

Schifflände 16__Zum Goldenen Leu, Zum Goldenen Rössli, urspr. vier Einzelbauten, 1357 erstmals erwähnt. 16. Jh. diverse Umbauten. Lit. KDM, Stadt Zürich III.II, S. 49. **Schifflände 22**__Zum Schaf, ehem. Zunfthaus zur Schneidern, undat., urspr. fünf Häuser. 1535 Erwerb durch Zunft. 1613, 1682 Umbauten. 1743/44 neuer Zunftsaal. 1862 Wirtshaus «Hecht» (Hauszeichen). Lit. KDM, Stadt Zürich III.II, S. 50–52. **Schifflände 30**__Zum Rössli, undat. **Schifflände 32**__Ehem. Zunfthaus zur Schiffleuten, Bau vor 1337. 1425 Erwerb durch Zunft zur Schiffleuten. 1771–73 und 1783–85 Umbau von Hans Konrad (I) Bluntschli. Um 1870 Umbau der unteren beiden Geschosse zu Geschäftszwecken. Lit. KDM, Stadt Zürich III.II, S. 52–54. >S. 65, 69

[F8] **Schillerstrasse 1**__Siehe Theaterplatz 1. **Schillerstrasse 2**__Siehe Falkenstrasse 11–13.

Konkurrenzgesellschaft «Künstlerhaus Zürich» eine bescheidene Galerie an der Ecke Talgasse/ Börsenstrasse. Ein Jahr später fusionierten die beiden Vereine zur «Zürcher Kunstgesellschaft», die den Bau des Kunstmuseums (Heimplatz 1) an die Hand nahm. Eine finanzielle Beteiligung der Stadt nahm erst im zweiten Anlauf 1906 die Hürde bei der Stimmbevölkerung. 1907–1910 gelangte das Projekt von Karl Moser zur Ausführung. Einer um die Jahrhundertwende neuen Architekturauffassung entsprechend wirkt der Bau durch seine Massengliederung: Dem mächtigen Kubus des Haupttrakts ist eine tempelartige Eingangshalle vorgelagert, der niedrigere Quertrakt mit abgeschrägten Ecken fasst die Einmündung zur Rämistrasse. Die Jahrzehnte dauernde Gestaltung des Heimplatzes fand damit ihren vorläufigen Abschluss (1836 Rämistrasse und Zeltweg, 1871/1872 Hottingerstrasse, 1875 Heimstrasse, 1883 Denkmal für Ignaz Heim, 1888–89 Pfauenkomplex, 1880 und 1901 Kantonsschul-Turnhallen; zur aktuellen Entwicklung siehe Seite 186 ff.).

Neben der «Kulturmeile» in der Nachbarschaft der wohlhabenderen Quartiere am See und am Hang des Zürichberges entwickelte sich ein zweites Zentrum des Kultur- und Vergnügungsbetriebs beim Bahnhof, dem Ort der besten Erreichbarkeit: das Landesmuseum

Kunsttempel der frühen Moderne. Kunsthaus am Heimplatz. (Foto 1911)

Schipfe ···· 1, 3 ············· 1 ················ 2 ··············· 1, 2, 8 ··············· 3 ················ 4, 2 ························· 6 ···

[D5/D4] **Schipfe 1, Weinplatz 8, 9, 10__**Zum Schwert, ehem. Schwertturm-Komplex, vorderer Schwertturm 1265 erstmals erwähnt. Vor 1392 Bau des hinteren Schwertturms. 1344/45 Ständerbau über Wasser. Seit 1406/21 Gasthof zum Schwert. 1763, 1852 prägende Umbauten. Lit. KDM, Stadt Zürich II.II, S. 172–182. **Schipfe 2__**Zum Steg, Kernbau frühes 13. Jh. 1730/31 Neubau, limmatseitige Erweiterung. 1883 Umbau und neue Fassadengestaltung. Lit. KDM, Stadt Zürich II.II, S. 188–192. **Schipfe 3__**Wohnhaus, undat. 1872 Umbau von Theodor Bartholomäus Geiger. **Schipfe 4, 6__**Zum Goldenen Schaf (Nr. 4), Zum Rosenkranz (Nr. 6). Nr. 4: Um 1500 Vereinigung dreier mittelalterlicher Häuser. 16./17. Jh. Erweiterung und Aufstockung. 1880 Ladeneinbau. Nr. 6: Um 1500 Vereinigung zweier mittelalterlicher Häuser. 16./17. Jh. Um- und Ausbauten. Lit. ZD 1985/86, S. 120–124; 1987/88, S. 132–134.

(Museumstrasse 2) und die neuartigen Lichtspieltheater. Die Auseinandersetzung um das Landesmuseum, für das sich mehrere Städte bewarben, gewann schliesslich Zürich. 1892–1898 erbaute Gustav Gull hinter dem Bahnhof ein historistisches Märchenschloss, dessen Stilpluralismus zwischen Gotik und Renaissance auf das vielfältige Ausstellungsgut verweist. Im Ostflügel fand die Zürcher Kunstgewerbeschule samt Museum Aufnahme. Ferdinand Hodlers Entwurf zum Fresko «Rückzug von Marignano» löste 1897 beim konservativen Bürgertum einen Kunstskandal aus. Denn Hodler wich von der gängigen Art und Weise ab, wie die «heldenhaften Eidgenossen» bis anhin dargestellt worden waren.

Seit 1895 ist das Medium Film technisch ausgereift. Filme wurden vorerst aber lediglich an Jahrmärkten, Messen und in Varietés – unter anderem auch im Corso – vorgeführt. Die ersten permanenten Kinos nahmen 1907 in der Nähe des Hauptbahnhofs ihren Betrieb auf. Es waren meist kurzlebige, behelfsmässig eingerichtete Spielstätten in ehemaligen Ladenlokalen. Der wichtigste Pionier war Jean Speck. Er gründete nach seinem ersten «Kinematographentheater», das von 1907–1911 existierte, vier weitere Kinos, so auch 1913 das «Orient» im Haus «Du Pont», das mit seinen 700 Plätzen der erste üppig ausgestattete Filmpalast war (Bahnhofquai 7).

Foyer des Kinos «Orient» im Haus «Du Pont», um 1920. (Foto um 1920)

10, 12, 16 · · · · · · · · · · · · · · 10 · · · · · · · · · · · · · · · · · 16 · · · · · · · · · · · · · · · · · 19 · · · · · · · · · · · 25 · · · · · · · · · · · · · · · 25 · · · · · · · · · · · · 26, 24 · · · ·

Schipfe 8__Zur Muschel, turmartiger Kernbau Mitte 13. Jh. 1782 Erneuerung der Fundamente, Erweiterung bis Gassenflucht. Zweite Hälfte 19. Jh. neue Fassadengestaltung. Lit. ZD 1985/86, S. 120–124; 1987/88, S. 132–134; KDM, Stadt Zürich II.II, S. 188 f. **Schipfe 10–16**__Urspr. Gebäude mit Wasserrad, vermutl. Anfang 18. Jh. 1842, 1874 Erweiterung. Lit. ZD 1987/88, S. 134 f. **Schipfe 19**__Siehe Wohllebgasse 7. **Schipfe 21**__Zum Schwarzen Bär, undat. **Schipfe 23**__Zum Gelben Leu, undat. **Schipfe 25**__Zur Vorderen Badstube, Zum Pelikan, 13./14. Jh. Um 1636, 1647 Umbauten aufgrund Nutzungsänderung von Badbetrieb zu Textilfabrikation. 1884 Aufstockung, klassizistische Gestaltung der Fassaden und kleine Sternwarte auf dem Dach. Lit. ZD 1991/92, S. 108–112; KDM, Stadt Zürich II.II, S. 192–196. > S. 220 f. **Schipfe 24–26**__Zum Kleinen Luchs (Nr. 26). Nr. 24: Wohnhaus, vor 1812. Nr. 26: Wohnhaus mit Werkstatt, 1836.

Entwicklungsgebiet Walche

Mit dem Auszug der Firma Escher Wyss nach 1890 entstand an der Walche die erste grosse Industriebrache der Stadt (siehe S. 108). In die alten Anlagen mieteten sich Zwischennutzer ein. Das Schlachthaus der Stadt blieb mitten im Konglomerat des ehemaligen Industriekomplexes bestehen.

In einer Skizze von 1900 legte Gustav Gull bereits alle wesentlichen Elemente für den Wandel fest. Die Walchestrasse als zentrale Erschliessungsachse und Verbindung zwischen einer neuen Limmatbrücke und der Stampfenbachstrasse wird begrenzt von zwei gleichen, in Bezug zur Strassenachse gegeneinander versetzten Plätzen. Die geschwungene Linienführung entspricht jedoch nicht den Vorstellungen des Verkehrsingenieurs, sondern verweist auf das neue Paradigma des Städtebaus «nach seinen künstlerischen Grundsätzen» von Camillo Sitte (1889). Dabei spielen allseitig geschlossene Plätze als Auffangbecken des Blicks und des Verkehrsflusses eine wichtige Rolle.

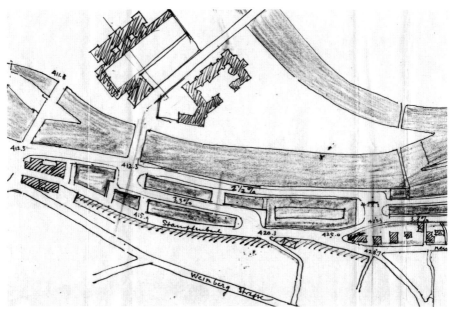

Künstlerischer Städtebau. Bebauungsskizze für die «Walche» von Gustav Gull, 1900.

Schipfe ··· 31, 33 ················· 33 ····················· 30 ················ 32, 30 ························· 16, 39, 41, 43, 45, 49, 51, 24–26 ·····

[D5/D4] **Schipfe 27**__Zur Hinteren Badstube, vermutl. 15. Jh./16. Jh. Um 1621 Aufstockung. In der Barockzeit Verputz der Holzfassade. Spätes 19. Jh. zeitgemässe Fassadengestaltung. Lit. ZD 1991/92, S. 112–114; KDM, Stadt Zürich II.II, S. 192–196. **Schipfe 29**__Zur Kleinen Badstube, vermutl. 16. Jh. In der zweiten Hälfte 17. Jh. Aufstockung. Zwischen 1790–1825 heutiges Erscheinungsbild. Lit. ZD 1991/92, S. 112–114; KDM, Stadt Zürich II.II, S. 192–196. **Schipfe 30–32, 57, Uraniastrasse 1**__Zum Wollenhof, 1567 erstmals erwähnt. Um 1600 Umbau. 1828 Erweiterung. 1939 Umbau und Wandgemälde von Wilhelm Hartung. Lit. ZD 1970–74, 1. Teil, S. 253f. > S. 80 **Schipfe 31, Wohllebgasse 3**__Zum Lachs, ab 1565 Entstehung des Wohnensembles. Nach 1594 Umbau (Nr. 30, 32). Im 17./18. Jh. Ausbau des Ensembles durch Erwerb und Neubau von Nrn. 53, 57, 59. Lit. KDM, Stadt Zürich II.II, S. 205–209.

1910–1912 entstand auf dem Areal der ehemaligen Maschinenfabrik das Kaspar-Escher-Haus (Neumühlequai 8–12), ein imposantes Handels- und Geschäftshaus. Seit 1920 ist es Teil der kantonalen Verwaltung. Ebenfalls 1910–1912 bauten die Gebrüder Pfister und die Ingenieurfirma Locher die Walchebrücke mit einem Brückenhäuschen am Eingang zum Platzspitz. 1915 liess die Stadt den Schlachthof abbrechen, nachdem sie den Betrieb 1909 in den Neubau in Aussersihl verlegt hatte. Erst in der Zwischenkriegszeit liess der Kanton die grossen Verwaltungsbauten errichten, die heute die Walchestrasse säumen.

Strassenbahn und Stadtstruktur

1894 fuhr die erste elektrische Strassenbahn, das «Hottinger-Tram», vom Bellevue nach der Burgwies. Ein Jahr später folgte die Zentrale Zürichbergbahn vom Bellevue zur Kirche Fluntern und zum Rigiviertel. Beide Gesellschaften mussten in der Frühzeit den Strom mit eigenen thermischen Kraftzentralen erzeugen. Das städtische Kraftwerk im Letten, das 1893 den Betrieb aufgenommen hatte, lieferte vorerst nur Strom für die Beleuchtung. Weitere Strecken entstanden in rascher Folge. Bis um 1914 war das

Büro statt Industrie. Kaspar-Escher-Haus am Neumühlequai, 1912. (Foto 1912)

··· 33 ·············· 41 ············· 41, 43, 45 ············· 49 ············· 51 ············· 41, 43, 45, 49, 51, 24–26 ···

Schipfe 33__Druckereigebäude, um 1800. 1855 Neubau. Lit. KDM, Stadt Zürich II.II, S. 196 f. **Schipfe 39**, **Fortunagasse 4**__Zur Fortuna, Zu den vier Winden, mittelalterliche Bausubstanz. Im 16. Jh. prägende Baumassnahmen. Ausstattung aus dem 18. Jh. 1876 Wandbrunnen. Lit. KDM, Stadt Zürich II.II, S. 183, 197–200. **Schipfe 41**__Wohnhaus, 1726. **Schipfe 43**__Zum Fischgrat, mittelalterliche Bausubstanz. 1554 Neubau. Nach 1554 Wandmalerei. Vermutl. 1625 Aufstockung. **Schipfe 45**__Zum Steinböckli, mittelalterliche Bausubstanz. 1726 Neubau und Vereinigung mit Nachbarhaus (ehem. Schipfe 47). Lit. KDM, Stadt Zürich II.II, S. 201–204. **Schipfe 49**__Zum Grossen Erker, mittelalterliche Bausubstanz. Zwischen 1597 und 1628 namengebender Erker. Lit. KDM, Stadt Zürich II.II, S. 204 f. **Schipfe 51**__Zum Luchs, mittelalterliche Bausubstanz. 16.–18. Jh. Umbauten und Aufstockungen.

schienengebundene Nahverkehrsnetz im Wesentlichen vollendet, zu dem auf dem Gebiet der alten Stadt auch eine Standseilbahn und die Forchbahn gehören. Ein neuer Typ von Kleinbauten machte sich im Stadtbild bemerkbar: Wartehäuschen an den wichtigen Haltestellen, oft verbunden mit öffentlichen Toiletten, die man damals als Zeichen hygienischen Fortschritts nicht versteckte, sondern stolz präsentierte.

1896 übernahm die Stadt das Hottinger-Tram, ein Jahr später das «Rösslitram», das sie auf elektrischen Betrieb und Meterspur umstellte, 1898 baute sie ihre eigenen Strecken in der Innenstadt und ins Heuried. Während die ersten privaten Strecken die reicheren Quartiere erschlossen, also eine zahlungskräftige Kundschaft bedienten, verstand die Stadt das Tram als Massenverkehrsmittel und Instrument der Stadtentwicklung, insbesondere zur Erschliessung peripherer Gebiete für den Wohnungsbau. Der Ausbau der Strassenbahnen von rund 9 (1890) auf 61 Kilometer (1910) erschloss nicht nur neue Wohngebiete, er erhöhte zugleich die Erreichbarkeit des Stadtzentrums. Ebenso erleichterten neue Flussübergänge den Zugang zum Zentrum. Neben der Rudolf-Brun- und der Walchebrücke entstand in der gleichen Periode auch die Stauffacherbrücke von Gustav Gull und dem damals noch unbekannten Ingenieur und Brückenbauer Robert Maillart.

Elektrischer Nahverkehr. Polybahn und Tram am Seilergraben, um 1900. (Foto um 1900)

Schipfe ·· 53 ············· 59   Schlossergasse ··· 1, 3, 5 ·············· 3, 5, 7, 9 ···················· 2 ························· 3 ····

[D5/D4] **Schipfe 53**__Wohnhaus, undat. Bereits 1738 auf Ulinger-Vedute in heutiger Form dargestellt. 19./20. Jh. vier grössere Umbauten. Lit. ZD 2003–06, S. 90. **Schipfe 59**__Ehem. Gartenhaus, 1828. Lit. KDM, Stadt Zürich II.II, S. 208f. Siehe auch Schipfe 30, 32.

[E6] **Schlossergasse 1, 3**__Zum Totengräberhaus (Nr. 1), Zum Steinhammer (Nr. 3), ehem. Kleinhandwerkerhäuser, im 14. Jh. erstmals erwähnt. Im dritten Viertel 16. Jh. Aufstockungen. Lit. ZD 1985/86, S. 124–126. **Schlossergasse 2, Neustadtgasse 6**__Zur Weissen Gilge, undat. **Schlossergasse 4, Frankengasse 11**__Zum Goldenen Kleinod, mittelalterliche Bausubstanz. 17. Jh. Aufstockung. **Schlossergasse 5**__Zur Rose, mittelalterliche Bausubstanz. 1609, 17. Jh. Aufstockung, Anbau. Lit. ZD 1995/96, S. 155 f.; KDM, Stadt Zürich III.II, S. 255.

Die erhöhte Attraktivität der Innenstadt, insbesondere für Dienstleistungsunternehmen, liess die Grundstückpreise in die Höhe schnellen. Steigende Mieten auf der einen Seite, die Möglichkeit, der Dichte innerstädtischer Quartiere zu entkommen, auf der anderen führten zu einem deutlichen Rückgang der Bevölkerung im Kreis 1. Zwischen 1894 und 1910 nahm sie um rund 3000 Personen oder 10 Prozent auf ca. 25 000 Personen ab (im Jahre 2000 betrug die Wohnbevölkerung noch 5800 Personen).

Das Bürohaus als neuer Typus

Die Citybildung, das heisst die Verwandlung der Innenstadt von einem gemischten Wohnquartier in ein Geschäfts- und Verwaltungszentrum, brachte die Umwandlung grossbürgerlicher Wohnungen in Büros mit der typischen Einrichtung von Schreibmaschinen, Telefonen und Stehpulten. Sie fand aber auch ihren eigenen architektonischen Ausdruck in neuen Gebäudetypen wie dem Bürogebäude oder dem Warenhaus. Für deren Grösse und wandelbare Funktion fanden Architekten erstaunlich moderne konstruktive Lösungen, zunächst in Stahlskelettkonstruktionen, nach 1900 auch in

Tramwartehalle am Pfauen von Stadtbaumeister Friedrich Fissler, 1911. (Foto 1911)

10, 8, 6 ················· 10–6, 1–9 ················· 12, 10 ····· Schlüsselgasse 4, 2, 3 ····· 6 ················· 8 ················· 8 ·········

Schlossergasse 6, Frankengasse 13__Zur Reblaube, 1714 erstmals erwähnt. **Schlossergasse 7**__Zum Rebstöcklein, undat. **Schlossergasse 8, Frankengasse 15**__Zum Fälkli, nach 1576. **Schlossergasse 9**__ Wohnhaus, 1856. **Schlossergasse 10**__Zum Kleinen Falken, undat. **Schlossergasse 12**__Zum Schafskopf, 1535.

[D6/D5] **Schlüsselgasse 2**__Siehe Storchengasse 9. **Schlüsselgasse 3**__Zum Hohen Brunnen, Kernbau vor 1300. Im 14. Jh. Umbau, Erweiterung und Aufstockung zum fünfgeschossigen Steinhaus. Im 17. Jh. Umbau und Renovation. 1750 Instandstellung und Barockisierung. Um 1861 Umbauten und Sanierungen. Lit. ZD 1987/88, S. 29–32; KDM, Stadt Zürich II.II, S. 139f. **Schlüsselgasse 6**__Siehe Storchengasse 13. **Schlüsselgasse 8**__Zum Schlüssel, 1325 erstmals erwähnt. 1934–36 Umbau zum Restaurant. Lit. KDM, Stadt Zürich II.II, S. 140.

Eisenbeton. Die Geschäftshäuser gehören zu den interessantesten Bauten der Jahrhundertwende in der Innenstadt, da sie stets der aktuellsten Entwicklung der Architektur folgten. Von unbefangener Modernität zeugt das Warenhaus Jelmoli (Sihlstrasse 4–6), von den Architekten Stadler & Usteri 1898 aus Stahl und Glas erbaut. Hier sind keine massiven Pfeiler mehr sichtbar, eine glatte Fläche bildet die Hülle des Gebäudes, der (später entfernte) barocke Schmuck zog sich ganz in die Dachzone zurück. Die Fülle der Warenwelt im Inneren strahlte über die grossen Fensterflächen auf die belebte Strassenkreuzung und übte ihren Sog auf kauflustige Passantinnen und Passanten aus. Im Warenhaus mit seinen Höfen, Treppen und basarartigen Verkaufsständen war das Einkaufen als Erlebnis inszeniert.

Im benachbarten Warenhaus Brann (Bahnhofstrasse 75, heute Manor) gaben die Architekten Pfleghard & Haefeli 1911 den neuen Konstruktionsmöglichkeiten in Eisenbeton Ausdruck: Sie lösten die Fassade in hoch aufstrebende Betonpfeiler und ebenso hohe, schmale Fensterflächen auf. Nach dem Umbau 1928 bändigte ein sachlich rechtwinkliger Rahmen das gotisch inspirierte Aufwärtsstreben.

Stahl, Glas und Rokoko. Jelmoli, 1898. (Foto um 1925)

Schlüsselgasse 10, 8, 6 ········· 10 ················· 16–12, 10 ················· 14 ························ 16 ···················· 20, 18

[D6/D5] **Schlüsselgasse 10**__Zu den drei Nonnen, undat. **Schlüsselgasse 12, 14**__Zum Hinteren Rechberg (Nr. 12), Zum Vorderen Rechberg (Zum Laufenberg) (Nr. 14). Nr. 12: Bausubstanz 14. Jh. Nr. 14: Bausubstanz 13./14. Jh. 1547, 1839 Umbauten. Lit. ZD 2003–06, S. 91.
Schlüsselgasse 16__Alte Helferei, 1357 erstmals erwähnt. 1604/05 Neubau. 1818, 1877 Umbauten. 1963 Rekonstruktion des abgebrochenen Gebäudes. **Schlüsselgasse 18**__Zum kleinen Christoffel, vermutl. Ausbau 1569. 1593, 1962 Umbauten. Lit. KDM, Stadt Zürich II.II, S. 141.
Schlüsselgasse 20, Weggengasse 3__Zum weissen Turm, Bausubstanz frühes 14. Jh. 16./17. Jh. Umbauten. Lit. KDM, Stadt Zürich II.II, S. 141–143.

Erneuerung aus der Tradition

Sorglos war um die Jahrhundertwende der Umgang mit den Bauten aus der Vergangenheit. Die Architekten, geschult in der Anwendung historischer Stile, zweifelten nicht an ihrer Fähigkeit, das Alte zu verbessern oder durch Neuschöpfungen zu übertreffen. Dem Neubau des Stadthauses musste 1897 die historische Fraumünsterabtei ebenso weichen wie der mächtige, den Flussraum beherrschende Bau des alten Kornhauses (siehe S. 33, 90, 114). Die Reste des romanischen Fraumünsterkreuzgangs inszenierte Gustav Gull neu als Wandelhalle, 1901 bis 1911 baute er das Fraumünster tief greifend um: Er gab ihm eine neue Westfassade, erhöhte das Langhaus und versah es mit neuen Masswerkfenstern. Von Gustav Gull stammen auch die Pläne zum 1900 erbauten Glockenturm der Predigerkirche (siehe S. 58).

Einkaufen als Erlebnis. Jelmoli, 1898. (Foto 1903)

Schmidgasse · · · 1 · · · · · · · · · · · 1, 3, 5 · · · · · · · · · · · · · · · · 4, 2 · · · · · · · · · · · 6, 4, 2, 1, 3   Schoffelgasse · · · · 2 · · · · · · · · · · · · · · 6, 4, 2 · · · · · · · ·

[E4] **Schmidgasse 1__**Siehe Limmatquai 102. **Schmidgasse 2__**Siehe Limmatquai 100.
Schmidgasse 3__ Zum schwarzen Krebs, rückwärtiger Kernbau 12./13. Jh. 16. Jh. heutige Fassade. Aufstockungen aus jüngerer Zeit. **Schmidgasse 4__**Zum Harnischkarst, ehem. Zum Gerbereisen, undat. **Schmidgasse 5__**Siehe Niederdorfstrasse 35. **Schmidgasse 6__**Zum Harnisch, undat. **Schmidgasse 8__**Siehe Niederdorfstrasse 33.

[E5] **Schneggengasse 8__**Zum schwarzen Hammer, undat.

[E5] **Schoffelgasse 2, 4__**Zur Henne (Nr. 2), Zum Feigenbaum (Nr. 4), spätmittelalterlicher Kernbau. Im 16. Jh. erweitert. 1899 Umbau (Fassade gegen Rüdenplatz) von F. Fissler. Lit. KDM, Stadt Zürich III.II, S. 118.

Im frühen 20. Jahrhundert formierte sich eine wachsende Opposition gegen die Modernisierung der Stadt mit «gesichtslosen Spekulationsbauten» im internationalen Stil des Historismus. Junge Architekten und konservative Bürger schlossen sich 1905 im Heimatschutz, 1908 im Bund der Schweizer Architekten (BSA) zusammen. Sie forderten eine Erneuerung der modernen Baukunst aus regionaler Stiltradition und handwerklicher Qualität. Aus dieser Bewegung heraus entstand vor dem Ersten Weltkrieg der in Zürich sehr bedeutende Heimatstil: Er prägte die Architektur neuer Geschäftshäuser und entschärfte mit seinen populären Formen die Opposition gegen neue Bauvorhaben.

Ein wichtiges Beispiel der neuen Architekturrichtung sind die Denzlerhäuser am Bellevue (Rämistrasse 3–7), 1910 von den jungen Architekten Bischoff & Weideli erbaut. Die mächtige Häusergruppe wirkt, unter Verzicht auf das historistische Formenvokabular, nur durch die Gliederung ihrer Volumen. Die ornamentlosen, rauen Stein- und Putzflächen sind von künstlerisch bearbeiteten Fensterleibungen und reliefgeschmückten Erkern unterbrochen. Das Café Odeon im Erdgeschoss machte nicht nur als kunstgewerbliche Meisterleistung Geschichte, sondern jahrzehntelang auch als Treffpunkt der Literaten, Künstlerinnen und freien Geister.

Schlichter Heimatstil. Denzlerhäuser an der Rämistrasse, 1910. (Foto 1912)

Schoffelgasse 8 ·············· 11 ························· 13, 11 ················ 13 ··············· 10–4, 7–13   Schönberggasse ······ 2 ···

[E5] **Schoffelgasse 6__**Zur Schwanau (seit 1714), ehem. Zum (Schwarzen) Panter. 1386 erstmals erwähnt. Innenausstattung und Wandmalereien aus dem 16. Jh. Lit. KDM, Stadt Zürich III.II, S. 116.
Schoffelgasse 8__ Zum Eisenhut, undat. **Schoffelgasse 10__**Zum Nussbaum, undat. **Schoffelgasse 11__** Zur Schwarzen Henne, Zum Schwarzen Hammer, undat. **Schoffelgasse 13__**Zum Schäfli, 1357 erstmals erwähnt. 15./16. Jh. und 1703 Umbauten. Lit. ZD 1989/90, S. 145–147; KDM, Stadt Zürich III.II, S. 117 f.

[G5/F4] **Schönberggasse 1__**Zum Schanzenberg, ehem. Bierbrauerei, 1843, A: Wilhelm Waser.
Schönberggasse 2, Rämistrasse 67__ Ehem. Ökonomiegebäude der Bierbrauerei Schanzenberg, heute Universitätsgebäude, 1851. Um 1860 Umbau zur Villa Belmont von Wilhelm Waser. Lit. Jäggi 2005, S. 53 ff.

Architektur als Gesamtkunstwerk

Die enge Verbindung von Architektur, Kunsthandwerk und künstlerischem Schmuck zum Gesamtkunstwerk war Programm der neuen Architekturrichtung. Sie erreichte 1913 einen Höhepunkt im Peterhof (Bahnhofstrasse 30) der Gebrüder Pfister, einem Geschäftshaus unter dem hohen Giebel alter Zürcher Häuser. Seine moderne Betonkonstruktion mit frei einteilbarem Grundriss tritt nach aussen als Pfeilerbau in Erscheinung, die sich an gotischen Kaufhäusern inspiriert, ohne ihre Stilformen zu kopieren. Der reiche Figurenschmuck der Künstler Wilhelm Schwerzmann, Hans Markwalder und Otto Münch lässt die romantische Erinnerung an die mittelalterliche Stadt aufleben und vollendet das Gesamtkunstwerk des imposanten Baus. In ähnlichem Stil entstanden bis 1914 weitere Grossüberbauungen wie der St. Annahof (Bahnhofstrasse 57, Gebrüder Pfister 1912), das Hotel Glockenhof (Sihlstrasse 31–33, Bischoff & Weideli 1910), das Mosse-Haus (Limmatquai 94, Bischoff & Weideli 1913) oder das Vereinshaus Kaufleuten (Pelikanstrasse 18, Bischoff & Weideli 1909–1915).

Betonarchitektur und Kunsthandwerk. Peterhof, 1913. (Foto 1913)

··· 15   Schützengasse ······ 12 ················ 15   Schwanengasse   2, 5 ·············· 4 ····················· 6–2, 5–9 ········

Schönberggasse 15__ Zum Oberen Schönberg, heute Bodmerhaus, um 1640.
Seit 1960 Thomas-Mann-Archiv. Lit. Jäggi 2005, S. 55 ff. **Schönberggasse 15a__**Zum Schnäggli, ehem.
Nebengebäude zum oberen Schönberg, 18. Jh. Lit. Siehe Schönberggasse 15.

[D3/C3]   **Schützengasse 10__**Wohnhaus, undat. **Schützengasse 12__**Siehe Bahnhofstrasse 104.
Schützengasse 14__ Siehe Bahnhofstrasse 89. **Schützengasse 15__**Siehe Bahnhofstrasse 87.

[D5]   **Schwanengasse 4__**Zum Roten Schild, undat. **Schwanengasse 5, Strehlgasse 10__**Zum Glas, undat.
Schwanengasse 6, Strehlgasse 16__ Zum Weissen Fräulein, mittelalterliche Bausubstanz. Neubau unter
teilweiser Wahrung der Fassaden 1972/73. **Schwanengasse 7, Strehlgasse 12__**Wohnhaus, undat.

Formsuche

Dass die Suche nach neuen, zeitgemässen Bauformen für die Grossstadt nicht beim Heimatstil stehen blieb, zeigt das mächtige Haus «Du Pont» von Haller & Schindler am Beatenplatz (Bahnhofquai 7). Hier wurde ohne Rückgriff auf Vergangenes Grossstadtarchitektur inszeniert. Die vorstehenden Bullaugen der Seitenfassade weisen auf die Lichtkegel des Kinoraums im Inneren. Die Architektur bildet auch hier mit den Werken der Bildhauerkunst eine Einheit. Eine ganz andere architektonische Richtung schlugen Pfleghard & Haefeli 1914 mit dem Münzhof als Sitz der Grossbank UBS ein (Bahnhofstrasse 45, 1958 erweitert): Die mächtige Säulenfront vor dem kubischen Baukörper verkörperte solide Geldanlage und läutete den Neuklassizismus als Baustil ein.

Weltoffene Stadt

Zürich war vor dem Ersten Weltkrieg eine weltoffene Stadt mit einem hohen Anteil ausländischer Bewohnerinnen und Bewohner (34 Prozent um 1914). Deutsche und italienische Arbeiter und Fachleute, russische Einwanderer sowie jüdische Flüchtlinge

Grossstadtarchitektur. Haus «Du Pont» am Beatenplatz, 1914. (Foto um 1920)

Schwanengasse 9   Schweizergasse 21   Seidengasse 1 · 17 · 17

[D5] **Schwanengasse 9, Strehlgasse 14**__Zum Grossen Leopard, mittelalterliche Bausubstanz. 1924 Fassadenmalerei von Wilhelm Hartung.

[D4-C3] **Schweizergasse 21**__Siehe Gessnerallee 28.

[C4] **Seidengasse 1, Sihlstrasse 4–6, Uraniastrasse 25**__Warenhaus Jelmoli, 1898–1900, A: Stadler & Usteri. 1908, 1924 Erweiterungen von Pfleghard & Haefeli. 1932 Erweiterung von Otto Pfleghard unter Mitarbeit von Johann Schaudt. 1936–38 Erweiterung von Otto Pfleghard unter Mitarbeit von Mongeaud. 1948, 1961 Erweiterung von Roland Rohn. > S. 176 > S. 205 **Seidengasse 17**__Wohnhaus, 1872, A: Gebr. Reutlinger. 1904 Einbau von Geschäften. 1929 Umbau von Otto Pfleghard. 1978 Innenumbau und Nutzung als Bankgebäude.

und Intellektuelle aus der ganzen Welt prägten den Alltag mit. Die Universität und vor allem die Eidgenössische Technische Hochschule (ETH) genossen Weltruf. Albert Einstein studierte hier ebenso wie die Brückenbauer Robert Maillart und Othmar H. Ammann (Golden Gate Bridge), Rosa Luxemburg ebenso wie Gabriel Narutowicz, der erste demokratisch gewählte Präsident Polens. Die Hochschulbauten wurden in den Jahren um den Ersten Weltkrieg stark erweitert und bilden seither eine Stadtkrone über dem alten Kern der Stadt.

1907 gewann Karl Moser den Wettbewerb für den Neubau der Universität (Rämistrasse 71), die er 1910–1914 erbaute. Sie ist ein Beispiel eines modernen Baustils ohne direkte historische Bezüge. Zwei Hörsaalgebäude mit grossem Lichthof umschliessen den hoch aufragenden Turm. Die Ornamentik der Fassaden ist grosszügig und verbindet sich mit dem Relief- und Figurenschmuck verschiedener Künstler.

Ganz anders gestaltete sich die Erweiterung von Sempers ETH-Hauptgebäude (Rämistrasse 101) 1915 bis 1924 durch Gustav Gull (siehe S. 119, 125). Zwei neue, schlossartige Flügel bilden zur Rämistrasse einen Hof, den die säulengetragene

Neubau der Universität, 1910–14. (Foto um 1914)

Seilergraben · 1 ·········· 5 ·········· 7, 9, 11, 13 ·········· 37, 41, 43 ··········

[F5–E3] **Seilergraben 1**__Zum Kronentor, 1357 erstmals erwähnt. 1828 Neubau, A: Konrad Stadler.
Seilergraben 5__Wohnhaus, undat. **Seilergraben 7–11, Chorgasse 8–12**__Wohnhäuser, 1837–57.
Nrn. 9, 10: Helveterhaus, 1854. **Seilergraben 13, Chorgasse 14**__Wohnhaus, 1865. **Seilergraben 15,
Chorgasse 16**__Wohnhaus, 1866. **Seilergraben 17, Chorgasse 18**__Wohnhaus, 1868. **Seilergraben 37**__
Siehe Mühlegasse 33. **Seilergraben 41**__Wohnhaus, 1890. **Seilergraben 43**__Urspr. Wohnhaus, heute
Wache Seilergraben der Stadtpolizei Zürich, 1853. **Seilergraben 45–49, Häringstrasse 21**__Pariserhof,
1882–85, A: August Welti, Johannes Reich. Nr. 49: In den 1960er-Jahren prägender Umbau und Purifi-
zierung der Fassaden.

Rotunde der neuen Kuppel dominiert. Mit dem Rückgriff auf Formen der Klassik und Renaissance verschmolz Gull seine Erweiterung mit dem Semperschen Bestand, nur die Betonrippen im Innern der Kuppel lassen die Modernität der angewandten Mittel erkennen. Die Kette neuer Bildungsbauten fand 1917 ihren vorläufigen Abschluss durch den Bau der Zentralbibliothek von Hermann Fietz (Zähringerplatz 6) mit ihrem neubarocken Kopfbau und den (1990 durch einen Neubau ersetzten) hohen Büchermagazinen.

Gesellschaft

Im grossen Wirtschafts- und Städtewachstum, das nach 1885 einsetzte, spitzten sich die gesellschaftlichen Gegensätze zu. Auf der einen Seite entfaltete sich in der Belle Epoque – im Stadtbild bis heute sichtbar – die Pracht des erfolgreichen Bürgertums. Auf der anderen Seite radikalisierte sich die Arbeiterschaft, die sich als ausgegrenzt und benachteiligt empfand. In der Altstadt domiziliert war der 1840 als Gesangsverein gegründete deutsche Arbeiterverein «Eintracht». Seit 1888 befand sich das

Alle Räder stehen still. Zürcher Generalstreik, 1912. (Foto 12. Juli 1912)

Seilergraben 61, 69   Selnaustrasse ········ 25 ················· 25 ················· 27, 29, 33 ··············· 29 ················ 29, 27

[F5–E3] **Seilergraben 69, Zähringerstrasse 44__**Urspr. Apartmenthaus mit alkoholfreier Wirtschaft und Kinotheater, heute Hotel du Théâtre und Kino Alba, 1951, A: Giovanni Zamboni. 1955 Stein-Skulptur, 1965 Fassaden-Metall-Skulptur, K: Arnold d'Altri. 1958 Umgestaltung des Theaters zum «Kino Alba». Lit. KDM, Stadt Zürich III. I, S. 481.

[B6–B5] **Selnaustrasse 9, Gerechtigkeitsgasse 5__**Amtsvormundschaftsgebäude, ehem. Bezirksgericht, 1857, A: Leonhard Zeugheer. Lit. ZD 1991/92, S. 115 f. > S. 122 f. **Selnaustrasse 18__**Ehem. Doppelwohnhaus, heute Altersheim, 1870–72, A: Friedrich Ulrich. Lit. ZD 1999–2002, S. 70 f. **Selnaustrasse 25__**Ehem. EWZ-Unterwerk, heute Haus Konstruktiv, 1932, A: Hermann Herter. **Selnaustrasse 27__**Wohnhaus, 1853, A: Leonhard Zeugheer. **Selnaustrasse 29__**Wohn- und Geschäftshaus, 1887. **Selnaustrasse 33__**Siehe Sihlstrasse 97–99.

Vereinslokal «zur Eintracht» am Neumarkt 5 (siehe Abb. S. 184). Die Hochburg der Arbeiterbewegung jedoch war im Arbeiterquartier Aussersihl zu finden. Von dort aus unternahm die organisierte Arbeiterschaft anlässlich von Demonstrationen Vorstösse in das Herz des Kapitalismus, an die Bahnhofstrasse, wo sich nicht nur die Schaltstellen der ökonomischen Macht, die Banken, befanden, sondern wo «das ganze Raffinement einer dekadenten Zeit den Besitzenden zur Verfügung steht und wo eine schachernde, flirtende, bummelnde Menge nur einen Zweck verfolgt, den rücksichtslosen Lebensgenuss». (Zitat aus der Tagwacht vom 16. Juni 1919).

Zwei zeitlich nahe beieinander liegende Ereignisse im Jahre 1912 illustrieren das Auseinanderklaffen zweier Welten. Ein Streik der Schlosser und Maler, der im Frühjahr begonnen hatte, eskalierte und führte zum ersten Generalstreik vom 12. Juli, der die Innenstadt weitgehend lahm legte. Im September besuchte der deutsche Kaiser Zürich. Alles, was Rang und Namen hatte, war herbeigeeilt, um Wilhelm II. und sich selbst beim Diner im Baur au Lac oder beim «venezianischen Gondelkorso» auf dem See zu feiern.

Empfang des deutschen Kaisers auf dem Bahnhofplatz, 1912. (Foto 3. September 1912)

··· 50, 46, 44 Sihlstrasse ·· 20, 6 ················· 9, 17 ·········· 17, 21 ··············· 31, 33 ······················· 33 ·········

Selnaustrasse 44__Wohnhaus, 1880, A: Karl Waldmann. **Selnaustrasse 46**__Wohnhaus, 1880, A: Karl Waldmann.

[B5] **Sihlporte 3**__Siehe Sihlstrasse 55.

[C4–B5] **Sihlstrasse 1**__Siehe Bahnhofstrasse 67. **Sihlstrasse 3**__Wohn- und Geschäftshaus, 1910/11, A: Eduard Hess. 1978 Abbruch und Fassadenrekonstruktion. **Sihlstrasse 4–6**__Siehe Seidengasse 1. **Sihlstrasse 9**__Ehem. Hotel City-Excelsior, heute Hotel Seidenhof, 1911/12, A: Eduard Hess. **Sihlstrasse 21**__Siehe Füsslistrasse 6. **Sihlstrasse 31–35**__Ehem. Vereinshaus und Hotel des Christlichen Vereins junger Männer, heute Hotel Glockenhof, 1909–11, A: Bischoff & Weideli. Lit. ZD 1989/90, S. 50–62, 141. Siehe auch St. Annagasse 9–11. > S. 179

Sittlichkeit und Volkswohlfahrt

Das überbordende und chaotische Städtewachstum führte zu tiefer Verunsicherung. Die Gesellschaft schien nicht nur, wie die ungelösten sozialen Probleme glauben machten, auseinanderzubrechen, sondern durch den überall beschworenen «Sittenzerfall» ganz allgemein zu degenerieren. Die «Gesundung des Volkskörpers», so die Devise, musste auf der Ebene des Individuums ansetzen. Während die Lebensreformer in all ihren Facetten ein naturgemässes Leben und die Rückkehr zur Scholle propagierten, empfahlen die Eugeniker durch «Zuchtwahl minderwertiges Erbgut» auszuschalten. Die Hygieniker ihrerseits leiteten zu einer gesunden und rationalen Lebensführung an und kämpften mit den Abstinenzlern gegen die «Alkoholpest». 1887/1888 etablierten sich in Zürich zwei bürgerliche Sittlichkeitsvereine, einer für Männer, der andere für Frauen. Sie verschrieben sich dem Kampf gegen leichtsinnige Freizeitvergnügen im Allgemeinen, gegen die Prostitution im Besonderen. Mit einer 1895 eingereichten Initiative erreichten sie die Schliessung der bis anhin tolerierten Bordelle im ganzen Kanton. 1914 nahm die Regierung den Kriegsausbruch zum Anlass, die Polizeistunde um 23 Uhr einzuführen. Kurz darauf verbot sie alle Tanzanlässe.

Zentrale der Zürcher Arbeiterunion. Zunfthaus zur Schuhmachern am Neumarkt 5. (Foto 1940)

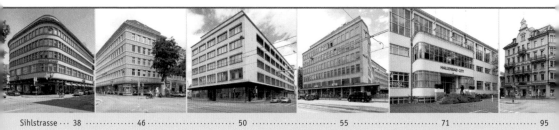

Sihlstrasse ··· 38 ·············· 46 ························· 50 ······················· 55 ······················· 71 ················ 95

[C4–B5] **Sihlstrasse 38__**Siehe Uraniastrasse 31–35. **Sihlstrasse 46__**Siehe Löwenstrasse 1, 3.
Sihlstrasse 50__ Siehe Gessnerallee 1–5. **Sihlstrasse 55, Sihlporte 3__**Ehem. Geschäftshaus Zentrum, heute Warenhaus, 1928–30, A: Otto Streicher. **Sihlstrasse 71__**Hallenbad City, 1939–41, A: Hermann Herter, I: Robert Maillart. Lit. Hallenbad der Stadt Zürich, Zürich 1941. > S. 209 **Sihlstrasse 89–91__**Wohn- und Geschäftshaus, 1882. **Sihlstrasse 95__**Wohn und Geschäftshaus, 1845. 1896 Um- und Anbau von Alois Waltzer & Rehm. **Sihlstrasse 97–99, Selnaustrasse 33__**Wohn- und Geschäftshaus, 1878, A: Gebr. Brunner.

In seinem Roman «Geschwister Tanner» (Berlin 1907), beschreibt Robert Walser ein Esslokal des 1894 gegründeten Vereins für Mässigkeit und Volkswohl, der sich 1910 in «Zürcher Frauenverein für alkoholfreie Wirtschaften» umbenannte (heute «ZFV»). «Hier pflegte allerhand Volk zu essen, das billig und schnell essen musste... Ab und zu kam eine der Erfinderinnen dieses Geschäftes, eine der Wohltäterinnen, und sah sich das Volk an, wie es ass. Eine solche Dame setzte ihre Lorgnette ans Auge und musterte das Essen und diejenigen, die es verzehrten. Simon ... freute sich immer, wenn sie kamen, denn es kam ihm vor, als besuchten diese lieben, gütigen Frauen einen Saal voll kleiner, armer Kinder, um zu sehen, wie diese sich an einem Festmahl ergötzten.» Das bedeutende Gastronomieunternehmen (der ZFV besass 1910 bereits acht Gaststätten und ein Hotel) verstand es, seine Ideale der gesunden und billigen Verpflegung, der Abstinenz von Alkohol und der Besserstellung des weiblichen Servierpersonals, das bis anhin einen eher schlechten Ruf hatte, mit kommerziellem Erfolg zu verbinden.

(Bruno Fritzsche, Daniel Kurz)

Restaurant Olivenbaum des «Zürcher Frauenvereins für alkoholfreie Wirtschaften» am Stadelhofen. (Foto 1909)

Spiegelgasse 1, 5 ········· 2 ···································· 5, 7 ················· 5, 7, 9, 11 ····························· 9 ···············

[E5] **Spiegelgasse 1**__Siehe Münstergasse 26. **Spiegelgasse 2, Münstergasse 24, Napfgasse 1–5**__Zum Unteren Spiegel (Nrn. 1, 2, 24), Zum Oberen Spiegel (Nrn. 3–5). Nr. 1, 2, 24: Bausubstanz 13. Jh. Im 13./14. und 16. Jh. Erweiterungen. Nr. 3: 14. Jh. als Erweiterung des «Unteren Spiegels». Im 16. Jh. Umbauten. 1591 zusammenfassender Gesamtumbau von «Oberem» und «Unterem Spiegel», Sitz eines der ersten Textilunternehmen. 1895 Ladeneinbauten. Nr. 5: 1841 Anbau an den «Spiegel», 1877 Neubau. Lit. KDM, Stadt Zürich III.II, S. 329–336. **Spiegelgasse 5**__Zur Blauen Jüppe, undat. **Spiegelgasse 7**__Zur Reusch, 1461 erstmals erwähnt. 1738 Umbau. 1873 Ladenfront. Lit. KDM, Stadt Zürich III.I, S. 336. **Spiegelgasse 9**__Zum Kronenberg, 1357 erstmals erwähnt. 14./15. Jh. und 17./18. Jh. Umbauten. Zweite Hälfte 19. Jh. Ladeneinbau und Umbau. Lit. KDM, Stadt Zürich III.I, S. 336.

HOCHSCHULQUARTIER

PROJEKT FÜR DIE ZUKUNFT

Die Hauptgebäude von ETH und Universität Zürich prägen die Stadtsilhouette. Foto 2007

Im Zentrum von Zürich, zwischen Altstadt und Zürichberg, liegt das Hochschulgebiet. Die Eidgenössische Technische Hochschule (ETHZ), die Universität,
das Universitätsspital und die Pädago-
gische Hochschule haben dort ihren
Hauptsitz. Sinnbild dafür sind die beiden
Hauptgebäude der ETH und der Universität – sie prägen die Stadtsilhouette.

Das Spital und die Hochschulen, mit teilweise internationalem Rang, stehen in
Wettbewerb mit Institutionen im In- und
Ausland. Damit sie ihre Position halten
und ausbauen können, benötigen sie

unter anderem Raum, um sich weiterzu-
entwickeln. Kanton, Stadt, Spital,
Hochschulen und Kunsthaus haben in
einem gemeinsamen Prozess den
Masterplan erarbeitet, der die zukünf-
tige bauliche Entwicklung sicherstellt.
Der Masterplan baut auf der bestehenden Stadtstruktur auf, ergänzt und
stärkt deren Qualitäten. Wichtige Themen dabei sind: Dimension und Ort von
Neubauten und öffentlichem Raum,
Nutzungen, Organisation des Verkehrs
und die nachhaltige Entwicklung des
Gebietes.

Neu- und Anbauten

Einige Grossbauten sowie verschiedene kleinere Neu- und Anbauten sind geplant. Herausragen wird der «Kronenbau» im Bereich Schönberggasse, der die prägende Reihe der Hauptgebäude von ETHZ und Universität fortsetzt. Weitere markante Bauten sind der «Gloriabau» an der Rämistrasse, die Erweiterung des Kunsthauses am Heimplatz und ein Zeilenbau der ETHZ im Bereich der oberen Leonhardstrasse.

Mit einer Abfolge von verschiedenen Plätzen wird die Rämistrasse als Rückgrat des Gebiets gestärkt. Das Herzstück bildet die «Hochschulplaza», die als grosszügiger Stadtraum zum neuen Mittelpunkt des Hochschulgebiets wird. In die Hochschulplaza integriert ist das «Panorama», ein Ausstellungszentrum, das für die Hochschulen konzipiert ist. Entlang der Rämistrasse, an der sich bereits heute bedeutende Museen und Kulturinstitutionen befinden, entsteht die «Bildungs- und Kulturmeile». Öffentlich zugängliche und für die Bevölkerung attraktive Nutzungen ergänzen das bestehende Angebot.

Gesamtkonzept Masterplan, Hochschulgebiet Zentrum.
Entwicklungsplanung Hochschulgebiet, Masterplan/Richtplan, 5. April 2006

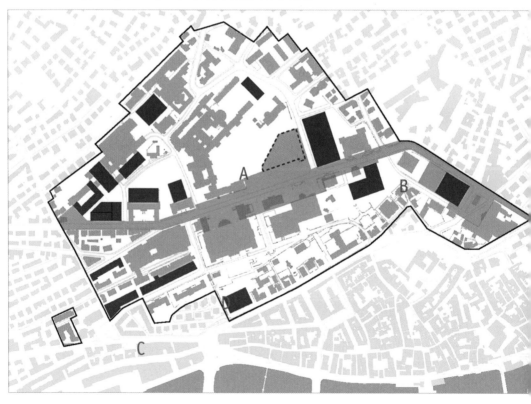

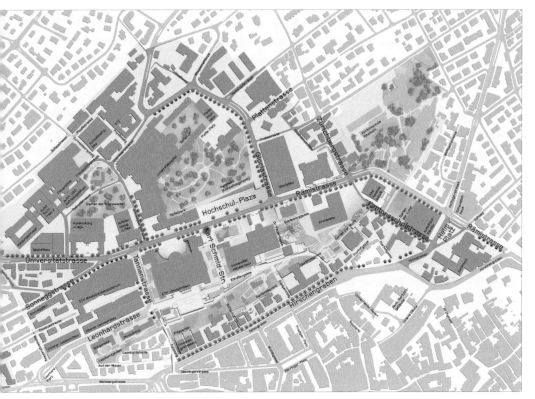

Wichtige Neubauten, Bildungs- und Kulturmeile.
Entwicklungsplanung Hochschulgebiet, Masterplan/Richtplan, 5. April 2006

Attraktivität des Hochschulgebiets

Die Aufwertung und Ergänzung des bestehenden Aussenraums ist ein wichtiges Ziel des Masterplans. Im gesamten Hochschulgebiet bis hinunter zum Heimplatz werden die Parkanlagen und Gärten miteinander vernetzt. Kernstück des Grünraumkonzepts ist der vergrösserte Spitalpark (A). Er wird ergänzt durch die Gärten entlang der Hochschulkante, die bei der Alten Kantonsschule (B) (Rämistrasse 59) beginnt. Das ergibt eine durchgängige Flanierterrasse mit Ausblick auf die Berge.

Die Attraktivität des Hochschulgebiets soll für Fussgänger und Velofahrer gesteigert werden. Die Fusswege in die Altstadt, in die City, zum Bahnhof Stadelhofen und zum Hauptbahnhof werden ausgebaut und der öffentliche Verkehr optimiert. Ein neuer Pfad verbindet die auf einer Höhenlinie liegenden Gärten vom Bürgerasyl (C) über die Polyterrasse (D) bis zur Alten Kantonsschule. Die Rämistrasse bleibt zwar Durchgangsstrasse, soll aber für Fussgänger und Fussgängerinnen angenehmer gestaltet werden.

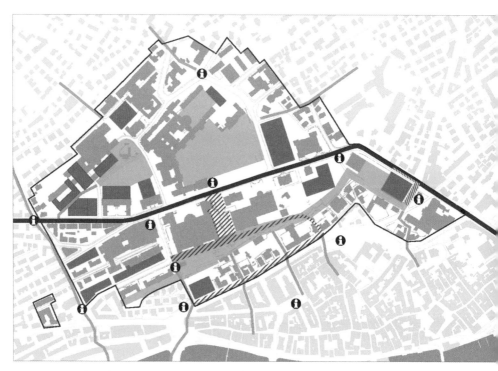

Aussenraumstruktur, Strassen- und Fussgängerverbindungen.
Entwicklungsplanung Hochschulgebiet, Masterplan/Richtplan, 5. April 2006

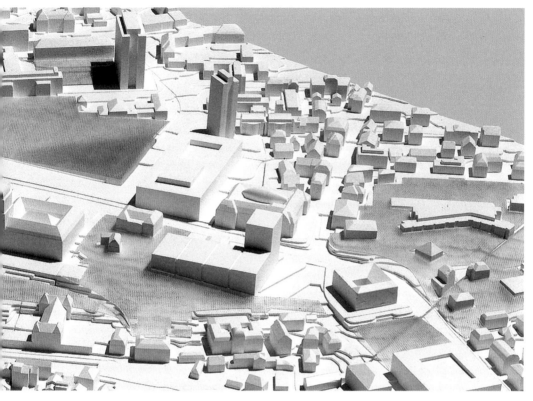

Ausschnitt Modellansicht.
Entwicklungsplanung Hochschulgebiet, Masterplan/Richtplan, 5. April 2006

Nutzungsmischung

Die bestehende Nutzungsmischung von Hochschulen, Spital und kulturellen Institutionen im Quartier ist einmalig. In den letzten Jahrzehnten haben sich die Institutionen jedoch immer mehr ins benachbarte Quartier ausgedehnt und bestehende Wohnhäuser für ihre Zwecke umgenutzt. Der Masterplan mit den rund 150 000 Quadratmetern zusätzlicher Geschossfläche schafft die Voraussetzung für die Entwicklung der verschiedenen Nutzungen und die Rückgabe der Wohnobjekte. Diese Verdichtung ist ohne den Ausbau der bestehenden Verkehrsinfrastruktur möglich. Um eine qualitativ hochwertige Entwicklung zu sichern, entstehen rund 20 000 Quadrat-

meter neuer Grünraum und ca. 40 000 Quadratmeter öffentlicher Raum für Erholung und Freizeit.

Die Eckpunkte des Masterplans werden in rechtsverbindliche Planungsinstrumente, wie den kantonalen Richtplan für öffentliche Bauten und Anlagen, umgesetzt. Parallel dazu starten die ersten konkreten Planungen, wie z. B. die Kunsthaus-Erweiterung, die auf Ebene der Nutzungsplanung über Zonenanpassungen oder Sondernutzungsplanungen konkretisiert werden. (Sandra Nigsch)

DIE STADT
WÄCHST WEITER

1914–2008

DYNAMIK DER MODERNE (1918–1945)

Zürich im Ersten Weltkrieg

Die Jahre des Ersten Weltkriegs veränderten das politische und kulturelle Klima in der Stadt, politische Kämpfe prägten das öffentliche Leben. Der jahrelang andauernde Krieg hatte Mangel an Lebensmitteln und Heizmaterial zur Folge, die Preise stiegen so sehr, dass viele Familien verarmten und sogar hungerten. Die organisierte Arbeiterschaft richtete ihren Zorn gegen die «Geldsäcke» an der Bahnhofstrasse, dem häufigen Ziel ihrer Protestmärsche. In revolutionärem Optimismus verlangte sie eine grundlegende Erneuerung der Gesellschaft. Im Juli 1918 zogen demonstrierende Frauen vor das Rathaus, um gegen den Hunger zu protestieren, Streiks und Aufläufe häuften sich. Im November 1918 kam es zum Landes-Generalstreik und zur militärischen Besetzung der Stadt durch die Schweizer Armee: Ein traumatisches

Kriegsnot. Abgabe verbilligter Kartoffeln auf dem Mühlesteg, 1917. (Foto 1917)

[E5] **Spiegelgasse 11**__Zum Waldries, 13. Jh. Um 1623, 1730 Umbauten. Lit. KDM, Stadt Zürich III.I, S. 337 f.
Spiegelgasse 12__Zum Hinteren Brunnenturm, undat. **Spiegelgasse 13, Elsässergasse 12**__Zur Hohen Eich, Kernbau 13. Jh. Im 15. Jh. Erweiterung bis Gassenflucht. 1561 bauliche Veränderungen. 1740 Umbauten. 1876/77 Aufstockung. Malereien aus dem 14. Jh. und von 1420, Ausstattung von 1740. Lit. KDM, Stadt Zürich III.I, S. 338–341. **Spiegelgasse 14**__Jakobsbrunnen, 1301 erstmals erwähnt. 1971–73 Neubau, A: U. Strebel. **Spiegelgasse 16**__Zum Schäfli, oberes Haus 1302, unteres Haus 1357 erstmals erwähnt. Im 15. Jh. Vereinigung beider Gebäude. 1890 Umbau EG und 1. OG zur Metzgerei. Um 1900 Umbauten. 1903 Ladenfront. Lit. KDM, Stadt Zürich III.I, S. 341–343.

Ereignis, das sich tief ins kollektive Bewusstsein eingrub. Die ersten Nachkriegs-
jahre blieben von wirtschaftlicher und politischer Krise überschattet.

Emigration und Fremdenfeindlichkeit

Die Stadt büsste ihre frühere Weltoffenheit ein. Schon 1914 reisten zahlreiche
Ausländer ab, um in den Armeen ihrer Heimatländer Dienst zu leisten. Trotz sinkender
Ausländerzahl wuchs in den Kriegsjahren der Argwohn gegen Ausländer und Juden,
denen man im gleichen Atemzug sowohl Spekulation und Kriegsgewinne als auch
revolutionäre Umtriebe vorwarf. 1917 wurde zur Abwehr von Ausländern die Fremdenpolizei geschaffen. Trotz diesen fremdenfeindlichen Regungen fanden politisch
Verfolgte und Kriegsdienstverweigerer in Zürich Zuflucht. An der Spiegelgasse 14
wohnte von 1914 bis 1917 Wladimir Iljitsch Lenin. Wenige Häuser weiter traf sich im
Cabaret Voltaire (Spiegelgasse 1) die künstlerische Avantgarde Europas im Zeichen
von Dada, und James Joyce schrieb in Zürich seinen Roman Ulysses.

Landes-Generalstreik 1918, Truppen auf dem Paradeplatz. (Foto 1918)

18, 16, 13 ·················· 18 ················· 26, 22 ················· 22 ················· 27 ················· 29, 26

Spiegelgasse 18__Zum Felsenegg, 1319 erstmals erwähnt. 1621 Umbau mit Aufstockung. Frühes 20. Jh.
Umbauten im Hof- und Hinterhausbereich. Lit. KDM, Stadt Zürich III.I, S. 343 f.
Spiegelgasse 22, 26__Zum Oberen Rech. Nr. 26: Im 13. Jh. zweistöckiger Anbau an das «Untere Rech»
(siehe Neumarkt 4). Im 17. Jh. Aufstockung. Lit. KDM, Stadt Zürich III.I, S. 344.
Spiegelgasse 27, Leuengasse 21__Zum Schneeberg (Nr. 27), Zum Güggel (Nr. 21). Nr. 27: 1833 vor Nr. 21
angebaut. Nr. 21: Mittelalterliche Bausubstanz. Lit. KDM, Stadt Zürich III.I, S. 402.
Spiegelgasse 29__Teil der Baugruppe des Grimmenturms, Bausubstanz 13. Jh., erstmals 1324 erwähnt.
1554–1865 Pfarrhaus Predigern. 1873 Umbauten. 1964–66 Rekonstruktion des Äusseren mit
Wiederaufbau des 13 m hohen Turmdaches. Lit. KDM, Stadt Zürich III.II, S. 345–347.
Siehe auch Rindermarkt 26. > S. 54 **Spiegelgasse 33**__Siehe Neumarkt 2.

Utopische Pläne für die Stadt

Noch vor dem Ende des Ersten Weltkriegs kam der städtebauliche Wettbewerb Gross-Zürich zum Abschluss, eine Ideenkonkurrenz, die Entwicklungsgrundsätze für die Stadt und ihre weitere Umgebung zu Tag förderte. Emil Klöti, der damalige Chef des städtischen Bauwesens und spätere Stadtpräsident, wollte damit die Entwicklung der Stadt in geplante Bahnen lenken. Für die Altstadt sahen die meisten Wettbewerbsteilnehmer eine weitgehende Erneuerung vor, mit breiten Strassen, die Luft und Licht ins Häusergewirr bringen sollten. Die Behörden des «Roten Zürich» (1928–1938) erhoben die Sanierung der Altstadt zu einem prioritären Legislaturziel, doch konnten sie nur einzelne Hofauskernungen realisieren (siehe S. 213).

Zu den wichtigsten Forderungen des Städtebauwettbewerbs Gross-Zürich gehörte der Umbau des Zürcher Hauptbahnhofs zu einem Durchgangsbahnhof mit S-Bahn-Betrieb – so wie er rund 80 Jahre später realisiert worden ist. Stadt und Kanton setzten sich in den frühen 1920er-Jahren vergeblich für diese Lösung ein, die am Widerstand der SBB scheiterte. Stattdessen erhielt der Bahnhof 1929 eine neue

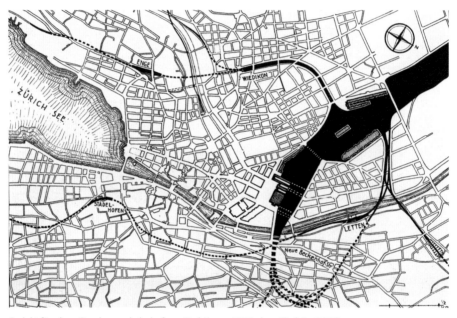

Projekt für einen Durchgangsbahnhof von Karl Moser, 1919. (aus Werk 3, 1927)

Spitalgasse 8, 6, 4, 2 ·············· 12, 10, 8 ···················· 14   St. Annagasse 4 ················· 9, 11 ················· 11

[E5/E4] **Spitalgasse 2, 4, 6, 8**__Wohnhäuser, 1878, A: Robert Weber. **Spitalgasse 3**__Zum Ehrenfels, 1878. **Spitalgasse 10, 12**__Wohnhäuser, 1878, A: Gebr. Reutlinger. **Spitalgasse 14**__Zu den drei Sängern, 1878, A. Gustav Kreutler.

[C5–C4] **St. Annagasse 4**__Siehe Bahnhofstrasse 53–55. **St. Annagasse 9–11**__Hotel Glockenhof, ehem. Freies Gymnasium (Nr. 9), St. Annakapelle (Nr. 11), 1909–11, A: Bischoff & Weideli. Lit. ZD 1989/90, S. 50–62, S. 141; KDM, Stadt Zürich I, S. 63–66. Siehe auch Sihlstrasse 31–35. **St. Annagasse bei 9**__Brunnen und Gartenanlage, 1909–11, A: Bischoff & Weideli. Lit. ZD 1989/90, S. 50–62.

Perronanlage in Form einer niedrigen Stahl- und Glasbedachung ausserhalb der alten Haupthalle. Sie enthielt 16 Geleise anstelle der früheren acht und musste bis 1990 das gesamte Wachstum des Bahnverkehrs abdecken.

Neoklassizismus

Gebaut wurde wenig in dieser Zeit, die Stadt stellte Projekte wie den Bau des Stadt-hauses und eines Hallenbades für viele Jahre zurück. Nur die Schweizerische Nationalbank realisierte 1919 bis 1921 ihren neuen Hauptsitz am See (Börsenstrasse 15–17): Der neoklassizistische Bau der Gebrüder Pfister setzte neue Massstäbe für das kommende Jahrzehnt. Er verzichtet auf jede heimatliche oder romantische Geste. Seine flächige Fassade ist mit Fensterreihen und Gesimsen streng horizontal ausgerichtet, ein mächtiger Würfelfries schliesst die Fassade ab. Die Sachlichkeit und Strenge dieses zeittypischen Baustils vermittelte in einer unruhigen Zeit kultu-relle Orientierung.

Hauptsitz der Nationalbank, 1919. (Foto 1927)

St. Peterhofstatt · 1 · · · · · · · · · · · · · · · · 2, 3 · 3, 4, 6 · 3, 4 · 5 · · · · · · · · ·

[D5] **St. Peterhofstatt 1**__Pfarrkirche St. Peter, 8./frühes 9. Jh., erster archäologisch nachweisbarer Bau, 857 erstmals erwähnt als «capella». Frühes 13. Jh. Neubau als Chorturmkirche. 1366 Turmuhr (erste Stadtuhr). Um 1450 Neubau des Langhauses und des Beinhaus-Sakristeianbaus. 1705/06 Bau des bestehenden Lang-hauses. Lit. KDM, Stadt Zürich II.I, S. 139–173. > S. 30 > S. 66 > S. 95 **St. Peterhofstatt 2**__Pfarrhaus, Kernbau vermutl. zweite Hälfte 13. Jh. Heutiges Volumen Ende 16. Jh. 1780er-Jahre Umbauten. 1838 Innen- und Aussenrenovation. 1957 heutiges Erscheinungsbild. Lit. KDM, Stadt Zürich II.II, S. 132. **St. Peterhofstatt 3**__Zum Kleinen Hammerstein, undat. 1543 bauliche Veränderungen. 19. Jh. Fassaden-neugestaltung. **St. Peterhofstatt 4**__Zur Hoffnung, undat. **St. Peterhofstatt 5**__Zur Reblaube, siehe Glockengasse 7.

Kunst und Politik

Die Jahre des Ersten Weltkriegs hatten eine unerwartete Folge: Viele Zürcher Künstlerinnen und Künstler kehrten aus europäischen Metropolen wie Paris, Berlin oder München nach Zürich zurück. Der sozialdemokratische Richter und Heimatschutz-Präsident Hermann Balsiger und der Präsident der Künstlervereinigung GSMBA, Sigismund Righini, schlugen nun vor, die Künstler mit öffentlichen Aufträgen zu fördern, damit sie in Zürich wieder sesshaft würden. Schon vor dem Krieg hatte die Heimatschutz-Bewegung die enge Verbindung von Architektur und Kunst zum Programm gemacht, nun forderte sie ein öffentliches Engagement der Stadt für die Kunst. Mit Kunstwettbewerben kam die Stadt ab 1916 diesem Wunsch nach. Davon zeugen unter anderem die Wandmalereien von Paul Bodmer im Fraumünsterkreuzgang (1924–1934), die Figuren an den städtischen Amtshäusern und die expressiv farbige Bemalung in der Eingangshalle des Amtshauses I von Augusto Giacometti 1925 (Bahnhofquai 3). Studien zeigten um die Mitte der 1920er-Jahre die Möglichkeiten farbiger Gestaltung der bislang grauen Altstadt auf.

Eingangshalle mit Bemalung von Augusto Giacometti im Amtshaus I, 1925. (Foto A. Melchior 1996)

St. Peterhofstatt 6, 10, 11 ····· 6, 8, 9 ···················· 10, 11, 12   St. Peterstrasse ··· 1 ················ 12 ························· 14 ······

[D5] **St. Peterhofstatt 6**__Alte Druckerei oder Zur Armbrust (Nr. 6), vermutl. 1357 erstmals erwähnt. 1785, 1789 und 1798 Umbauten. 1921/1922 vollständige Auskernung und Zusammenlegung mit dem Haus Zum Pfau (Sigristenhaus), St. Peterhofstatt 7. Lit. KDM, Stadt Zürich II.II, S. 135–137.
St. Peterhofstatt 8__Zur Kleinen Mücke, im 14. Jh. erstmals erwähnt. 1865 Umbau.
St. Peterhofstatt 9__Zur Grossen Mücke, 1357 erstmals erwähnt. Zweite Hälfte 19. Jh. Fassadengestaltung.
St. Peterhofstatt 10__Wohnhaus, undat. **St. Peterhofstatt 11**__Zum Holderbäumli, undat.
St. Peterhofstatt 12__Zum Glas, 1863.

[C6–D5] **St. Peterstrasse 1**__Geschäftshaus, 1885, A: Emil Naef. **St. Peterstrasse 11**__Wohnhaus, undat.
St. Peterstrasse 12__Siehe Bahnhofstrasse 36. **St. Peterstrasse 14**__Siehe Bahnhofstrasse 33.

An der Augustinergasse gestaltete der Maler Karl Hügin eine erste Zeile von Alt-stadthäusern in kräftigen Rottönen.

Seit Mitte der 1920er-Jahre verfolgte die Stadt auch eine konsequente Politik der Kunst im öffentlichen Raum. Frei stehende Skulpturen von Hermann Haller, Hermann Hubacher, Anton Hünerwadel und anderen Künstlern schmückten in wachsender Zahl die Quaianlagen am See, ebenso wie die Schulhäuser, Sportanlagen und Wohnsied-lungen der Aussenquartiere. Als freie Kunstwerke sollten sie öffentliche Orte auf-werten und die Kunst dem Volk zugänglich machen. Vor allem im Roten Zürich (ab 1928) wurde Kunst am Bau und im öffentlichen Raum zu einem wichtigen Anliegen der Politik. Das Reiterdenkmal für Hans Waldmann, 1936 von Hermann Haller geschaffen, besetzt als prominentestes Werk der Zwischenkriegszeit auf hohem Sockel die Quaimauer beim Stadthaus, wo einst das Kornhaus stand (siehe S. 90).

Reiterdenkmal für Hans Waldmann am Stadthausquai, 1936. (Foto 1948)

·· 16, 14   Stadelhoferplatz o. Nr.   Stadelhoferstrasse ··· 8 ·· 10 ····························· 10 ···········

St. Peterstrasse 16__Geschäftshaus, ehem. Lebensmittel-Zentralhalle (Lebensmittelverkaufhaus), 1911, A: Franz Huwyler. **St. Peterstrasse 17–19**__Siehe Talacker 16.

[F7]   **St. Urbangasse 2**__Siehe Theaterstrasse 14–16.

[F8/F7]   **Stadelhoferplatz o. Nr.**__Brunnen, 1870.

[F7]   **Stadelhoferstrasse 8**__Bahnhof Stadelhofen, 1893, A: Gustav Wülfke. 1987–90 Erweiterung von Arnold Amsler, Santiago Calatrava und Werner Rüeger. Lit. ZD 1989/90, S. 69–81. >S. 236
Stadelhoferstrasse 10__Zum Olivenbaum, 1838, A: vermutl. Leonhard Zeugheer. 1981–89 Abbruch und Neubau mit Rekonstruktion der Fassaden von Arnold Amsler. Lit. ZD 1989/90, S. 79 f., S. 147.

Aufschwung des Dienstleistungssektors

Nach schwierigen Krisenjahren fasste die Konjunktur 1924 wieder Tritt. Die neutrale, vom Krieg verschonte Schweiz wurde nun zu einem zentralen Finanzplatz Europas, Banken und Versicherungen erweiterten in den folgenden Jahren ihre Geschäftssitze, und auch der Handel erlebte in den «Roaring Twenties» einen enormen Aufschwung. Das Automobil, im Krieg technisch perfektioniert, wurde im städtischen Raum schnell zum entscheidenden Faktor der Veränderung.

Der Aufschwung des Dienstleistungssektors bewirkte eine grosse Nachfrage nach Büros für Finanzinstitute, Handelsfirmen und Anwaltskanzleien und damit einen Boom im Bau grosser Büro- und Verwaltungskomplexe. Das Baumaterial Eisenbeton und die Schaffung frei einteilbarer, von Betonstützen getragener Bürogeschosse prägten diese Bauten. Im Sinn der aufkommenden Moderne war ihr Stil nüchtern und sachlich schlicht, bisweilen mit neoklassizistischem Einschlag. Die Gliederung der verputzten oder mit Kunststein verkleideten Fassaden betonte immer aus-geprägter die Horizontale: Gurtgesimse umfassten die breit gelagerten Baumassen,

Bauboom. Schanzenhof mit Börse, 1927–31. (Foto 1930)

Stadelhoferstrasse·· 12, 10 ··············· 26 ···················· 26 ························· 40, 38 ··················· 42, 40, 38, 34

[F7] **Stadelhoferstrasse 12__**Zum Sonnenhof, 1654. 1691 Erneuerung der Ausstattung. 1847 prägender Umbau zum heutigen Aussehen. Lit. KDM, Stadt Zürich IV, S. 311–317. > S. 236 **Stadelhoferstrasse bei 25__** Portal im Hof, 1760. **Stadelhoferstrasse 26__**Grosser Baumwollhof, ehem. bestehend aus Wohnhaus, Schopf und Seidenmühle, 1643. 1858–63 prägender Umbau zum heutigen Aussehen. Um 1760 Mauer und Rokoko-Gitter. 1980 Abbruch der Nebengebäude. Lit. KDM, Stadt Zürich IV, S. 304–309. > S. 208, 236 **Stadelhoferstrasse 34__**Zum Granatapfel, ehem. eine Art Dépendance des Baumwollenhofs, um 1642. Um 1784 prägender Umbau zum heutigen Aussehen. Lit. KDM, Stadt Zürich IV, S. 303–304. **Stadelhoferstrasse 38__**Zur Farb, 1695. Um 1780 prägender Umbau zum bürgerlichen Wohnhaus. Lit. KDM, Stadt Zürich IV, S. 301–303. **Stadelhoferstrasse 40__**Zum Stadelgarten, Wohnhaus mit Hofgebäude, 18. Jh. 1871 Umbau von Johannes Baur, Adolf Nabholz.

die hohen Fenster wurden zu horizontalen Bändern verbunden. Die dichte Stellung der Öffnungen erleichterte die freie Einteilung der Büros im Inneren. Der künstlerische Schmuck dieser Bauten beschränkte sich in der Regel auf Friese an den Fassaden und auf die Eingangshallen und Treppenhäuser, die mit Marmor und Messing ausgestattet wurden.

Bürogebäude im Umfang eines ganzen Strassenblocks brachten einen neuen, grossstädtischen Massstab in die Innenstadt. Der Baublock «Schanzenhof» mit der neuen Börse, von den Architekten Henauer & Witschi, seit 1921 geplant und bis 1934 in Etappen verwirklicht, war zu seiner Zeit der grösste zusammenhängende Gebäudekomplex der Stadt Zürich. Er kulminiert an der Ecke Bleicherweg/Talstrasse im zylindrischen Turm der Börse. Von diesem Scharnier strahlen die horizontal gegliederten, nur durch Treppenhäuser unterbrochenen Baufluchten nach beiden Seiten aus.

Geschäftshaus Sihlporte, 1928. (Foto 1931)

Stadelhoferstrasse 42__Zum Schönenhof, Vorgängerbau 1627/35. 1935 Neubau von Karl Knell. Lit. KDM, Stadt Zürich IV, S. 297–301; ZD 1995/96, S. 162 f. > S. 206

[D7/D6] **Stadthausquai 1**__Siehe Lochmannstrasse 2. **Stadthausquai 3–7, Fraumünsterstrasse 8**__Baublock am Stadthausquai, 1887–89, A: Adolf Brunner. Lit. ZD 1974–79, 2. Teil, S. 24. **Stadthausquai 2**__Bauschänzli, Rest der Schanzenbefestigung, 1660. Seit 1908 Gartenrestaurant. 1940/41 Umbau von Karl Egender. Lit. KDM, Stadt Zürich IV, S. 112–114. > S. 110 **Stadthausquai 11–13**__Siehe Börsenstrasse 10. **Stadthausquai 12**__Frauenbadeanstalt, 1888–92, A: Arnold Leopold G. Geiser. Lit. ZD 1985/86, S. 128 f. > S. 141 **Stadthausquai 15**__Siehe Kappelergasse 1.

Das Automobil verändert die Stadt

Die wachsende Mobilität der Bevölkerung veränderte in den 1920er-Jahren den öffentlichen Raum der Stadt. Die Gassen, Strassen und Plätze der Innenstadt, bisher den Fussgängerinnen und Fussgängern vorbehalten, füllten sich mit Velos, Motorrädern und Automobilen, die mit ihrer Geschwindigkeit Unruhe und Gefahr in das Verkehrsgeschehen brachten. Die zweiachsigen Tramwagen der Vorkriegszeit genügten dem wachsenden Verkehr bald nicht mehr: An den Tramknoten stauten sich lange Strassenbahnzüge.

Die Zahl der Autos in der Stadt war zwar noch klein, aber sie verfünffachte sich zwischen 1920 und 1928 von 1400 auf 7000 Fahrzeuge. «Die gewaltige, sprunghafte Zunahme der Kraftfahrzeuge, Automobile und Motorräder», konstatierte 1927 der Polizeivorsteher Ernst Höhn, «hat dem gesamten Strassenverkehr ein vollständig verändertes Gepräge gegeben.» Die hohen Geschwindigkeiten gefährdeten die Fussgänger, die «aus ihrer früheren Sorglosigkeit aufgescheucht worden und heute

Verkehr in der Stadt. Paradeplatz, 1928. (Foto 1928)

Stadthausquai ····· 17 ················ 17, 19 ················· 19 ····························· 19   Stampfenbachstr. 17

[D7/D6] **Stadthausquai 17, Fraumünsterstrasse 28**__Stadthaus, 1883/84, A: Arnold Geiser. 1898–1900 Erweiterung von Gustav Gull. Lit. ZD 1995/96, S. 163 f.; Sigmund Widmer, Das Stadthaus in Zürich und seine Umgebung, Schweizerischer Kunstführer, Heft Nr. 260, Bern 1979. > S. 165 f. **Stadthausquai 19**__Kreuzgang mit Brunnen, 1900 unter teilweiser Verwendung von Bauteilen des 1898 abgetragenen Kreuzgangs aus dem 12./13. Jh., A: Gustav Gull. 1922–41 Wandmalereien von Paul Bodmer. Lit. KDM, Stadt Zürich II.I, S. 129–132. Siehe auch Münsterhof 2. > S. 177

[E3–D1] **Stampfenbachstrasse 12–14, Weinbergstrasse 15–17**__Geschäftshaus Central mit ehem. Garage im Hof, 1928, A: Robert Zuppinger. **Stampfenbachstrasse 17–19**__Siehe Neumühlequai 8–12. **Stampfenbachstrasse 31, 35**__Siehe Walcheplatz 2.

sozusagen auf Schritt und Tritt gefährdet sind.» (Zitat aus Ernst Höhn, «Die Verkehrsnot in der Stadt Zürich», Separatdruck Züricher Post, Zürich 1927, S. 4)

So wurde der Autoverkehr schon um die Mitte der 1920er-Jahre zur wichtigsten Herausforderung für die Stadtplaner. Sie suchten nach Mitteln und Wegen, um Staus zu vermeiden, freie Fahrt zu gewährleisten und vor allem, um die erschreckend hohe Zahl der Unfälle zu verringern. Schrittweise begann der verkehrsgerechte Umbau der Stadt. Am 1929 umgebauten Paradeplatz kam erstmals mit Fussgängerinseln, markierten Fahrbahnen, Einbahnstrassen und Kreiselverkehr das moderne Arsenal der Verkehrsplaner zum Einsatz. In der Platzmitte bildet die elegante Tramwartehalle von Stadtbaumeister Hermann Herter mit ihren runden Formen das Fliessen und Strömen des Verkehrs ab. Ebenso wirkungsvoll war 1938 der Umbau des Bellevues nach ähnlichen Grundsätzen: Das Stahldach der Tramwartehalle kragt weit über die Fussgängertrottoirs aus und schafft inmitten des verkehrsreichen Platzes einen geschützten Ort.

Tramwartehalle am Bellevue, 1938. (Foto 1938)

[A5/A6]   **Stauffacherbrücke__**1899, A: Gustav Gull, I: Robert Maillart. 1990–92 Sanierung und Rekonstruktion der Leuchten. Lit. ZD 1993/94, S. 201–207.

[D6]   **Stegengasse 4__**Siehe Wühre 15.

[E5]   **Steinbockgasse 1__**Siehe Froschaugasse 7. **Steinbockgasse 3__**Wohnhaus, undat. **Steinbockgasse 5__**Zum Kleinen Steinbock, 1812. Schopfgebäude 1854. **Steinbockgasse 7__**Zum Ligöd, Kernbau und nördlicher Anbau um 1300. Erste Hälfte 14. Jh. östlicher Anbau. 1502/03 Errichtung Festsaal und Erweiterung. 16. Jh. Umbauten. Mitte 19. Jh. Ausbau Dach. 1864 Werkstatt. Lit. KDM, Stadt Zürich III.I, S. 432–434. **Steinbockgasse 8, 12__**Hofbauten, 1864. Siehe auch Brunngasse 4.

Architektur und Verkehrsdynamik

Die Begeisterung für das Automobil und die Dynamik des Verkehrs spiegelten sich um 1930 in den Formen der Architektur, die ihre Statik verlor und die Bewegung der schnellen Automobile aufzunehmen versuchte. An der Sihlporte entstand ein grossstädtischer Komplex von Geschäftshäusern, die der modernen Verkehrsstadt Ausdruck gaben.

1928 hatte der reiche Geschäftsmann Alwin Schmid am oberen Ende der Löwenstrasse das Geschäftshaus Sihlporte erstellen lassen. Architekt Karl Knell wählte dafür die zeittypischen Formen eines sachlichen, horizontal gelagerten Neoklassizismus. Zwei Jahre später sollte das Nachbargrundstück überbaut werden: Es ist rundum von Strassen umgeben und ragt mit dem schmaleren Ende in den verkehrsreichen Platz. Geprägt vom Geist des Neuen Bauens fand Karl Knell für diesen besonderen Ort eine paradigmatisch neue Form: Den «Schmidhof», ein allseitig gebogenes Gebäude ohne Vorder- und Rückseite, dessen Fensterreihen als endlose Bänder das Gebäude umlaufen, als wären es Filmstreifen (Uraniastrasse 40).

Auto und Architektur. Bellevue-Garage an der Stadelhoferstrasse 42, 1936. (Foto 1936)

Storchengasse··· 2 ··········· 4, 2, 5 ················· 5, 7, 9 ···················· 6, 4 ·························· 7 ······················ 7 ····

«Nicht mehr die Reissfeder, der Verkehr gestaltet jetzt den Stadtplan», schrieb dazu die Neue Zürcher Zeitung (NZZ, 6. Juli 1929). «Aus dem Vieleck ist eine Eiform geworden, ein Ei des Kolumbus, möchte man sagen, ein Haus aus einem Guss.» Eine elektrische Fassadenbeleuchtung hob den Schmidhof gebührend hervor. Seine moderne Ausstattung umfasste eine Tiefgarage, einen Autolift in alle Geschosse, Rohrpost und Room Service für die Büromieter.

Dem Schmidhof antwortet auf der gegenüberliegenden Strassenseite der gleich-zeitig von Wilhelm Schürch erbaute «Handelshof» (Uraniastrasse 31–35) mit ähn-lich gerundeten Gebäudeecken und durchlaufenden Fensterbändern. Die Dynamik beider Häuser spielt ineinander und verstärkt sich gegenseitig. Gerundete Fassaden wurden in den 1930er-Jahren in Zürich Mode, sie sind auch in anderen Quartieren anzutreffen. Ein imposantes Beispiel ist die Jelmoli-Erweiterung von 1938 des Berliner Architekten E. G. Schaudt (Uraniastrasse 25).

Sihlporte mit den Geschäftshäusern Schmid- und Handelshof, 1929–31. (Postkarte um 1940)

··· 8 ················· 13, 15 ··············· 15, 12 ··············· 15 ························ 16 ·························· 17, 19, 21, 23 ·····

Storchengasse 8__ Zur Blume, mittelalterliche Bausubstanz. **Storchengasse 9, Schlüsselgasse 2__**Zur Gelben Gilge, undat. **Storchengasse 10__**Siehe Wühre 13. **Storchengasse 12__**Zur Grossen Sonne, undat. **Storchengasse 13, Schlüsselgasse 6__**Zum Tor, 1326 erstmals erwähnt. Im 14. Jh. Neubau über älteren Fundamenten. 1551 Aufstockung. Nr. 13: 1865 triumphbogenartige Fassade aus Sandstein, Holz und Gusseisen. 1898 Marmor-Imitationsmalerei. Lit. KDM, Stadt Zürich II.II, S. 281 f. **Storchengasse 14, Wühre 17__**Zum Vorderen Weissen Bärli (Nr. 14), Zum Hinteren Weissen Bärli (Nr. 17), undat. **Storchengasse 15__**Zum Fuchs, 1853. **Storchengasse 16__**Siehe Weinplatz 2. **Storchengasse 17__**Zum Mohrenkopf, undat. **Storchengasse 19__**Zur Kleinen Bibel, undat. **Storchengasse 21__**Zum Kleinen Störchli, 1811.

Neues Bauen

Die Architektinnen und Architekten des Neuen Bauens, fasziniert vom leichten, frei stehenden Haus und der Öffnung zu Licht und Luft, setzten ihre architektonischen Manifeste meist nicht in die Innenstadt, sondern bevorzugt in die freie Natur, am See- und Limmatufer oder an den aussichtsreichen Hügellagen. Nur wenige Bauten erinnern im Stadtzentrum an die Verwandlung der Architektur durch das Neue Bauen. Neben der Sihlporte, die dieser modernen Baugesinnung entsprungen ist, stehen sich auch an der Einmündung der Stadelhoferstrasse in die Rämistrasse zwei Geschäftshäuser der 1930er-Jahre gegenüber (Rämistrasse 8, Stadelhoferstrasse 42). Im oberen Eckhaus an der Stadelhoferstrasse verbanden sich Verkehr und Architektur in Form der Autogarage (heute als Modegeschäft genutzt), die schwungvoll in das offene Erdgeschoss einbezogen wurde und dem ganzen Haus Dynamik und Leichtigkeit verleiht.

Die Bauten der kantonalen Verwaltung in der Walche (Walcheplatz 1, Neumühlequai 20), von den Gebrüdern Pfister 1927 entworfen und bis 1935 ausgeführt,

Walcheturm, Kantonale Verwaltung, 1927–1934. (Foto um 1935)

Storchengasse ·· 23　Strehlgasse ·· 1, 3, 2 ············· 1, 3 ···················· 2 ················· 3, 5, 7 ············· 7 ···

[D5/D6]　**Storchengasse 23**__Zum Roten Ochsen, zusammen mit Weinplatz 3, 4 römische Thermenzone, Bausubstanz zweite Hälfte 13. Jh. Frühes 14. Jh. Aufstockung. 14. Jh. Wandmalereien. 1593 Umbau. Lit. KDM, Stadt Zürich II.II, S. 282 f.

[D5]　**Strehlgasse 1, Weggengasse 2**__Zum Kleinen Hirschli, Bausubstanz 13./14. Jh. Im 14./15. Jh. Aufstockungen. 1786 Umbau. Zweite Hälfte 19. Jh. Ladeneinbau und Umbau 1./2. OG. Lit. ZD 1993/94, S. 177 f. **Strehlgasse 2**__Zum Rosmarin, undat. **Strehlgasse 3**__Zum Ledernen Eggstein, Zum Grossen Wolf, älteste Bausubstanz frühes 14. Jh. Mittleres 14. Jh. Aufstockung. 16./17. Jh. Ersatz der Flechtwerkwand durch Fachwerkkonstruktion. 1864, 1885 Fassadenumgestaltung und Ladeneinbau. Lit. ZD 1997/98, S. 177 f. **Strehlgasse 5**__Zum Kleinen Wolf, undat. **Strehlgasse 7**__Zum Grossen Wolf, undat.

stehen zwischen Tradition und Moderne. Die flachen Walmdächer und die schwere Steinverkleidung binden sie in traditionelle Sehgewohnheiten ein, doch die grossen, fast quadratischen und fassadenbündigen Fenster verhindern wie die Galerien im Erdgeschoss den Eindruck von Schwere, und ihr helles, sachlich weisses Inneres gleicht den Bauten der klassischen Moderne.

Moderne Innenräume

Die kühnsten Verwirklichungen des Neuen Bauens in der Innenstadt waren Innenräume: Die später zerstörte, modernistische Neugestaltung des Corso-Theaters, 1934 von Ernst F. Burckhardt gebaut, und der bis heute bestehende Laden der Wohnbedarf AG (Talstrasse 11), den Marcel Breuer 1932 entwarf. Sigfried Giedion, Werner M. Moser und Rudolf Graber hatten dieses Geschäft gegründet, um für die Produkte der modernen Schweizer Möbelentwerfer einen Vertriebskanal zu schaffen. Der Geist der schweizerischen Architekturmoderne fand seine Fortsetzung 1938 im Kongresshaus von Haefeli, Moser und Steiger, das ein wenig ausserhalb des Altstadtkreises liegt.

Neues Bauen. Wohnbedarf AG, Entwurf von Marcel Breuer, 1933. (Foto aus 50 Jahre Wohnbedarf)

···· 9 ···················· 13, 15 ·················· 14, 13, 15 ·············· 14 ························· 17, 19 ················· 24, 22, 20, 18, 16 ·····

Strehlgasse 9__Zum Steinernen Einhorn, 1598. Lit. KDM, Stadt Zürich II.II, S. 292.
Strehlgasse 10__Siehe Schwanengasse 5. **Strehlgasse 12**__Siehe Schwanengasse 7. **Strehlgasse 13**__
Zur Zahmen Taube, Bausubstanz 13. Jh., ehem. zwei Gebäude, nach 1771 zusammengefasst. 1728–31
prägende Umbauten. Um 1862 letzte Aufstockung. 1905 Ladeneinbau. Lit. ZD 1995/96, S. 164–167.
Strehlgasse 14__Siehe Schwanengasse 9. **Strehlgasse 15**__Weisse Taube, undat. **Strehlgasse 16**__Siehe
Schwanengasse 6. **Strehlgasse 17**__Zum Rosengarten, undat. **Strehlgasse 18**__Zur Rollenschmitte, 1877.
Strehlgasse 19, Glockengasse 1__Zur Grünen Egg, undat. **Strehlgasse 22, Wohllebgasse 15**__Zum Reigel
(Nr. 22), undat. **Strehlgasse 23**__Zum Kleinen Hirschhorn, undat. **Strehlgasse 25**__Zum Grossen
Hirschhorn, undat.

Emigration in der Schweiz

Als der Faschismus und Nationalsozialismus ab 1933 ihre autoritäre Hand auf Europa legten, blieb die Schweiz einer der letzten Zufluchtsorte für Schriftsteller, Dichterinnen, Intellektuelle, Revolutionäre und überzeugte Demokraten. Zwar agierte die Fremdenpolizei kleinlich und fremdenfeindlich, trotzdem nahm dank Emigrantinnen und Emigranten wie Wolfgang Langhoff, Leopold Lindtberg und Therese Giehse das Zürcher Schauspielhaus einen einmaligen künstlerischen Aufschwung. In der Altstadt nutzten die Cabarets Pfeffermühle und Cornichon die Lücken der Zensur zur Entlarvung der autoritären Mächte. Künstler, Intellektuelle und Emigranten trafen sich beim Verlegerpaar Emil und Emmie Oprecht am Hirschengraben, bei Wladimir Rosenbaum und Aline Valangin im Baumwollhof an der Stadelhoferstrasse 26 oder beim Schriftsteller R. J. Humm im Haus zum Raben an der Schifflände 5.

Cabaret Cornichon, Kritik an nazideutscher Kulturpolitik. (Foto Stadtarchiv Zürich, 1937)

Strehlgasse ····· 24 ············· 25, 27, 29 ·················· 26, 24 ·················· 26 ···················· 26 ····· Stüssihofstatt ·

[D5] **Strehlgasse 24, 26, Pfalzgasse 1__**Zum Kindli (Nr. 1, 24), Zum Kleinen Kindli (Nr. 26). Nr. 1, 24: 1409 erstmals erwähnt. 1567, 1690 prägende Umbauten. Bis Anfangs 17. Jh. Taverne, danach Wohnhaus (1618–1780) sowie Speisewirtschaft und Folklorelokal (nach 1876). Nr. 26: Älteste Bausubstanz frühes 14. Jh. Im 17. Jh. Aufstockung und Teilumbau zur heutigen Gestalt. 1883, 89 Werkstatt und Ladenfront. Lit. ZD 1995/96, S. 167–169; KDM, Stadt Zürich II.II, S. 288–292. **Strehlgasse 27__**Zur Krone, undat. **Strehlgasse 29__**Zum Birnbaum, undat.

[E5] **Stüssihofstatt 3__**Zum Königsstuhl, 1357 erstmals erwähnt. 15. Jh. Erkerbau. 1938/39 Neubau als Zunfthaus zur Schneidern, A: Emil Fietz, Jakob Leuthold. Lit. KDM, Stadt Zürich III.II, S. 201–203.

Wirtschaftskrise und Arbeitsbeschaffung

Die Grosse Depression der 1930er-Jahre legte die private Bautätigkeit ab 1934 praktisch still, Arbeitslosigkeit breitete sich aus. Die Stadtbehörden versuchten, mit antizyklischen Investitionen Arbeitsmöglichkeiten zu schaffen. Arbeitslose Ingenieure und Architekten beschäftigten sie im «Technischen Arbeitsdienst» mit Studien zur Sanierung der Altstadt. Und am Schanzengraben realisierten sie 1939–1941, mitten im Weltkrieg, ein altes Projekt: Das städtische Hallenbad (Sihlstrasse 71). Der vornehm symmetrische Bau von Stadtbaumeister Hermann Herter strahlt mit seinem weissen, von grossen Fenstern durchbrochenen Volumen einen für die Zeitumstände überraschenden Optimismus aus. Ein offenes Glasdach überspannte ursprünglich die Schwimmhalle und sorgte zusammen mit den raumhohen Fenstern für ein befreites Gefühl der Bewegung in offener Natur.

Schwimmhalle des städtischen Hallenbads City, 1938–1941. (Foto um 1945)

··· 3, 4 ················· 6 ················· 7 ················· 6, 8, 10, 11 ················· 9, 10 ················· 10 ················· 10 ·····

Stüssihofstatt 4__Zum Weissen Wind, 1357 erstmals erwähnt, spätmittelalterliche Bausubstanz 14./15. Jh. Um 1800 Aufstockung. Lit. KDM, Stadt Zürich III.II, S. 203. **Stüssihofstatt 6**__Zur (Vorderen) Silberschmitte, undat. 1574, 1730 Umbauten. Lit. KDM, Stadt Zürich III.II, S. 203 f. **Stüssihofstatt 7**__ Zur Hinteren Silberschmitte, ehem. Zunfthaus zur Schuhmachern (seit 1401), 1272 erstmals erwähnt. Um 1500, 1596, 1612 Baumassnahmen. Lit. KDM, Stadt Zürich III.II, S. 204 f. **Stüssihofstatt 8**__Zum Kessel, undat. **Stüssihofstatt 9**__Zum Schwarzen Garten, Bausubstanz Mitte 13. Jh., erstmals 1357 erwähnt. 1534 Erwerb durch Bader und Schärer, danach Umbauten. 1781, 1804 weitere Baumassnahmen. Lit. KDM, Stadt Zürich III.II, S. 205–208. **Stüssihofstatt 10**__Zum Mühlerad, 1599/1600 Neubau durch die Gesellschaft der Müller. Lit. KDM, Stadt Zürich III.II, S. 209.

Die Stadt im Krieg

Im September 1939, während am Zürcher Seeufer die Schweizerische Landesausstellung der Bevölkerung Optimismus und Widerstandsgeist zu schenken versuchte, begann mit dem deutschen Einmarsch in Polen der Zweite Weltkrieg. Geistig und organisatorisch war die Schweiz besser vorbereitet als 1914, die Lebensmittelrationierung hielt Preissteigerungen in Grenzen, und der sichtbare Anbau von Getreide und Kartoffeln auf der Sechseläutenwiese stärkte das Vertrauen in die Versorgung der Bevölkerung.

Schlechter war es um die militärische Verteidigungsfähigkeit bestellt. Ausserstande, die Rheingrenze wirksam zu schützen, erklärte die Schweizer Armee 1940 die Limmat zur Verteidigungslinie für den Fall eines Angriffs. Mitten durch die Stadt wurden Stacheldrahtverhaue und Maschinengewehrstellungen gezogen, Zürich war – trotz verzweifelten Protesten der Stadtregierung –, als Kampfzone vorgesehen. Eine Evakuation der Bevölkerung war nicht geplant, dagegen entsandten Banken und Konzerne Lastwagenkonvois mit Akten und Wertschriften in sichere Verstecke

Sichtbare Kriegsvorsorge. Getreideanbau am Bellevue 1944. (Foto 1944)

Stüssihofstatt ·········· 13 ············ 16, 17, 3 ········· 16, 17   Talacker ····· 16 ·············· 16 ··

[E5] **Stüssihofstatt bei 10**__Stüssibrunnen, erster Brunnen 1421 erwähnt. 1574 Neuanlage mit originaler Figur. 1811 Ersatz des alten achteckigen Trogs durch Becken des einstigen Münsterhofbrunnens von 1766/67. 1919 Umarbeitung, Kopie der Figur, K: Hans Gisler. Lit. KDM, Stadt Zürich III.II, S. 200 f. > S. 67
Stüssihofstatt 11__Zum Pfäuli, erste Hoffassade 14. Jh., zweite Hoffassade zweite Hälfte 16. Jh. Lit. KDM, Stadt Zürich III.II, S. 209 f. Siehe auch Rindermarkt 7. **Stüssihofstatt 13**__Siehe Marktgasse 23.
Stüssihofstatt 14__Zur Unteren Linde, undat. **Stüssihofstatt 16**__Zum Türk, undat. **Stüssihofstatt 17**__ Zum Roten Kessel, undat.

[C6-B5] **Talacker 16, Bärengasse 10, St. Peterstrasse 17–19**__Bärenhof, 1948, A: Werner Stücheli, Hans Weideli, Hermann Weideli. **Talacker 34**__Siehe Pelikanstrasse 18. **Talacker 35**__Siehe Pelikanplatz 15.

im Alpenraum. Als im Deutschen Reich die Vernichtung der Juden einsetzte, schloss die Schweiz ihre Grenzen für Flüchtlinge.

Sanierungsmassnahmen in der Altstadt

Während im übrigen Europa Bomben auf die Städte fielen, planten die Behörden in Zürich bereits die Sanierung der Altstadt für die Nachkriegszeit. Von Totalsanierungs-plänen nahm sie nun Abschied, stattdessen wurde der historische Bestand häuser-weise inventarisiert und bewertet. Gezielte Eingriffe, Erneuerungen und Auskernun-gen sollten künftig Licht, Luft und gesunde Wohnverhältnisse in das dichte Häuser-gewirr bringen, ohne dessen Charakter ganz zu zerstören. An der Leuengasse entstanden familiengerechte Wohnhäuser mit grossen Balkonen: Die Behörden schrieben den Bewohnerinnen und Bewohnern vor, sie mit Geranien zu bepflanzen. (Daniel Kurz)

Zürich als Kampfzone. Abwehrstellungen beim Hotel Storchen. (Foto Stadtarchiv Zürich, 1940)

········ 41 ·················· 50, 42 ···························· 50 ·············· Talstrasse 1 ························· 9, 11, 25 ······

Talacker 41__Ehem. Sihlgarten. 1947 Abbruch, 1957 Neubau von Karl Egender. > S. 225 **Talacker bei 41**__ Brunnen, 1940, K: Aristide Maillol. **Talacker 42, Nüschelerstrasse 31**__Geschäftshaus Talgarten mit Restaurant, 1952, A: Roland Rohn. > S. 225 **Talacker 50**__Geschäftshaus City, 1956–58, A: Heinrich Oeschger, Karl Knell.

[D7-B5] **Talstrasse 1, 1a, Börsenstrasse 25–27**__Hotel Baur au Lac, 1842–98 (in mehreren Etappen erbaut), A: Johann Keller, Theodor Geiger, Stadler & Usteri. 1927/28 Pavillon und Eingangspartie. Lit. Jean des Cars, Memoiren eines Palace, Baur au Lac, Paris 2002. > S. 112 **Talstrasse 9–11, Börsen-strasse 26**__Geschäftshäuser Schanzenhof, 1927–34, A: Henauer & Witschi. Nr. 11: 1933 Ladenumbau für die Firma «Wohnbedarf» von Marcel Breuer, Robert Winkler-Bernaud. > S. 201, 207

DIE ALTSTADTSANIERUNG

«Neapel in Zürich» titelte die Neue Zürcher Zeitung in einer Wochenendausgabe 1950 einen Bericht über den baulichen Zustand in der Altstadt (NZZ, 14. Mai 1950). Dichte Bebauung mit engen Gassen und schlecht unterhaltene Häuser mit ungenügenden sanitären Einrichtungen brachten die Altstadt in Verruf: Als «Wohnhöhlen und Tuberkulosegräber» bezeichnete sie die Zeitung Das Volksrecht (14. August 1929). Die Stadt innerhalb der einstigen mittelalterlichen Stadtmauern wurde im 20. Jahrhundert zum Sanierungsfall. Beinahe 100 Jahre stritten sich die Politiker darüber, auf welche Art saniert werden soll. Die politischen und weltanschaulichen Ansichten belebten die Debatte kräftig: So kämpfte das sozialdemokratische Volksrecht gegen das Gässchenelend in der Altstadt und prangerte dabei die Profitgier der Hausbesitzer an.

Flächenmässig blieb Zürich bis zur ersten Eingemeindung 1893 eine Kleinstadt, zuletzt mit 28 000 Einwohnern. 1799 wohnten auf gleichem Raum 10 000 Menschen. Den spärlichen Platz beanspruchten im 19. Jahrhundert die Stadt und private Investoren für Neubauten, Erweiterungen und Umnutzungen: für Schulen, das Spital,

Die Leuengasse, 1937. Die rechte Häuserzeile wird ein Jahr später abgerissen. (Foto 1937)

Talstrasse ···· 26 ·············· 35 ················· 39 ···················· 70, 66 ······················· 70, 66 ························ 71 ···

[D7–B5] **Talstrasse 25, Bleicherweg 5__**Ehem. Börse, 1928–30, A: Henauer & Witschi. Lit. Hans Rudolf Schmid, Richard T. Meier, Die Geschichte der Zürcher Börse: Zum hundertjährigen Bestehen der Zürcher Börse, Zürich 1977. **Talstrasse 26__**Siehe Paradeplatz 6. **Talstrasse 27, Bleicherweg 8__**Ehem. Wohnhäuser, heute Bankgebäude, 1878–80, A: Caspar Ulrich. 1947 prägender Umbau. Lit. Franz Bösch, Bank Hofmann AG (Hrsg.), Nonnen, Soldaten, Bankiers, Vom Klosteracker und Schanzenwerk zum Bankgrundstück, Zürich 1986. **Talstrasse 35__**Zur Schanze, 1877. **Talstrasse 39__**Apartmenthaus, 1953/54, A: Werner Stücheli. Lit. Flora Ruchat-Roncati, Werner Oechslin (Hrsg.), Werner Stücheli, Zürich 2002, S. 68.
Talstrasse 66, 70__ Siehe Pelikanplatz 15. **Talstrasse 71__**Siehe Pelikanstrasse 40. **Talstrasse bei 71__** Denkmal für Oswald Heer (1809–83), Mitte 19. Jh., K: Georg Hoerbst. Denkmal für Konrad Gessner (1515–65), 1853, K: Georg Hoerbst.

ein Gerichtsgebäude, Bahn- und Postbauten, Hotels. In der Altstadt liessen die Hausbesitzer die freien Gärten und Höfe überbauen und die Häuser behelfsmässig aufstocken. Mit zunehmender Dichte wurden die Wohnverhältnisse prekärer. Während zu Beginn des 20. Jahrhunderts die Stadt den sozialen Wohnungsbau draussen in den Quartieren förderte, entwickelte sich die Altstadt zum Armenviertel.

Erste städtische Massnahmen zur Sanierung der Altstadt

Die Schlagzeilen der Neuen Zürcher Zeitung und des Volksrechts sprechen für sich. Die Stadtverwaltung war gefordert: Die «dunklen und feuchten Verliesse» müssen verschwinden. «Raum, Licht, Hygiene» lautete der Slogan. Der Stadtrat äufnete ein Konto zum Kauf von Abbruchliegenschaften. Es folgten die ersten Hofauskernungen: 1929/1930 der Nägelihof, 1932 die Malergasse, 1933 die Metzger- und Krebsgasse, 1938/1939 die Spiegel- und Leuengasse, 1940 die Grauegasse und die Köngengasse. Dabei zeigte sich, dass Auskernungen allein nicht viel zu einer wohnlicheren Stadt beitragen. Mehrere der neu geschaffenen Höfe wirkten armselig. Die Arbeiten geschahen unkoordiniert, mehrere Amtsstellen mit unterschiedlichen Interessen

Die Leuengasse, 1938 zum Platz erweitert. Die Fassaden der linken Häuserzeile stehen im Sonnenlicht. (Foto 1938)

········ 80, 65 ························· 80, 74   Theaterplatz ········· 1   Theaterstrasse ··········· 12, 10, 8 ·····

Talstrasse 80, 82__Büro- und Geschäftshaus «City», 1950, A: Ernst Schindler. > S. 225

[F8] **Theaterplatz 1, Falkenstrasse 1, Schillerstrasse 1**__Opernhaus, ehem. Stadttheater, 1891, A: Fellner & Helmer. 1936 Sanierung und Umbau von Otto Dürr. 1984 Sanierung und Umbau. Lit. ZD 1980–84, 2. Teil, S. 76–85. > S. 168

[F8-E7] **Theaterstrasse 4**__Wohnhaus, 1865, A: Caspar Ulrich. **Theaterstrasse 6, Goethestrasse 12, 14**__Wohn- und Geschäftshäuser, 1863. **Theaterstrasse 10**__Corso, ehem. Theater, Restaurant, Läden, heute Kino und Club, 1898–1900, A: Hermann Stadler, Johann Usteri. 1933/34 Umbau von Ernst Burckhardt, Karl Knell. Lit. ZD 1970–74, 1. Teil, S. 270–272. > S. 169

befassten sich mit den Projekten: Das Tiefbauamt und das Hochbauinspektorat waren mit der Ausführung betraut, involviert waren im Weiteren die Liegenschaften-verwaltung, das Inspektorat des Gesundheitsamts, das Bebauungs- und Quartier-planbüro sowie das Hochbauamt. Die verbreitete Unzufriedenheit veranlasste den Stadtrat 1945, eine Zentralstelle für Altstadtsanierung beim Hochbauamt zu schaffen. Das Büro für Altstadtsanierung setzte klare Richtlinien: Die Probleme der Vergangenheit waren erkannt, es wurden entsprechende Regelungen getroffen, die zur Verbesserung der Verhältnisse führen sollten. Wie sich aber zeigte, war die gewählte Form der Altstadtsanierung nicht zukunftsfähig.

Zur Altstadtsanierung gehörte für den Stadtrat auch die Schaffung neuer und die Verbreiterung bestehender Verkehrswege. Der Regierungsrat verweigerte allerdings 1942 die Baulinienvorlage zum Zähringerdurchstich zum zweiten Mal – es ging um eine Verbindungsstrasse von der Rudolf-Brun-Brücke zum Zähringerplatz und weiter durch das Neumarktquartier zum Heimplatz. Der Stadtrat aber hielt an seinem Verkehrskonzept fest, und das Büro für Altstadtsanierung war an der Realisierung mitbeteiligt. Als das Büro 1950 den Abbruch des «Salomon-Gessner-Hauses»

Münstergasse 9. Haus zum Schwanen, Alkoven mit Apoll, stuckiert von Valentin Sonnenschein, um 1780. (Foto SLM, um 1930)

Theaterstrasse ···· 16, 14 ················ 16, 14   Tiefenhöfe ········ 6 ·············· 9, 10, 11, 12   Torgasse ············ 3 ··

[F8–E7] **Theaterstrasse 14–16, St. Urbangasse 2**__Wohn- und Geschäftshaus, 1890–92, A: Hans Baur. Nr. 14: 1907 Einbau Apotheke.

[C6/D6] **Tiefenhöfe 6**__Ehem. Remisengebäude des «Hinteren Tiefenhofs», 17. Jh. 1860 Flachdachanbau, 1865 Aufstockung südlicher Gebäudeteil, 1893 Neubau nördlicher Gebäudeteil. Lit. ZD 1991/92, S. 118–120. **Tiefenhöfe 9, 10, 11**__Siehe Paradeplatz 2, 3, 4, 5. **Tiefenhöfe 12**__Siehe Bahnhofstrasse 21.

[E7/F7] **Torgasse 1**__Siehe Limmatquai 4. **Torgasse 2**__Siehe Limmatquai 2. **Torgasse 3**__Zum Bögli, undat.

(Münstergasse 9) beantragte, gab es harsche Kritik: «Es scheint in diesem Bureau Leute zu geben, die entweder mit der Geschichte unserer Stadt nicht vertraut sind, oder, was ebenso gefährlich wäre, sie als quantité négligeable behandeln ... Unseres Erachtens kann es nicht Sache der Altstadtsanierung sein, unter Opferung charakteristischer kunst- und kulturhistorisch bedeutender Bauten die Altstadtgassen zu verbreitern ... Die Altstadtgassen wesentlich verbreitern, heisst sie zerstören ... Was darüber hinausgeht, ist Zerstörung des Altstadtbildes, und das kann nicht Zweck der Sanierung sein, sonst nenne sich das Bureau ehrlicherweise Bureau für den Abbruch der Altstadt. Es ist in Zürich schon so viel Altes zerstört worden, dass wir dem wenigen, das auf uns gekommen ist, Sorge tragen müssen. Das ist nicht nur eine zürcherische Aufgabe, sondern eine europäische Pflicht, nachdem die letzten Kriege so viel europäisches Kulturgut vernichtet haben...» (NZZ, 5. Juli 1950).

Die Erinnerungen an die Zerstörungen des Zweiten Weltkriegs, die Bilder von zerbombten Städten, hatten zur Folge, dass die Wertschätzung der vergleichsweise unversehrten Altstadt stieg. Im März 1955 veranstaltete die Neue Helvetische Gesellschaft einen öffentlichen Diskussionsabend zum Thema «Erhaltung und

Planzeichnung zur Altstadtsanierung mit Strassendurchstich von Mühlegasse bis Heimplatz.

···· 4, 2 ················· 5, 7, 9 ·············· 7, 9, 11 ················ 8, 6, 4, 2 ················ 11 ·········· Trittligasse 2 ·····

Torgasse 4–10__Siehe Rämistrasse 3–7. **Torgasse 5**__Zum Kranich, Kernbau vermutl. um 1300. Danach zahlreiche Umbauten. **Torgasse 7, 9, 11**__Zum Ellstecken (Nr. 7), Zur Weissen Rose (Nr. 9), Zum Luchs (Nr. 11). Ehem. Holzhäuser, um 1300 abgebrannt. 13./14. Jh. Neubauten aus Stein. Nr. 7: 17. Jh. neue Fassadenmauer. Nach 1700 Aufstockung. Nr. 11: Abgesehen von Fensterformen wenig Veränderungen im Lauf der Jahrhunderte. Vermutl. im 16. Jh. Dachumbau. Lit. ZD 1995/96, S. 171–173.

[E6/F6] **Trittligasse 2**__Zum Sitkust, Wohnhaus mit Gartenhaus, 1314 erstmals erwähnt. 1601, 1842, 1863, 1898 Umbauten. Lit. KDM, Stadt Zürich III.II, S. 241 f. **Trittligasse 3**__Wohn- und Geschäftshaus, 1872.

Gestaltung der Altstadt». Richard Zürcher (Professor für Kunstgeschichte) sprach über «Die Altstadt als Kraftquelle», und Hugo Schneider (Direktor des Schweizerischen Landesmuseums) meinte «Denkmalpflege tut not». Die Versammlung stimmte einer Resolution zu, in der die Behörden von Stadt und Kanton gebeten wurden, eine Arbeitsgruppe mit Baufachleuten, Historikern, Kunsthistorikern und Soziologen zu schaffen, um die Probleme in der Altstadt zu lösen. Kurz zuvor, im Dezember 1954, wurde eine Motion von Stimmberechtigten zum Schutz der Altstadt eingereicht. Der Stadtrat lehnte das Begehren ab, versprach aber, eine Weisung über den Erlass von Schutzbestimmungen und über allgemeine Bauvorschriften für die Altstadt vorzulegen sowie eine Kommission für Fragen der Denkmalpflege in der Altstadt zu ernennen. Innert Jahresfrist, am 28. Oktober 1955, wurde die «Kommission zur Begutachtung von Fragen der Denkmalpflege in der Altstadt» gebildet. Mit der Reorganisation des Baugeschichtlichen Archivs (BAZ) beschloss der Stadtrat am 21. März 1958 die Umbenennung in «Büro für Altstadtsanierung und bauliche Denkmalpflege». Neu wurde beim BAZ eine «wissenschaftliche Denkmalpflege» eingerichtet: Aufgabe dieser Dienststelle war es,

Modell der sanierten Altstadt mit kleinen Parkanlagen in den ausgekernten Höfen.

Trittligasse 4 ·········· 3–7, 6–2 ····························· 8 ······················· 5, 7 ··················· 8, 6, 4 ················· 12, 8, 6

[E6/F6] **Trittligasse 4**__«Comendurs hus» (seit 1780 Zum Distelfink), 1408 erstmals erwähnt. 1773 Erwähnung von Waschhausanbau. 1858 vermutl. Aufstockung. Lit. ZD 1991/92, S. 120 f. **Trittligasse 5**__Zum Steinernen Erker, undat. **Trittligasse 6**__Zum Kleinen Friesenberg, ehem. Pfrundhaus Grossmünster, undat. 1828 Umbau. Lit. KDM, Stadt Zürich III.II, S. 242. **Trittligasse 7–9**__Zum Gelben Leu (Nr. 7), Zur Nussschale (Nr. 9). Nr. 7: 1380 erstmals erwähnt. 1813, 1833 Umbauten. Nr. 9: 14. Jh., um 1557 Neubau. 1980/81 Zusammenlegung beider Häuser. Lit. KDM, Stadt Zürich III.II, S. 242 f. **Trittligasse 8, 10**__Zum Friesenberg (Nr. 8), mittelalterliche Bausubstanz. Fassade 1408. Ende 16. Jh. Umbau. 1750 Innenausstattung. Treppenhaus vermutl. 1825, ebenso Aufstockung und Abtrittanbau. Terrasse frühes 20. Jh. Nr. 10: Ehem. Waschhaus, um 1815. Lit. KDM Stadt Zürich III.II, S. 243 f.

Gutachten sowie baugeschichtliche Unterlagen zu erstellen, bei Abbrüchen sicher-
gestellte Einzelteile zu inventarisieren.

Altstadtsanierung hinter den Fassaden

Länger dauerte es, bis die Bauvorschriften und Schutzbestimmungen rechtskräftig
vorlagen. Am 14. Februar 1962 stimmte das Parlament den «Bauvorschriften
für die Altstadt» sowie der «Verordnung über den Schutz des Stadtbildes und der Bau-
denkmäler (Denkmalschutzverordnung)» zu. Absicht beider Beschlüsse war, das Stadtbild in seiner Wirkung zu bewahren. Griffige Massnahmen zum Erhalt der Häuser in
ihrer gesamten Baustruktur fehlten jedoch. Typisch für die damalige Verordnung war
folgende Bestimmung der Bauvorschriften: «Bei Zusammenfassung mehrerer Häuser sind die Fassaden so zu gliedern, dass ihre Teile im wesentlichen den bisherigen
Hausbreiten entsprechen.» In der Folge geschah die Altstadtsanierung hinter
herausgeputzten Fassaden. Nicht die Gassen, sondern die Häuser wurden nun aus-
gekernt, oft aussen und innen rekonstruiert. Manches mutet heute grotesk an:

Schipfe 25. Ansicht nach der Sanierung 1989. (Foto 1989)

.... 12 .... 15, 17 .... 18 .... 19 .... 24 ....

Trittligasse 12__Zum Schwarzen Kreuz, undat. **Trittligasse 15**__Zur Hoffnung, undat.
Trittligasse 16__Zur Roten Rose, Wohnhaus mit Gartenhaus, urspr. zwei Häuser, 1401/08 erstmals
erwähnt. 1652 Umbau. Lit. KDM, Stadt Zürich III.II, S. 245–247. **Trittligasse 17**__Zum Sonnenzirkel, 1401
erstmals erwähnt. 1824, 1829, 1863 Umbauten. Lit. KDM, Stadt Zürich III.II, S. 247. **Trittligasse 18**__Zu
den drei Rosen, Wohnhaus mit Gartenhaus, undat. 1641 und 1857 prägende Umbauten. Lit. KDM,
Stadt Zürich III.II, S. 247. **Trittligasse 19**__Zum Sonnenberg, 1444.·Lit. KDM, Stadt Zürich III.II, S. 247 f.
Trittligasse 20__Zum Ellstecken, mittelalterliche Bausubstanz. 1661 Umbau. Lit. KDM, Stadt Zürich
III.II, S. 248. **Trittligasse 24**__Zur Alten Burg, 1401 erstmals erwähnt. Erste Hälfte 16. Jh. Abtrennung
eines westlichen Hausteils. 1541–48 Umbauten. 17. Jh. Aufstockung. 1820 Erneuerung. 2. Hälfte 19. Jh.
diverse Umbauten. Lit. KDM, Stadt Zürich III.II, S. 249.

In der Altstadt kaschierten originalgetreu rekonstruierte Fassadenzeilen neu erstellte Warenhäuser (z.B. Bahnhofstrasse 60, 62). Kunststoffverputze und Dispersionsanstriche fegten die gräulichen Stadtansichten weg. Die Hausbesitzer rekonstruierten ein Idealbild der Gebäude, das gar nie oder schon lange nicht mehr existierte. So gehörte auf jedes Haus ein Giebeldach, auch wenn vorher keines da war (z.B. Neumarkt 8).

1976 reichten Niklaus Kuhn und 21 Mitunterzeichnende eine Motion ein, um das Aushöhlen in der Altstadt zu stoppen. Zwei Jahre später setzte der Regierungsrat des Kantons Zürich auf Antrag der Stadtregierung eine Planungszone für die Altstadt fest, zunächst auf fünf Jahre beschränkt, die später um weitere drei Jahre verlängert wurde. Im Hinblick auf eine neu vorzubereitende Teilrevision der Bauvorschriften wurden vorwirkend die Artikel 4 und 5 der Bauvorschriften für die Altstadt geändert: Die Fassaden waren unter Wahrung des bisherigen Brandmauersystems so zu gliedern, dass ihre Teile den bisherigen Hausbreiten entsprachen; ferner waren die bisherigen Trauf- und Firsthöhen beizubehalten (Stadtratsbeschluss vom 12. April 1978).

Schipfe 25. Neubau-Vorschlag des Büros für Altstadtsanierung für ein Hotel, 1950.

Trittligasse 26 ·········· 34, 32, 30, 26 ·········· 32, 30, 26, 24 ················· 34 ················· 36, 34   Untere Zäu◄

[E6/F6] **Trittligasse 26**__Zum Rehböckli, 1401 erstmals erwähnt. 1504, 1822 Umbauten. Lit. KDM, Stadt Zürich III.II, S. 249 f. **Trittligasse 30**__Zum Rosenkranz, 1408. 1737 Ausbau. Lit. KDM, Stadt Zürich III.II, S. 250. **Trittligasse 32**__Zum Kleinen Goldenen Winkel, 14. Jh. Lit. KDM, Stadt Zürich III.II, S. 251. **Trittligasse 34–38**__Zum Goldenen Winkel (Nr. 34). Nr. 34: 1408. Nr. 36: vor 1812. Nr. 38: 1860. Lit. KDM, Stadt Zürich III.II, S. 252.

[F5/E5] **Untere Zäune 1**__Chamhaus, im 13. Jh. erstmals erwähnt. 1867, 1884 prägende Umbauten. Lit. KDM, Stadt Zürich III.II, S. 314. **Untere Zäune bei 1**__Manesse-Brunnen, 1931, K: Arnold Hünerwadel. **Untere Zäune 2, Hirschengraben 11**__Zum Lindenegg, 1853. Waschhaus, 1870. Lit. KDM, Stadt Zürich III.II, S. 316.

Keine Schutzverordnung, dafür Kernzone und Inventar

Nach Ablauf der Rechtswirkung der Planungszone erliess der Stadtrat 1986 eine Schutzverordnung für die Altstadt. Sie diente als Rechtsinstrument, um die Substanz der
Altstadt zu erhalten. Aushöhlungen und Rekonstruktionen wurden darin als Verlust der
Altbausubstanz benannt. Demgegenüber wurde der kultur- und kunsthistorische Wert
der Altstadt im vielschichtig ablesbaren Aufbau der Häuser gesehen. So war das Innere
ebenso Teil eines Schutzobjekts wie die Fassaden. Mehrere Rekurse wurden gegen die
Schutzverordnung erhoben und in der Presse von polemischer Rhetorik begleitet. In der
Neuen Zürcher Zeitung (NZZ, 15. Januar 1987) wehrte sich ein Rekurrent selbst gegen
die Form der Schutzabklärung, die aufgrund der Bestimmungen des Planungs- und Bau-
gesetzes (PBG) geregelt wurde: Die Baufreiheit werde «auf den Kopf gestellt», und er
sehe sich den «gnädigen Herren» ausgeliefert. «Aus dem Recht zu bauen wird eine gnädig
zu erteilende Konzession.» Nicht alle Gerichtsinstanzen urteilten gleich. Letztinstanz-
lich scheiterte die Schutzverordnung mit formaljuristischer Begründung: Für die Fest-
setzung sei der Gemeinderat und nicht der Stadtrat zuständig gewesen, fasste das
Verwaltungsgericht in einem zweiten Rechtsgang seinen Entscheid zusammen.

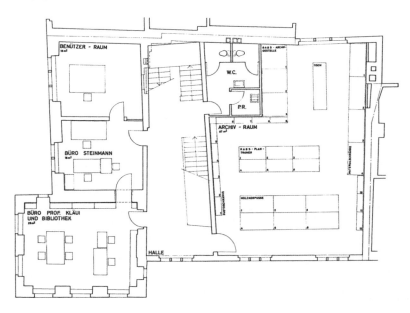

Schipfe 25. Projekt für das Baugeschichtliche Archiv, um 1960.

Untere Zäune 3__Wohnhaus, undat. 1868 Umbau/Aufstockung. **Untere Zäune 5**__Zum Fliegenden Fisch,
Kernbau zweite Hälfte 13. Jh. Im 14. Jh. Erweiterung. 1591 und Folgejahre Aufstockungen. 1854, 1877
Umbauten. Lit. KDM, Stadt Zürich III.II, S. 316 f. **Untere Zäune 7**__Zum Gekrönten Luchs, undat.
Untere Zäune 9–11, 15__Zum Meerfräulein (Nr. 9), Zum Sunneblüemli (Nr. 11), Zum Grünen Glas (Nr. 15),
undat. Nr. 15: 1951–55 Neubau im Zuge der Altstadtsanierung von Hans Reimann. Lit. Roman G. Schönauer,
Andreas Honegger, Zunfthaus zum Grünen Glas, Rückblick auf die Geschichte eines Altstadthauses und
seiner näheren Umgebung, Zürich 1987. **Untere Zäune 17**__Zum Wilden Mann, Vorgängerbauten
im 15. Jh. erstmals erwähnt. 1615–17 und 1871 Neubauten. 1959/60 Neubau von Weideli & Gattiker.
Lit. KDM, Stadt Zürich III.II, S. 318–322.

Bauen und Umbauen ist heute über das kantonale Planungs- und Baugesetz, das 1986 festgelegte Inventar der kunst- und kulturhistorischen Schutzobjekte von kommunaler Bedeutung und über die Kernzone der städtischen Bau- und Zonenordnung geregelt. Diese Instrumente erlauben einen neuen Umgang mit der Altstadt.

Neuer Umgang mit der Altstadt

Das Beispiel der Schipfe 25 zeigt den über die Jahrzehnte sich ändernden Umgang mit der Altstadt. Das Haus besteht aus einer über sieben Jahrhunderte gewachsenen Baustruktur, heute sichtbar in zwei Hausteile unterteilt, die über den grosszügigen Hausflur erschlossen werden. 1950 plante hier das Büro für Altstadtsanierung einen fünfgeschossigen Hotelneubau mit einer geschlossenen Terrasse im ersten Stock – im Stil dem Hotel Storchen am Weinplatz ähnlich. Zehn Jahre später sollte das Haus an der Schipfe für das Baugeschichtliche Archiv umgebaut werden, der niedere Hausteil hätte dabei einem Neubau weichen müssen. Später folgten hintereinander mehrere Projekte mit Wohnnutzungen: Zunächst waren sechs Einzimmerwohnungen, zwei

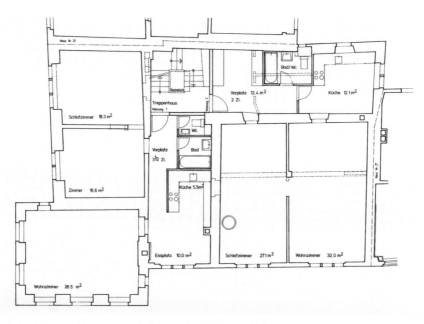

Schipfe 25. Umbauprojekt von 1982. Aufteilung der beiden Haushälften in je eine Kleinwohnung. Der Hausflur dient als Küche und Bad, ein Treppenhaus wird neu gebaut.

[F5/E5] **Untere Zäune 19__**Zum Hohen Steg, um 1505 anstelle dreier Vorgängerbauten. 1606, 1641 Umbauten. Ausstattung aus dem 18. Jh. 1851 Umbau. Heute Kapelle der Christengemeinschaft. Lit. ZD 1999–2002, S. 91; KDM, Stadt Zürich III.II, S. 322–324. **Untere Zäune 21__**Zum Einhörnli, 1952, A: Philipp Bridel. **Untere Zäune 25__**Zum Grünen Kreuz, Kernbau vor 1400. 1669 Umbau mit Aufstockung. Umbauten nach 1810, 1882. Lit. KDM, Stadt Zürich III.II, S. 325.

[D4–B5] **Uraniastrasse 1__**Siehe Schipfe 30–32. **Uraniastrasse 2__**Siehe Lindenhofstrasse 21–25. **Uraniastrasse 4, Werdmühleplatz 4__**Geschäftshaus, ehem. Bankgebäude, 1910, A: Gustav Gull. **Uraniastrasse 7__**Siehe Lindenhofstrasse 19. **Uraniastrasse 9__**Sternwarte Urania, 1905–07, A: Gustav Gull. 1989/91 umfassende Renovation. Lit. ZD 1993/94, S. 74–85.

Zweizimmerwohnungen, zwei Ateliers und zwei Vereinszimmer vorgesehen; 1982 waren es ein Laden, eine Zweizimmerwohnung, eine Zweieinhalbzimmerwohnung und drei Dreieinhalbzimmerwohnungen. Der schöne Hausflur hätte in Treppenhaus, Nass-zellen und Küchen zerteilt, auf das Zinnendach hätte – dem gewünschten Bild von der Altstadt entsprechend – ein Satteldach gesetzt werden sollen. Das Projekt wurde mehrmals überarbeitet, auf die störenden Unterteilungen wurde verzichtet. Am 23. März 1987 erteilte die Bausektion die Baubewilligung. Der gemeinderätlichen Kommission, welche die Geldmittel bewilligen musste, missfiel das Umbauprojekt: Sie verlangte einen schonenderen Umgang mit dem Schutzobjekt und der vorhan-denen Bausubstanz. So wurde pro Etage nur noch eine Wohnung eingerichtet. Der Hausflur musste lediglich im hintern Teil abgetrennt werden, die alte Treppe blieb erhalten. Das Beispiel Schipfe 25 zeigt nicht nur die stufenweise Entwicklung weg von der Altstadtsanierung hin zu einer modernen Denkmalpflege. Schipfe 25 steht auch für einen weiteren Paradigmenwechsel im Umgang mit der Altstadt. Hier stehen drei grosszügige Wohnungen für eine vermögende Mieterschaft zur Verfügung: Die Alt-stadt hat sich vom Armenviertel zum bevorzugten Wohnquartier entwickelt. (Urs Baur)

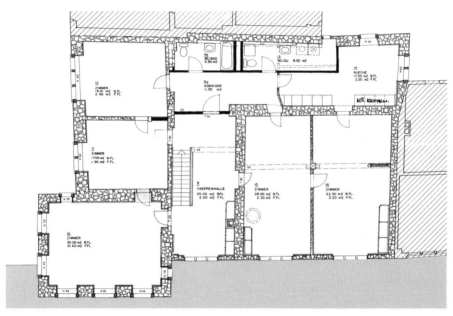

Schipfe 25. Realisiertes Projekt von 1989. Eine Grosswohnung pro Etage, der Grossteil der Bausubstanz wird erhalten.

··· 10 ················· 14, 12 ················· 15 ················· 25 ············· 22, 20, 18 ················· 33, 35 ················· 40

Uraniastrasse 10–16, Gerbergasse 5__Geschäftshaus, 1899–1905, A: Theodor Oberländer, Otto Pfleghard, Max Haefeli. **Uraniastrasse 11**__Bienenhof, 1907, A: Pfleghard & Haefeli. Umbau 1958 von Otto Glaus. **Uraniastrass 15**__Hansahof, 1908, A: Pfleghard & Haefeli. Lit. ZD 1985/86, S. 85–87. **Uraniastrasse 18**__Siehe Hornergasse 10. **Uraniastrasse 20–22, Hornergasse 13**__Geschäftshaus, 1894/95. **Uraniastrasse 25**__Siehe Seidengasse 1. **Uraniastrasse 31–35, Sihlstrasse 38**__Handelshof, 1929/30, A: Wilhelm Schürch. > S. 205 **Uraniastrasse 40, Löwenstrasse 2**__Schmidhof (ehem. Sihlhof), 1929–31, A: Otto Dürr, Karl Knell. > S. 204

UVW

WACHSTUM UND SEINE GRENZEN
(1946 – 2008)

Die Limmat wird ein Stausee

1948, kurz nach dem Ende des Zweiten Weltkriegs, begannen die Arbeiten an einem Grossprojekt, das die Zürcher Altstadt mehr als alles Vorangegangene verändern sollte: Die Limmat- und Seeregulierung. Das Flusswehr am Platzspitz regelt seit 1951 den Wasserstand des Zürichsees, die Limmat wurde zu diesem Zweck auf Seehöhe aufgestaut. Dem Stau fiel das abenteuerliche Häusergewirr von Mühlen, Fabriken und Lagerhäusern am unteren und oberen Mühlesteg ebenso zum Opfer wie das «gedeckte Brüggli» beim Waisenhaus.

Die Flusssanierung machte es möglich, den Verkehrsknoten Bahnhofplatz-Central-Limmatquai nach Plänen aus den 1930er-Jahren massiv auszubauen. Um Kreuzungen

Limmatsanierung 1947–50. Grossbaustelle beim Central: Abbruch der Mühlen im Fluss 1949. (Foto 1949)

Usteristrasse 10 ·········· ················· 14, 12, 10 ················· 15, 17, 19 ················· 21, 23   Waaggasse ··· 3 ······ 3, 5, 6,

[C4] **Usteristrasse 10–14**__Wannerhäuser, 1879, A: Jakob Friedrich Wanner. Nr. 12: 1908 Innenumbau von Pfleghard & Haefeli. Siehe auch Gessnerallee 28, 32. **Usteristrasse 15, Löwenstrasse 37**__Wohn- und Geschäftshaus, ehem. Haupthaus Globus, 1891. 1924 Umbau von Hermann Weideli. 1997 Fassadenrückführung. **Usteristrasse 17**__Wohn- und Geschäftshaus, 1891. **Usteristrasse 19–23**__Wohn- und Geschäftshäuser, 1888/89, A: Albert Meyerhofer.

[D6] **Waaggasse 3, bei 3**__Ehem. Pfarrhaus Fraumünster, heute Restaurant Orsini (Nr. 3) mit Schmiedeisentor (Nr. bei 3), 1357 erstmals erwähnt. 1838 Café Baur. 1860er-Jahre, 1877 prägende Umbauten. Lit. KDM, Stadt Zürich II.II, S. 88f.

zu vermeiden, wichen die Strassenbauer mit der Unterführung am Bahnhofplatz erstmals in die dritte Dimension aus. Das Central wurde auf Kosten des Flussraums und angrenzender Häuser erheblich vergrössert. Die 1953 abgeschlossenen Umbauten ermöglichten dem gewachsenen Tramverkehr sowie dem Automobil freie Fahrt. Der belebte Flussraum wurde durch diese Eingriffe zum Zwischenraum von Strassen: «Trostlose Leere, öde Weite um einen stillgelegten, gefesselten Strom, das ist das Ergebenis verfehlter städtebaulicher Bemühungen», klagte Architekt Hans Marti 1960 in der NZZ (NZZ, 3. November 1960).

Freie Limmat

Gegen das Projekt für einen Neubau des Warenhauses Globus an der Bahnhofbrücke bildete sich 1948 unerwartete Opposition, die «Aktion freie Limmat», die den freien Blick auf die ausgeräumte Limmat forderte. Statt des geplanten Warenhausneubaus entstand dort 1960 das von Karl Egender entworfene «Globusprovisorium» – es blieb an prominentester Lage bis heute bestehen und regte immer wieder neue Architekturphantasien an. Das Warenhaus Globus dagegen wurde nach Plänen

Wasserräder am Mühlesteg. (Foto 1949)

·· 6, 4, 5 ················ 6 ················· 6   Waisenhausstrasse ·· 4   Walcheplatz ···· 1 ············· 1 ················ 6

Waaggasse 4__Zur Rebe, Zum Blauen Täubli, zwei Vorgängerbauten, einer 1303 erstmals erwähnt. Nach 1753 Vereinigung beider Gebäude. 1854 Einbau Weinschenke. 1858 Erweiterung. 1896, 1932 Umbauten. Lit. KDM, Stadt Zürich II.II, S. 89 f. **Waaggasse 6**__Siehe In Gassen 17.

[D3] **Waisenhausstrasse 2–4**__Siehe Bahnhofquai 7. **Waisenhausstrasse 15**__Siehe Bahnhofplatz 4.

[E2] **Walcheplatz 1, Neumühlequai 20**__Kantonale Verwaltung Neumühle, mit Wandmosaik und Löwenplastik, 1934/35, A: Gebr. Pfister. > S. 206 f. **Walcheplatz 2, Stampfenbachstrasse 31, 35, Walchestrasse 6**__ Kantonale Verwaltung Walche, 1934/35, A: Gebr. Pfister. Lit. Dominique Von Burg, Die Kantonale Verwaltung Walche, Zürich (1933–35), Zürich 2000.

[E2-D1] **Walchestrasse 6**__Siehe Walcheplatz 2.

UVW

von Karl Egender 1964 an der Stelle des abgebrochenen Pestalozzischulhauses an der Löwenstrasse neu erbaut.

Die City erobert die Vorstädte

Nach dem Krieg erfasste die Citybildung das barocke Wohnviertel des Talackers mit seinen vornehmen alten Bürgerhäusern. Die zeittypischen Rasterfassaden grosser Geschäftshäuser drangen in die stille Vorstadt vor. Versuche, einzelne wichtige Zeugen wie die Villa «Sihlgarten» (Talacker 35, 41) zu schützen und für die Stadt zu erwerben, scheiterten in der Volksabstimmung. Stattdessen sorgten die Baubehörden unter Stadtbaumeister Albert Heinrich Steiner mit gestaltenden Überbauungsplänen für Qualität und koordiniertes Vorgehen. Ziel war eine in Höhe und Volumen differenzierte Bebauung, die zurückhaltend Akzente setzte und öffentliche Freiräume entstehen liess.

Bürohaus «Sihlgarten», 1957. (Foto 1957)   Treppe im Bürohaus «Talgarten», 1952. (Foto 1954)

Waldmannstrasse · 6, 4 ·············· 9 ·············· 10, 8, 6, 4   Weggengasse 1, 3 ·············· 4

An der Sihlporte (Talstrasse 80, 82) realisierte Ernst Schindler 1950 eine differenzierte Bebauung dieser Art. Der Kopfbau zum Platz überragt mit sieben Geschossen die seitlich angefügten Gebäudeflügel, sein vertikal ausgerichtetes Fassadenraster betont das vorsichtige Höhenstreben. Als Kompensation für das zusätzliche Geschoss blieb vor dem Gebäude ein kleiner Platz frei. Die Planung des benachbarten Sihlgarten-Komplexes nahm mehrere Jahre in Anspruch. Die Bauten von Karl Egender lassen statt einem Hinterhof einen zur Strasse offenen, frei zugänglichen Platz entstehen, den ein Brunnen mit liegender Skulptur von Aristide Maillol schmückt. Flache Walmdächer und steinverkleidete Betonraster-Fassaden geben den Geschäftshäusern dieser Jahre ein zurückhaltend modernes Aussehen, das sich betont am menschlichen Massstab orientiert. Oft sind spiralförmig geschwungene Treppen, als kühnster Teil des Entwurfs, im Innern der Bauten versteckt, wie im Geschäftshaus «Talgarten» von Roland Rohn (Talacker 42).

Raumerlebnis. Kino Studio 4 an der Nüschelerstrasse, 1949. (Foto 1949)

Weinbergstrasse 9, 11 ············· 15, 17 ···················· 22a ···················· 26, 24, 22, 20 ············· 26 ⠀⠀⠀Weinplatz ··· 2 ·······

[E3–E1] **Weinbergstrasse 9, 11**__Kino Capitol, 1926, A: Edwin Wipf.
Weinbergstrasse 15–17__Siehe Stampfenbachstrasse 12–14. **Weinbergstrasse 18–26, 22a, Leonhardstrasse 4, 10, Weinbergfussweg 4**__Wohn- und Geschäftshäuser, 1895–98, A: Siegfried Scheyer.

[D5] **Weinplatz 2, Storchengasse 16**__Hotel Storchen, 1938/39 Neubau von Erhard Gull. Lit. KDM, Stadt Zürich II.II, S. 162–166. **Weinplatz bei 2**__Winzerbrunnen, 1908, nach Plänen von Johann Regl.
Weinplatz 3__Zum Grossen Christoffel, römische Thermen, rückwärtiger Kernbau frühes 13. Jh., Vorderhaus 14. Jh. 1544/45 Abbruch/Neubau. 1908 Ladeneinbau EG und 1. OG. Lit. ZD 1980–84, 2. Teil, S. 178–186; KDM, Stadt Zürich II.II, S. 166–168. > S. 21 f.

U
V
W

Ein Kino als Gesamtkunstwerk

Eine besondere Kostbarkeit jener Zeit verbirgt sich im Inneren des Geschäftshauses «Freieck» an der Nüschelerstrasse 9, das Werner Frey 1949 für die Schweizerische Bankgesellschaft (heute UBS) erstellte: Das Kino Studio 4 (heute Filmpodium der Stadt Zürich) wurde vom Bauhaus-Künstler Roman Clemens mit grafischen und räumlichen Mitteln inszeniert. Das in modernem Zeitgeist grafisch durchgestaltete Kino sollte förmlich «nach Film schmecken und kein verlogenes Theater» vortäuschen. Schwarzweisse Filmfotografien, lineare Elemente, Spiegel und Licht machen das Kino bis heute zu einem besonderen räumlichen Erlebnis (siehe Abb. S. 225).

Hochhäuser in der City

In den frühen 1950er-Jahren begannen Architekten und Planer mit dem Hochhaus in der Innenstadt zu experimentieren. Zwar blieb der Wolkenkratzer, das Kennzeichen amerikanischer Städte im 20. Jahrhundert, in der kleinräumigen Schweiz stets als

Hochhäuser in der Innenstadt. Geschäftshaus zur Bastei, 1950–55. (Foto 1957)

Weinplatz ···· 3, 10 ··················· 4, 5, 7, 8, 10 ··················· 3, 4, 5, 7, 8 ··················· 4, 5, 7 ··················· 8, 10

[D5] **Weinplatz 4, 5__**Zum Kleinen Christoffel (Nr. 4), Zum Kranz (Nr. 5), römische Thermen.
Nr. 5: Steinmetzarbeiten 1538. Im 17. und 19. Jh. Aufstockung. Nr. 4: Steinmetzarbeiten 1597.
1970 Häuserzusammenlegung. Lit. KDM, Stadt Zürich II.II, S. 168f. **Weinplatz 7__**Zum Gewölbe, 1343
erstmals erwähnt. 1870 Teilaufstockung. Lit. KDM, Stadt Zürich II.II, S. 172. **Weinplatz 8__**Zum Ziegel,
Teil der «Schwertturm»-Gruppe, in nördliche Häuserfront integrierter Wohnturm erstmals erwähnt 1264.
Vermutl. 1548 Umbau. Lit. ZD 1999–2002, S. 91; KDM, Stadt Zürich II.II, S. 172. Siehe auch Schipfe 1.
Weinplatz 9, 10__ Siehe Schipfe 1.

Ausdruck privaten Gewinnstrebens verpönt. Die Gesetze schliessen bis heute eine Mehrausnützung durch die Häufung von Stockwerken aus – die zusätzliche Höhe muss mit Freiflächen kompensiert werden. Ein frühes Hochhausprojekt an der Sihlporte scheiterte um 1930 an der Opposition des Baukollegiums, und so entstanden die ersten Zürcher Hochhäuser 1951 nicht wie in den USA in der City, sondern als Wohnbauten am Stadtrand.

Der initiative und weltoffene Architekt Werner Stücheli wagte 1950 bis 1955 in Zusammenarbeit mit den Stadtbehörden den ersten vorsichtigen Versuch zum Höherbauen in der Innenstadt: Das Geschäftshaus zur Bastei steht leicht abgedreht am idyllischen Wasserlauf des Schanzengrabens (Bärengasse 29). Um das attraktive Ufer als öffentlichen Freiraum zu gewinnen, konzentrierte Stücheli die Bebauung in einem schmalen, neungeschossigen Büroturm und einem niedrigen Appartementhaus am Wasser. Die spiegelnde Fassade aus dunklem Glas und Aluminium ist leicht geknickt, um dem kleinen Turm jeden Ausdruck von Schwere oder Massigkeit zu nehmen.

SIA-Hochhaus, 1967–70, neue Fassade 2007. (Foto H. Helfenstein, 2007)

Weite Gasse 3–9, 8–4 · · · · · · · · · · 3 · 5, 7 · · · · · · · · · · · · · · · · · · 7   Werdmühlestrasse · · · 11–5 · · · · · · · · · · · · · 11 · · · · · · · · · ·

[F7/E6] **Weite Gasse 3**__Zur Blauen Lilie, Kernbau erstes Viertel 14. Jh. Ende 16. Jh. Umbau. Um 1860 Aufstockung. Lit. ZD 1995/96, S. 176–178. **Weite Gasse 4**__Zur Stelze, hochmittelalterlicher Kernbau. 13./14. Jh. Aufmauerung 3./4. OG. Zwischen 16. und 18. Jh. Fassadengestaltung. 18./19. Jh. Veränderungen im EG. Lit. ZD 1985/86, S. 135 f.; KDM, Stadt Zürich III.II, S. 57. **Weite Gasse 5**__Zum Fuchs, undat. **Weite Gasse 7**__Zum Zedernbaum, rückwärtiger Kernbau frühes 13. Jh. Um 1400 Ausbau gegen Gasse. Im 16./17. Jh. Umbauten und Aufstockungen. Lit. KDM, Stadt Zürich II.II, S. 57 f. **Weite Gasse 8**__Zum St. Urban, undat.

[D4] **Werdmühleplatz 3, Werdmühlestrasse 5–11**__Amtshaus V, 1934–36, A: Hermann Herter, K: Franz Fischer, Augusto Giacometti. **Werdmühleplatz 4**__Siehe Lindenhofstrasse 21–25.

U
V
W

Die erfolgreiche Erfahrung führte zum Konzept, den Lauf des Schanzengrabens mit weiteren Hochhäusern einzufassen und sein Ufer freizuspielen. Werner Stücheli realisierte 1958 bis 1962 das zwölfgeschossige Hochhaus zur Schanze als weisses Punkthaus mit mäandrierenden Fensterbändern. Hans von Meyenburg baute 1967 bis 1970 das SIA-Hochhaus (Selnaustrasse 16). Beide wurden zu Beginn des 21. Jahrhunderts von den Architekten Romero & Schaefle instandgesetzt: Nach denkmalpflegerischen Grundsätzen das eine, als in die Höhe strebende, grundlegende Umgestaltung das andere.

Neubauten in der Bahnhofstrasse

Am Ende der 1950er-Jahre war die City fast vollständig mit Geschäftshäusern überbaut, die Wachstumsmöglichkeiten gingen zur Neige. Die Bau- und Zonenordnung von 1963 erlaubte jedoch für Neubauten in der so genannten Kernzone massive Verdichtung, eine neue Bauordnung für die Bahnhofstrasse ermöglichte ein zusätzliches Geschoss. Vielerorts in der City fielen die Wohn- und Geschäftshäuser des

Erneuerung in der City. Geschäftshaus Waltisbühl (heute PKZ), 1957. (Foto Beringer & Pampaluchi, um 1960)

Werdmühlestrasse 12, 10 ·········· 12   Widdergasse ··· 1, 5 ·········· 6, 5, 7 ············· 6 ················ 7 ················ 10,

[D4] **Werdmühlestrasse 5–11__**Siehe Werdmühleplatz 3. **Werdmühlestrasse 10–12__**Siehe Lindenhofstrasse 21–25.

[D5] **Widdergasse 1__**Zur Nachteule, 1970. **Widdergasse 4__**Zum Kleinen Widder, heute Teil von Hotel Widder, 15. Jh. zweigeschossiger Steinbau. Im 16., 17. und 19. Jh. Aufstockungen. 1876 Ladeneinbau im EG. Siehe auch Rennweg 1. **Widdergasse 5–7__**Zur Stund (Nr. 7), undat. Siehe Glockengasse 18. **Widdergasse 6__**Wohnhaus, gemauerter Kernbau um 1300. Im 14. Jh. Erweiterung zur Gasse. 1663 «Kontor» mit barocker Balkendecke im EG. Siehe auch Rennweg 1. **Widdergasse 8__**Zum Krummen Weggen, undat. **Widdergasse 10__**Zur Leeren Tasche, 1317 erstmals erwähnt, mittelalterlicher Kernbau. Um 1600 Erweiterung zur Gasse. 1687, 1888 Aufstockungen. 1912 Ladenfront. Lit. ZD 1993/94, S. 179 f.

19. Jahrhunderts, denen man damals wenig historischen Wert zumass, dem Abbruchhammer zum Opfer. An der Bahnhofstrasse entstanden Bauten, die neue Akzente setzten.

Mit seiner voll verglasten Vorhangfassade nach amerikanischem Vorbild nahm das Geschäftshaus Waltisbühl von Rudolf Zürcher (heute PKZ, Bahnhofstrasse 46, 1957) eine Architekturform wieder auf, die seit dem Jelmoligebäude 1899 in Zürich verpönt geblieben war. Das feine Fassadenraster aus Aluminium und Glas bildet in abstrakter Form die Einteilung der benachbarten Häuser in Sockel-, Geschoss- und Dachzone ab. Seine Konstruktion folgte dem Muster des Lever House in New York (Skidmore Owen Merrill 1952) und wurde für viele spätere Geschäftshäuser in Zürich zum Vorbild.

Wesentlich markanter waren spätere Neubauten, wie das mit vorkragenden, vertikalen Betonrippen plastisch gegliederte Geschäftshaus Bally von Haefeli Moser Steiger, 1966–1968 erbaut. Das benachbarte «Omega-Haus» von Paul Steger (Bahnhofstrasse 64) brachte 1971 mit seiner grünen, an Kunststoff erinnernden Metallfassade mit

Geschäftshaus Bally, 1966–1968. (Foto um 1970)   Geschäftshaus Modissa, 1975. (Foto 1975)

Winkelwiese ·· 2 ················· 2 ······················ 4 ···················· 4 ···················· 5 ······················· 6

[F6] **Winkelwiese 2**__Siehe Kirchgasse 50. **Winkelwiese 4**__Villa Tobler, heute Theater an der Winkelwiese, 1852–55, A: Gustav Wegmann. 1898–1901 prägender Umbau von Conrad von Muralt. Jugendstil-Innenausstattung von Hans Karl Eduard Berlepsch-Valendas. Lit. KDM, Stadt Zürich III.II, S. 258–269. **Winkelwiese 5**__Zum Freiberg, 1836, A: vermutl. Johann Keller. 1887 Waschhausanbau mit Terrasse. 1896 Verandaaufbau. Lit. KDM, Stadt Zürich III.II, S. 269 f. **Winkelwiese 6, 6a**__Zum Belvedere, 1841, A: Carl Ferdinand von Ehrenberg. 1883/84 Renovation und Innenumbau. Nr. 6a: Anbau, 1870. Lit. KDM, Stadt Zürich III.II, S. 270. **Winkelwiese bei 6**__Seepferdchenbrunnen, undat. **Winkelwiese 12**__Ökonomiegebäude, vor 1812.

eingestanzten schmalen Fensterschlitzen technische Präzision zum Ausdruck. Der Neubau erhielt von der Stadt die Auszeichnung für gute Bauten. Im Publikum und in den Medien erntete er wegen seiner architektonischen Bezugslosigkeit scharfe Kritik. An der Ecke Bahnhofstrasse/Uraniastrasse entstand 1975 das von Werner Gantenbein entworfene Modissa-Haus (Bahnhofstrasse 74). Die organisch geschwungene Fassade aus Bronze betont die prominente Ecklage, und ein mehrgeschossiger Erker erlaubt luftige Einblicke ins Warenhaus.

Kampf um Baudenkmäler

Während in der City Neubauten aus Stahl, Glas und Aluminium Einzug hielten, entdeckten junge Menschen in den 1960er-Jahren den besonderen Charme der Altstadt neu. In den jahrhundertealten Häusern sahen sie nicht mehr Sanierungsfälle, sondern in ihrer Besonderheit reizvollen und zudem preiswerten Wohnraum. Für Studierende, Literaten und Künstler wurde es wieder chic, in der Altstadt zu wohnen und in den Cafés «Odeon» und «Select» oder in der «Bodega Española» über

Bahnhofbrücke. Aufstand der Jugend, Globus-Krawall 1968. (Photopress 1968)

Wohllebgasse ·· 2 ·········· 3, 5 ·············· 3, 5 ················· 5, 7 ·················· 7, 9 ················· 7 ·················· 9, 11, 13,

[D5] **Wohllebgasse 2–4__**Zum Schlössli, 1961. **Wohllebgasse 3__**Siehe Schipfe 31. **Wohllebgasse 5__**Zum Hindin, zweigeschossiger Steinsockel Ende 13. Jh. 1858–62 prägender Umbau zum heutigen Erscheinungsbild. Lit. KDM, Stadt Zürich II.II, S. 192 f. **Wohllebgasse 6–8__**Zum Paradiesgarten (Nr. 8), 1886 Neubau als Magazingebäude. 1933 Ausbau zur Herberge mit Werkstatt. **Wohllebgasse 7, Schipfe 19__**Zum Kleinen Pelikan, undat. 19. Jh. Aufstockung und Flachdach. **Wohllebgasse 9__**Zur Schwarzen Kette, undat. **Wohllebgasse 11, Rollengasse 4__**Zur Weissen Kette, undat. **Wohllebgasse 13__**Zum Wohlleb, undat. **Wohllebgasse 15, Strehlgasse 22__**Siehe Strehlgasse 22.

Existenzialismus und Nonkonformismus zu diskutieren. Die Jugendbewegung, die 1968 im «Globus-Krawall» explodierte, wurde in den Altstadt-Cafés geistig vorbereitet.

Gegen Abbrüche prominenter Bauzeugen formierte sich schon in den späten 1950er-Jahren Opposition. 1958 sollte die sogenannte «Fleischhalle» am Limmatquai dem Strassenausbau weichen (siehe auch S. 107). Gegen diese Pläne wehrte sich in der NZZ (NZZ, 30. Dezember 1958) der Schriftsteller Arnold Kübler: Nicht der Bau sei dem Verkehr im Weg, sondern umgekehrt: «Der Bau ist fest, der Verkehr ist flüssig, ihn kann man umleiten, ablenken, verlegen. Er soll weichen, vom Limmatquai, aus der Innenstadt.» Trotz aller Bemühungen wurde die Fleischhalle 1961 zerstört. An ihrer Stelle erbaute, nach vielen gescheiterten Projekten, die Architektin Tilla Theus 1986 das heutige «Café Rathaus» (Limmatquai 61) in postmodernem Stil.

Neubau hinter alter Fassade. Hotel Central, 1983. (Foto 1982)

Wühre ···· 1–17 ···················· 1 ······················ 3, 5, 7 ···················· 3, 5, 7 ························· 5, 7, 9, 11 ··········

[D6/D5] **Wühre 1__**Siehe Münsterhof 20. **Wühre 3, Kämbelgasse 1__**Zur Kleinen Zinne, mittelalterliche Bausubstanz. Heutiges Erscheinungsbild 18. Jh. Um 1900 Ladeneinbau. 1940 Umbau von Karl Egender. Lit. KDM, Stadt Zürich II.II, S. 146–148. **Wühre 5, Kämbelgasse 2__**«Wit's so Wit's», Pfarrhaus Fraumünster, 1750, im 14. Jh. erstmals erwähnt. 1807, 1892 Umbauten. Lit. KDM, Stadt Zürich II.II, S. 148 f.
Wühre 7, Zinnengasse 1, 3__ Neuhaus (Nrn. 1, 7), Sigristenhaus (Nr. 3). Nrn. 1, 7: 1637 Neubau, davor «Stöcklibad». Nr. 3: Turmartiger Kernbau mit Hofstatt, 1303 erstmals erwähnt. 16. Jh. Erweiterung und Aufstockung. Lit. KDM, Stadt Zürich II.II, S. 149–156. > S. 83

U V W

Hinter den Fassaden

Mit dem Ende der Hochkonjunktur wuchsen in den frühen 1970er-Jahren die Zweifel an der Modernisierung der Innenstadt und die Proteste gegen Hausabbrüche. Besonders seit dem «Europäischen Denkmalschutzjahr» 1974 wuchs auch die Wertschätzung der historistischen Architektur aus dem 19. Jahrhundert. Der Schutz von historischen Baudenkmälern genoss seither enorme Popularität. Wo immer der Abbruch eines markanten Altbaus geplant war, bildete sich rasch eine Initiative zu seiner Erhaltung. Um Widerstände zu vermeiden, begannen Investoren ihre Neubauprojekte geschickt zu tarnen.

Es begann die Zeit des unterirdischen Bauens und des Aushöhlens historischer Bauzeugen, die trotz öffentlicher Kritik bis weit in die Achtzigerjahre andauerte. Stahlgerüste hielten äusserlich die Fassaden aufrecht, hinter denen sich tiefe Baugruben auftaten. Das Hotel Central, das ehemalige Hotel Habis (Bahnhofplatz 14) oder das mittelalterliche Haus zum Raben an der Schifflände 5 lassen äusserlich nicht erkennen, dass sie Neubauten des späten 20. Jahrhunderts sind. Das 1986

Bauen unter der Erde. Shop-Ville Bahnhofplatz, 1970. (Foto 1984)

[D6/D5] **Wühre 9, Zinnengasse 2, 4__**Zur Grünen Zinne (Nrn. 2, 9), Zum Schwarzen Kessel (Nr. 4). Nrn. 2, 9: 1357 erstmals erwähnt. 1667 Umbau, Aufstockung, Satteldach. 1874 Zusammenführung mit Nr. 4. 1914 Ladenfront. Nr. 4: Kernbau erste Hälfte 13. Jh. 1540 grosser Umbau. Lit. ZD 1969–79, 3. Teil, S. 114–116. **Wühre 11__**Zur Meyen, 17. Jh. **Wühre 13, Storchengasse 10__**Zur Stege, spätmittelalterlicher Kernbau, spätmittelalterliche Erweiterung zur Storchengasse. 1547–61, 18./19. Jh. Aufstockungen, Erweiterungen. Lit. ZD 2003–06, S. 28 ff. **Wühre 15, Stegengasse 4__**Zur Kleinen Sonne, undat. **Wühre 17__**Siehe Storchengasse 14.

vom Stadtrat beschlossene Inventar schützenswerter Bauten trug dazu bei, diesem Spuk ein Ende zu setzen. Seit den 1990er-Jahren verlangte der Stadtrat, dass im Inneren geschützter Bauten mindestens die primäre Tragstruktur erhalten wird. Diese bis heute gültige Praxis stellte die Weichen für eine grosse Anzahl integraler Instandsetzungen wichtiger Denkmäler.

U-Bahn-Pläne

Fünfundzwanzig Jahre ununterbrochener Hochkonjunktur veränderten die Stadt und liessen ein weit gespanntes Siedlungsgebiet, die Agglomeration entstehen. In ihrer Mitte wurde die Zürcher City mehr als zuvor zu einem entvölkerten Geschäftsbezirk. Versuche, den wachsenden Verkehrsstau durch den Bau des Autobahn-Y im Zentrum selbst zu lösen, scheiterten um 1970 an der militanten Opposition der Stadtbevölkerung – ähnlich wie 1973 die Pläne zu einem U-Bahn-Netz, das mit gezielten Verdichtungen in neuen Nebenzentren ausserhalb der City (Altstetten, Kalkbreite, Oerlikon) einhergegangen wäre. Als einer der wenigen Zeugen der

Neue Stadträume. Stadelhofer Passage 1984. (Foto E. Hueber, 1991)

Zähringerplatz · 6 ·············· 11 ······················· 11   Zähringerstrasse 9, 11, 13 ············ 10 ················· 13, 11, 9 ······

[E4]   **Zähringerplatz 6**__Zentralbibliothek Zürich, 1917, A: Hermann Fietz. 1990–94 Neubau. Lit. ZD 1993/94, S. 14–32; KDM, Stadt Zürich III.I, S. 302–307. **Zähringerplatz 11**__Predigerhof, 1879, A: Gustav Kreutler. **Zähringerplatz 15**__Wohn- und Geschäftshaus, 1888.

[E4/E3]   **Zähringerstrasse 9**__Wohn- und Geschäftshaus, 1888. **Zähringerstrasse 10**__Siehe Mühlegasse 17–19. **Zähringerstrasse 11**__Wohn- und Geschäftshaus, 1888. **Zähringerstrasse 12**__Wohn- und Geschäftshaus, 1879. **Zähringerstrasse 13**__Wohn- und Geschäftshaus, 1888.

U-Bahn-Pläne blieb am Hauptbahnhof die 1970 eingeweihte unterirdische Ladenpassage «Shop-Ville» übrig. Ihr Bau verbannte die Fussgänger jahrzehntelang vom Bahnhofplatz, der bis 1992 ohne Fussgängerstreifen blieb.

Autofreie Innenstadt

Statt dem Autoverkehr in der Stadt noch mehr Raum zu schaffen, fand sich die Lösung der Verkehrssorgen schliesslich im entgegengesetzten Prinzip, in der Sperrung wichtiger Strassen und der Schaffung von Fussgängerzonen. Die einstige Hauptverkehrsachse der Innenstadt, die Bahnhofstrasse wurde ab 1966 abschnittweise vom Autoverkehr befreit und 1974 umgestaltet. Das Beispiel zeigte, dass mit der Entfernung des Autoverkehrs die Zahl der Passanten und Kauflustigen nicht wie befürchtet sank, sondern sogar zunahm. Die Fussgängerzonen dehnten sich seither flächenhaft in der Innenstadt aus und wurden zur Selbstverständlichkeit. Die Schliessung des Limmatquais für den Autoverkehr setzte 2005 einen vorläufigen Schlusspunkt unter diese Entwicklung, gefolgt von einer umfassenden Umgestaltung zur offenen

Wahrzeichen der Zürcher S-Bahn. Bahnhof Stadelhofen von Santiago Calatrava, 1987–91. (Foto E. Hueber 1991)

Zähringerstr. 15, 17 ·········· 24, 22, 20 ················· 21, 25, 27 ················· 27, 29 ················· 28, 26 ················· 29

[E4/E3] **Zähringerstrasse 15–17**__Pestalozzihaus, 1931, A: Hermann Herter. Lit. Pestalozzi-Gesellschaft Zürich (Hrsg.), Pestalozzihaus Zürich: Denkschrift zur Eröffnung, Zürich 1932.
Zähringerstrasse 16__Wohn- und Geschäftshaus, 1879. **Zähringerstrasse 20–22**__Wohn- und Geschäftshäuser, 1879. **Zähringerstrasse 25**__Wohn- und Geschäftshaus, 1879.
Zähringerstrasse 26__Wohnhaus, undat. **Zähringerstrasse 27**__Wohn- und Geschäftshaus, 1883/84, A: Johannes Reich. **Zähringerstrasse 28, Gräbligasse 12**__Löwenhof, 1881, A: Gustav Kreutler.
Zähringerstrasse 29__Wohn- und Geschäftshaus, 1881.

Flanierzone. Schon 1968 hatte ein gemeinsamer Arbeitsausschuss von Stadt und Kanton Zürich festgestellt, dass der Ausbau der autogerechten Stadt an Grenzen stossen werde, und konstatiert: «Den Berufs- und Pendlerverkehr von und zu der City müssen zur Hauptsache die öffentlichen Verkehrsmittel übernehmen.» Nach der Ablehnung der U-Bahn durch die Stimmberechtigten übernahm vor allem das Tram diese Aufgabe. Früher als andere europäische Städte gab Zürich dem Tram eigene Fahrspuren und freie Vorfahrt an allen Kreuzungen.

Die S-Bahn und ihre Bahnhöfe

Um 1980 kam mit der S-Bahn ein Jahrhundertwerk des öffentlichen Verkehrs zur Abstimmung. Der Bau des Zürichbergtunnels und die Schaffung von Durchmesserlinien band die Agglomeration enger zusammen und erhöhte erneut die Erreichbarkeit des Zentrums. Der unterirdische Bahnhof Museumstrasse (Trix und Robert Haussmann, 1987–1992) setzte mit seinen hohen und lichterfüllten Perronhallen und Einkaufspassagen neue Standards für unterirdische Bauten. Gleichzeitig

Räume wie nächtliche Strassen. S-Bahnhof Museumsstrasse, 1990. (Foto E. Hueber 1991)

····· 41–51 ···················· 44, 38 ··················· 47, 49, 51   Zeltweg ···· 10, 10a ·············· 12 ··················· 16

Zähringerstrasse 41–45__Wohn- und Geschäftshaus, 1882–85. **Zähringerstrasse 44**__Siehe Seilergraben 69. **Zähringerstrasse 47–49**__Wohn- und Geschäftshäuser, 1885 (Nr. 47), 1847 (Nr. 49). **Zähringerstrasse 51**__Siehe Limmatquai 144.

[F6–H8] **Zeltweg 2**__Siehe Rämistrasse 28–30. **Zeltweg 4**__Wohn- und Geschäftshaus, 1934. **Zeltweg 10**__Zum Zeltgarten, 1838. 1899 Zinnenanbau von Chiodera & Tschudy. 1904 Verandaanbau. Lit. ZD 1985/86, S. 57–64. **Zeltweg 12, 14**__Zum Blauen Felsenstein, mit Hofgebäude, 1836 (Nr. 12), 1878 (Nr. 14). Nr. 12: Umbau 1865. **Zeltweg 16**__Zur Geduld, 1838.

wurde die Bahnhofhalle aus dem 19. Jahrhundert von allen Einbauten freigeräumt und wieder in ihrer ganzen Grösse erfahrbar. Die S-Bahn machte zudem den Bahnhof Stadelhofen zum zweiten Hauptknoten des öffentlichen Verkehrs in der Innenstadt. Sein Ausbau (1987–1991) folgte einem spektakulären Projekt von Santiago Calatrava, Arnold Amsler und Werner Rüeger. Die Wölbungen des Sichtbetons in der unterirdischen Einkaufspassage machen wie die rippenförmigen Auskragungen der Perrondächer die Lasten und Kräfte bildhaft sichtbar und erinnern in ihrer Körperhaftigkeit an Formen der Natur (siehe Abb. S. 234).

Neu Bauen im Bestand

Schon lange vor dem Bau der S-Bahn war eine Neuüberbauung des benachbarten Stadelhofenquartiers studiert worden. 1976 stellten die Stimmbürgerinnen und Stimmbürger zwei bedeutende barocke Vorstadthäuser, den Baumwoll- und den Sonnenhof (Stadelhoferstrasse 12, 26), unter Schutz. Der Architekt Ernst Gisel und sein Mitarbeiter Martin Spühler erbauten 1977 bis 1984 zwischen diesen grossen Bürgerhäusern den feingliedrigen Komplex der Stadelhofer Passage, die mit ihrer

Neu Bauen in der Innenstadt. Geschäftshaus am Löwenplatz, 1993. (Foto L. Blazevic, 2007)

Zeugwartgasse 1, 3, 2 ········· 1, 3 ····················· 3   Zinnengasse 1–9 ···················· 2 ···················· 2 ············· 6, 4

[D6/D5] **Zeugwartgasse 1, 3**__Siehe Bahnhofstrasse 30, 32. **Zeugwartgasse 2**__Siehe In Gassen 18.

[D6] **Zinnengasse 1, 3**__Siehe Wühre 7. **Zinnengasse 2, 4**__Siehe Wühre 9. **Zinnengasse 5**__Zur Reuthaue, 1357 erstmals erwähnt. 1881 Errichtung Zinne. **Zinnengasse 6**__Siehe Storchengasse 4. **Zinnengasse 7–9**__Zum Haumesser (Nr. 7), Zum Gelben Schnabel (Nr. 9), mittelalterliche Bausubstanz. 16./17. Jh. Fassadenneugestaltung mit spätgotischer Befensterung. 19. Jh. Umbau (Nr. 9). 1980/81 Zusammenlegung beider Häuser.

kleinteiligen Struktur von Gassen und Höfen den Menschenstrom aus dem benachbarten Bahnhof aufnimmt. Die Mischung von Läden, Restaurants, Theater, Büros und Wohnungen prägt den urbanen Charakter dieser Grossüberbauung, die sich als eigenes Quartier versteht (siehe Abb. S. 233).

Von der Stadträtin Ursula Koch, die von 1986 bis 1998 das Zürcher Bauwesen leitete, ist der Satz überliefert: «Die Stadt ist gebaut.» Mit ihrem viel zitierten Diktum meinte die Stadträtin jedoch nicht, dass in Zürich nicht mehr neu gebaut werden solle, sie verlangte vielmehr eine bewusste Auseinandersetzung mit dem Ort, dem gewachsenen städtebaulichen Umfeld.

Der Neubau von Theo Hotz, der 1993 mit einer schildartig gebogenen Glasfassade ein schmales, aber exponiertes Grundstück am Löwenplatz besetzte (Seidengasse 20), zeigt, dass im Zürich der 1990er-Jahre auch kühne Interventionen möglich waren. Einen ähnlichen Eingriff wiederholte Hotz 1995 mit dem Feldpausch-Neubau an der Bahnhofstrasse.

Städtische Wohnsiedlung Selnau, 1995. (Foto W. Mair, 1995)

Zwingliplatz 1, 2 ·············· 1, 2 ············· 2, 3 ············· 3 ············· 4 ···········

[E6] **Zwingliplatz 1**__Zum Loch, mittelalterliche Bausubstanz, Besitzer 1220 erstmals erwähnt. 1474 grosser Umbau. 1536, 1540 Umbauten. 1650 Aufstockung. Romanische und neuromanische Fassadenteile. Lit. KDM, Stadt Zürich III.II, S. 109–112. **Zwingliplatz 2, Münstergasse 1**__Zur Weinleiter, 1578 erstmals erwähnt. Um 1842 Umbau von Gustav Wegmann. Lit. ZD 1999–2002, S. 85.
Zwingliplatz 3, Münstergasse 2, Blaufahnenstrasse 6__Wohnhäuser, 1918 (Nr. 2), 1864 (Nr. 3), 1927 (Nr. 6). **Zwingliplatz 4**__Ehem. Antistitium (Sitz der kirchlichen Obrigkeit), 1468. 1536–75 Wohnhaus des Reformators Heinrich Bullinger. Lit. KDM, Stadt Zürich III.II, 302 f.

Die Stadt selber plante und realisierte 1985–1995 auf dem Areal des aufgehobenen Bahnhofs Selnau einen Neubau mit grosser Ausstrahlung: Die Wohnsiedlung Selnau von Martin Spühler (Selnaustrasse 17, Sihlamtstrasse 4–13, Sihlhölzlistrasse 3–18) ist ein Bekenntnis zu grossstädtischem Wohnen und ein Beitrag gegen die Entvölkerung der Innenstadt. Ihre rhythmisch gegliederten Fassaden zitieren Motive der klassischen Moderne, das Innere ist über Höfe erschlossen, die ein gemeinschaftliches Wohnen ermöglichen.

Erhalten und Weiterbauen

Dezidierte Neubauten, aber auch dezidierte Erhaltung von Baudenkmälern prägen die Entwicklung seit den 1990er-Jahren. Der Umbau der ehemaligen Reithalle an der Gessnerallee und ihren Stallungen von Ueli Schweizer und Walter Hunziker 1992 bis 1997 (Gessnerallee 8) zu einem kulturellen Zentrum mit Theater und Restaurant gehört zu den überzeugendsten denkmalpflegerischen Leistungen dieser Zeit. Dass die Reithalle als offener Raum erhalten blieb und dass die Ausstattung der Stallungen mit Pferdeboxen und Futterkrippen, ja sogar dem alten Stallboden Teil des

Restaurant Reithalle im einstigen Pferdestall, 1995. (Foto 2007)

Zwingliplatz ······ 5 ······················· 5 ···························· bei 5 ···························· 6 ······························· 6 ····

[E6] **Zwingliplatz 5**__Grossmünsterkapelle, 1858/59, A: Johann Jakob Breitinger, K: Johann Jakob Röttinger. Lit. KDM, Stadt Zürich III.II, S. 277–280. Siehe auch Kirchgasse 11–13. **Zwingliplatz bei 5**__Chorherrenbrunnen, 1861, A: Johann Jakob Breitinger. **Zwingliplatz 6, Kirchgasse 9**__Urspr. Chorherrenstift, 1849 abgebrochen. Ehem. Mädchenschule, 1849–51, A: Gustav Wegmann. Heute Theologisches Seminar, Institut für Hermeneutik und Institut für schweizerische Reformationsgeschichte. Kreuzgang im Innern um 1170–80. 1849–51 Abbruch und Neubau unter Verwendung von alten und neuen Elementen. Lit. Jäggi 2005, S. 20 ff.; KDM, Stadt Zürich III.I, S. 164–173. > S. 118

grossen Restaurants wurden, verleiht diesen Räumen eine überraschende Unmittelbarkeit, zu der in früherer Zeit der Mut wohl gefehlt hätte.

Bei der Instandsetzung wichtiger Kulturbauten wie der Universität oder dem Kunsthaus mischen sich sorgfältige Erhaltung und sogar Rekonstruktion mit klar erkennbaren Eingriffen: Die neuen Hörsäle der Universität von Ernst Gisel (Karl Schmidstrasse 4, 1985–1990) und von Gigon Guyer (Künstlergasse 12, 2002) oder die Bibliothek Santiago Calatrava (Rämistrasse 74, 2004) sind eigenständige Raumschöpfungen, die mit den historischen Universitätsbauten einen Dialog in Augenhöhe pflegen.

Im 21. Jahrhundert stehen weitere grosse Bauprojekte zur Verwirklichung an: Der zweite unterirdische Durchgangsbahnhof an der Löwenstrasse (siehe S. 154 ff.), der Ausbau des Landesmuseums und die Erweiterung des Kunsthauses (siehe S. 186 ff.) werden im Stadtzentrum die Gewichte erneut verschieben. Die Mehrheit der Gebäude in der Innenstadt geniesst jedoch zu Recht den Schutz der Denkmalpflege und wird mit Umsicht instand gehalten. Bauten aus 1000 Jahren werden auch in Zukunft die Innenstadt von Zürich prägen, genauso wie die Limmat und der See. (Daniel Kurz)

Rämistrasse 74. Bibliothek von Santiago Calatrava. (Foto Georg Aerni, 2006)

..... 7 .... 7 .... 7 .... 7 7

Zwingliplatz 7__Grossmünster, ab 1100–ca. 1230. 1763–70 Erneuerung beider Türme und Barockisierung des Innenraums. 1778–86 neue Turmabschlüsse. Ab 1846 Reromanisierung. Lit. Daniel B. Gutscher, Das Grossmünster in Zürich: Eine baugeschichtliche Monographie, hrsg. von der Gesellschaft für Schweizerische Kunstgeschichte, Bern 1983; KDM, Stadt Zürich III.I, S. 18–111, 130–156. > S. 39 > S. 74 — (Christine Barraud Wiener, Corinne Gasal, Nina Kägi, Anne Kustermann)

Weiterführende Literatur

ALLGEMEIN

50 Jahre Auszeichnungen für gute Bauten in der Stadt Zürich, hg. vom Bauamt II der Stadt Zürich und artig, Büro für Kunstgeschichte, Zürich 1995.

Auszeichnung für gute Bauten der Stadt Zürich 2002–2005, hg. vom Amt für Städtebau der Stadt Zürich, Zürich 2006.

Brunschwig, Annette et al., Geschichte der Juden im Kanton Zürich. Von den Anfängen bis in die heutige Zeit, Zürich 2005.

Dorn, Klaus, Die Altstadt von Zürich. Veränderung der Substanz, Sozialstruktur und Nutzung, Diss. ETHZ, Teufen 1974.

Festschrift zur Feier des fünfzigjährigen Bestehens des Eidgenössischen Polytechnikums, Zürich 1905 (mit Übersicht über zeitgenössische Architektur und Städtebau in Zürich).

Galliker, Hans-Rudolf, Tramstadt. Öffentlicher Nahverkehr und Stadtentwicklung am Beispiel Zürichs, Zürich 1997.

Geschichte des Kantons Zürich
  Bd. 1. Frühzeit bis Spätmittelalter, Egg 1995.
  Bd. 2. Frühe Neuzeit. 16.–18. Jahrhundert, Zürich 1996.
  Bd. 3. 19. und 20. Jahrhundert, Zürich 1994.

Hauser, Andreas, Das öffentliche Bauwesen in Zürich. Dritter Teil: Das städtische Bauamt 1798–1907, Kleine Schriften zur Zürcher Denkmalpflege Heft 6, Zürich 2000.

Inventar der neueren Schweizer Architektur 1850–1920, Sonderpublikation aus Band 10, hg. von der Gesellschaft für Schweizerische Kunstgeschichte, Zürich 2001.

Jäggi, Michèle, Zürcher Universitätsgebäude, Schweizerischer Kunstführer GSK, Bern 2005.

KDM – Die Kunstdenkmäler des Kantons Zürich, hg. von der Gesellschaft für Schweizerische Kunstgeschichte, Basel/Bern 1927ff. Neue Ausgabe:

  I Die Stadt Zürich I. Die Stadt vor der Mauer, mittelalterliche Befestigung und Limmatraum, Christine Barraud Wiener, Peter Jezler, Basel 1999.

  II.I Die Stadt Zürich II.I. Altstadt links der Limmat – Sakralbauten, Regine Abegg, Christine Barraud Wiener, Bern 2002.

  II.II Die Stadt Zürich II.II. Altstadt links der Limmat – Profanbauten, Regine Abegg, Christine Barraud Wiener, Bern 2003.

  III.I Die Stadt Zürich III.I. Altstadt rechts der Limmat – Sakralbauten, Regine Abegg, Christine Barraud Wiener, Karl Grunder, Bern 2007.

  III.II Die Stadt Zürich III.II. Altstadt rechts der Limmat – Profanbauten, Regine Abegg, Christine Barraud Wiener, Karl Grunder, Cornelia Stäheli, Bern 2007.

  IV Die Stadt Zürich IV. Die Schanzen und die barocken Vorstädte, Karl Grunder, Bern 2005.

Kurz, Daniel/Morra-Barrelet, Christine/Weidmann, Ruedi, Das öffentliche Bauwesen in Zürich. Vierter Teil: Das städtische Bauamt 1907–1957, Kleine Schriften zur Zürcher Denkmalpflege Heft 7, Zürich 2000.

Vogt, Emil, Der Lindenhof in Zürich. Zwölf Jahrhunderte Stadtgeschichte auf Grund der Ausgrabungen 1937/38, Zürich 1948.

Vogt, Emil/Meyer, Ernst/Peyer, Hans Conrad, Zürich von der Urzeit zum Mittelalter, Zürich 1971.

ZAK – Zeitschrift für Schweizerische Archäologie und Kunstgeschichte, hg. vom Schweizerischen Landesmuseum, Basel 1939ff., Zürich 1969ff.

ZD – Zürcher Denkmalpflege, Berichte, 1961ff. (bis 1980 gemeinsam mit dem Kanton, dann in einer eigenen Reihe; ab 1999: Stadt Zürich, Archäologie und Denkmalpflege).

PFAHLBAUER, KELTEN, RÖMER

Balmer, Margrit, Spätkeltische Bauten und Funde in der Altstadt von Zürich, in: Colloquium Turicense. Siedlungen, Baustrukturen und Funde im 1. Jh. v. Chr. zwischen oberer Donau und mittlerer Rhone, Cahiers d'archéologie romande 101, Lausanne 2005, 125–136.

Gross, Eduard et al., Zürich Mozartstrasse. Neolithische und bronzezeitliche Ufersiedlungen, Berichte der Zürcher Denkmalpflege, Monographie 4, Band 1, 1987.

Eberschweiler, Beat/Käch, Daniel, mit einem Beitrag von Luisa Bertolaccini und Ulrich Werz, Ein römischer Rundtempel auf dem Grossen Hafner im Zürichsee, Berichte der Kantonsarchäologie Zürich 18, 2003–2005, 247–281, Taf. 1–6.

Kelten in Zürich. Der Ursprung der Stadt Zürich in neuem Licht. Stadtgeschichte und Städtebau in Zürich. Schriften zu Archäologie, Denkmalpflege und Stadtplanung 2, Hochbaudepartement der Stadt Zürich, 2001.

Wild, Dölf/Krebs, Daniel u. a., Die römischen Bäder von Zürich. Ausgrabungen am Weinplatz in der Altstadt von Zürich, 1983/84, Monographien der Kantonsarchäologie Zürich 24, Zürich 1993.

Schneider, Jürg E., Turicum. Zürich in römischer Zeit, in: Turicum – Vitudurum – Juliomagus. Drei Vici in der Ostschweiz, Festschrift für Verleger Dr. Otto Coninx zu seinem 70. Geburtstag, hg. von Walter Guyan, Jürg E. Schneider, Andreas Zürcher, Zürich 1985, 38–167.

Suter, Peter J., Zürich «Kleiner Hafner». Tauchgrabungen 1981–1984, Berichte der Zürcher Denkmalpflege, Monographien 3, 1987.

DIE STADT ENTSTEHT

Gutscher, Daniel, Das Grossmünster in Zürich. Eine baugeschichtliche Monographie, Bern 1983.

Gutscher, Daniel, Karolingische Holzbauten im Norden der Fraumünsterabtei, Zeitschrift für Schweizerische Archäologie und Kunstgeschichte 41, 1984, 207–224.

Küng, Fabian, Das Zürcher Kastell im Umbruch. Die bauliche Entwicklung des Lindenhofs im frühen Mittelalter, Stadt Zürich, Archäologie und Denkmalpflege 2003–2006, 20–23 (mit Lit.).

Meier, Hans-Rudolf, Romanische Schweiz, Würzburg 1996.

Motschi, Andreas/Küng, Fabian/Wyss, Felix, Eine Mauer kehrt ins Stadtbild zurück. Untersuchung und Sanierung der Lindenhof-Stützmauer, Stadt Zürich, Archäologie und Denkmalpflege 2003–2006, 16–19.

Motschi, Andreas/Langenegger, Elisabeth/Wild, Dölf, Die Wasserkirche als Bestattungsplatz. Neue Grabungen in der archäologischen Krypta, Stadt Zürich, Archäologie und Denkmalpflege 2003–2006, 24–27.

Schneider, Jürg E./Kohler, Thomas M., Mittelalterliche Fensterformen an Zürcher Bürgerhäusern, Zeitschrift für Schweizerische Archäologie und Kunstgeschichte 40, 1983, 157–180.

Vogt, Emil, Zur Baugeschichte des Fraumünsters in Zürich, Zeitschrift für Schweizerische Archäologie und Kunstgeschichte 19, 1959, 133–163.

AUF DEM WEG ZUR FREIEN REICHSSTADT

Handke, Barbara/Hanser, Jürg/Ruoff, Ulrich, Das Haus «Zum Rech». Der Bau und seine Bewohner während 800 Jahren, Zürich 1979, 2. verbesserte Auflage 1999.

Illi, Martin, Wohin die Toten gingen. Begräbnis und Kirchhof in der vorindustriellen Stadt, Zürich 1992.

Illi, Martin, Die Constaffel. Von Bürgermeister Rudolf Brun bis ins 20. Jahrhundert, Zürich 2003.

Schneider, Jürg E./Hanser, Jürg, Wandmalerei im Alten Zürich, Zürich/Egg 1986.

Schneider, Jürg E./Gutscher, Daniel/Etter, Hansueli/Hanser, Jürg, Der Münsterhof in Zürich, Bericht über die Stadtkernforschungen 1977/78, Teile I und II, Schweizer Beiträge zur Kulturgeschichte und Archäologie des Mittelalters Band 9 und 10, Zürich 1982.

Stadtmauern. Ein neues Bild der Stadtbefestigungen Zürichs, Stadtgeschichte und Städtebau in Zürich, Schriften zu Archäologie, Denkmalpflege und Stadtplanung 5, Hochbaudepartement der Stadt Zürich, Zürich 2004.

Wild, Dölf/Böhmer, Roland, Die spätmittelalterlichen Wandmalereien im Haus «Zum Brunnenhof» in Zürich und ihre jüdischen Auftraggeber, in: Zürcher Denkmalpflege, Bericht 1995/1996, Zürich 1999, 15–33.

Wild, Dölf, Mittelalterliche Stadtplanung im Rennwegquartier. Ein Vorbericht zu den archäologischen Untersuchungen von 1997 bis 1999, in: Zürcher Denkmalpflege, Bericht 1997/1998, Zürich 1999, 47–60.

DIE ERWEITERUNG ZUR BAROCKEN STADT

Brühlmeier, Markus/Frei, Beat, Das Zürcher Zunftwesen, 2 Bde., Zürich 2005.

Germann, Georg, Der protestantische Kirchenbau in der Schweiz. Von der Reformation bis zur Romantik, Zürich 1963.

Holzhey, Helmut/Zurbuchen, Simone (Hg.), Alte Löcher – neue Blicke. Zürich im 18. Jahrhundert, Zürich 1997.

Gubler, Hans Martin, Zürich zwischen barocker Grandezza und gezügelter Sinnesfreude. Zur zürcherischen Architektur des Barockzeitalters, in: Turicum, Vierteljahresschrift für Kultur, Wissenschaft und Wirtschaft, Winter 1979, 26–32.

Ruoff, Eeva und Ulrich, Zeit für Gärten. Ein Plädoyer für mehr Gartenkultur, Frauenfeld/Stuttgart/Wien 2007.

Suter, Elisabeth, Wasser und Brunnen im alten Zürich. Zur Geschichte der Wasserversorgung der Stadt vom Mittelalter bis ins 19. Jahrhundert, Zürich 1981.

Wysling, Hans (Hrsg.), Zürich im 18. Jahrhundert. Zum 150. Jahrestag der Universität Zürich, Zürich 1983.

AUFBRUCH IN DIE MODERNE, UMBAU DER STADT / ZÜRICH WIRD GROSSSTADT / DIE STADT WÄCHST WEITER

Bignens, Christoph, Kinos. Architektur als Marketing. Kino als massenkulturelle Institution, Themen der Kinoarchitektur, Zürcher Kinos 1900–1963, Diss. Zürich 1988.

Escher, Conrad, Die grosse Bauperiode der Stadt Zürich in den 1860er-Jahren, Zürich 1914.

Drei Umbaustrategien. Die Zürcher Verwaltungsbauten von Gustav Gull, hg. vom Hochbaudepartement der Stadt Zürich, Zürich 2004.

Fast wie in Paris. Die Umgestaltung des Kratzquartiers um 1880, Stadtgeschichte und Städtebau in Zürich, Schriften zu Archäologie, Denkmalpflege und Stadtplanung 1, Hochbaudepartement der Stadt Zürich, Zürich 2001.

Hürlimann, Martin/Jaeckle, Erwin, Werke öffentlicher Kunst in Zürich. Neue Wandmalerei und Plastik, hg. im Auftrag der Stadt Zürich, Zürich 1938.

Kunstgewerbemuseum Zürich, Um 1930 in Zürich – Neues Denken, neues Wohnen, neues Bauen (Ausstellungskatalog), Zürich 1977.

Kurz, Daniel, Die Disziplinierung der Stadt. Moderner Städtebau in Zürich 1900 bis 1940, Diss. Universität Zürich, Zürich 2008.

Lambrigger, Rolf, Zürich. Zeitgenössische Kunstwerke im Freien, Zürich 1985.

Lindt, Nicolas, Der Asphalt ist nicht die Erde. Das Zürcher Selnauquartier im Wandel der Zeit, Zürich 1984.

Noseda, Irma, Bauen an Zürich, hg. vom Bauamt II der Stadt Zürich, Zürich 1992.

Oechslin, Werner (Hrsg.), Hochschulstadt Zürich. Bauten für die ETH 1855–2005, Zürich 2005.

Rebsamen, Hanspeter, Bauplastik in Zürich 1890–1990. Beispiele am Aussenbau, hg. von der Baufirma Dangel + Co AG, Stäfa 1989.

Schenker, Christoph (Hrsg.), Kunst und Öffentlichkeit. Kritische Praxis der Kunst im Stadtraum Zürich, Zürich 2007.

Schönauer, Roman G., Von der Stadt am Fluss zur Stadt am See. 100 Jahre Zürcher Quaianlagen, Zürich 1987.

Zürich 1799. Eine Stadt erlebt den Krieg, Stadtgeschichte und Städtebau in Zürich, Schriften zu Archäologie, Denkmalpflege und Stadtplanung 7, Hochbaudepartement der Stadt Zürich, Zürich 2005.

Abbildungsnachweise

STADTPLAN

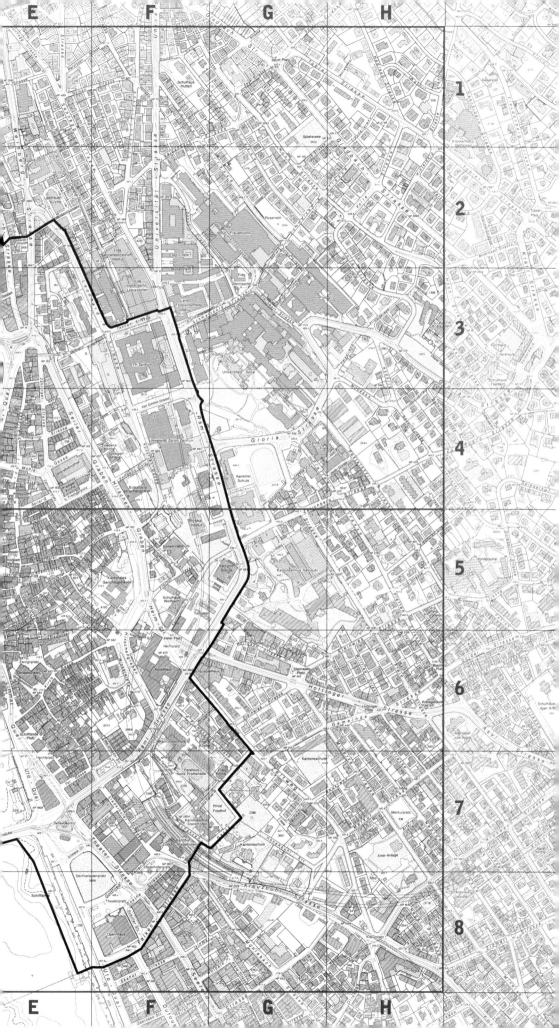

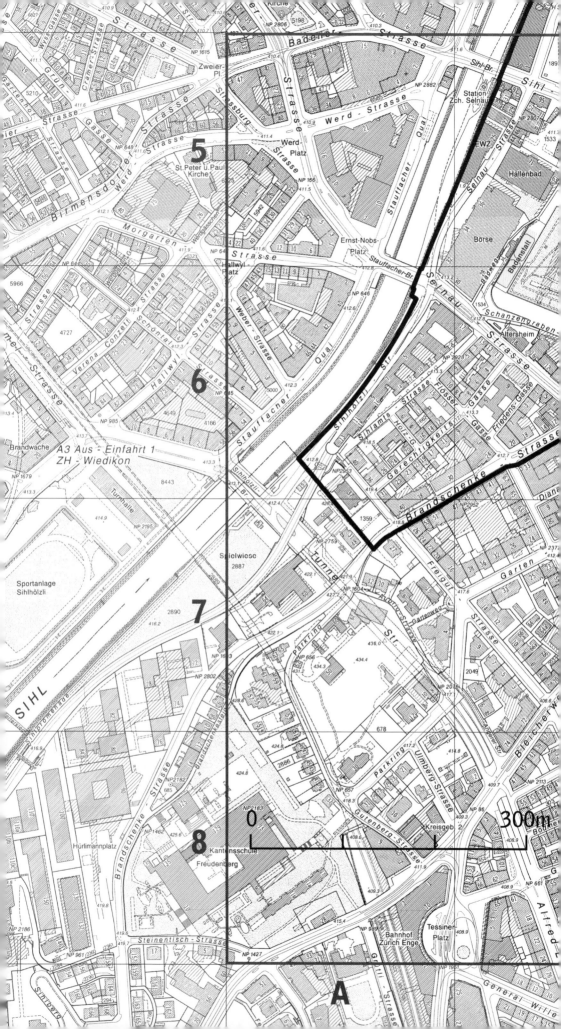

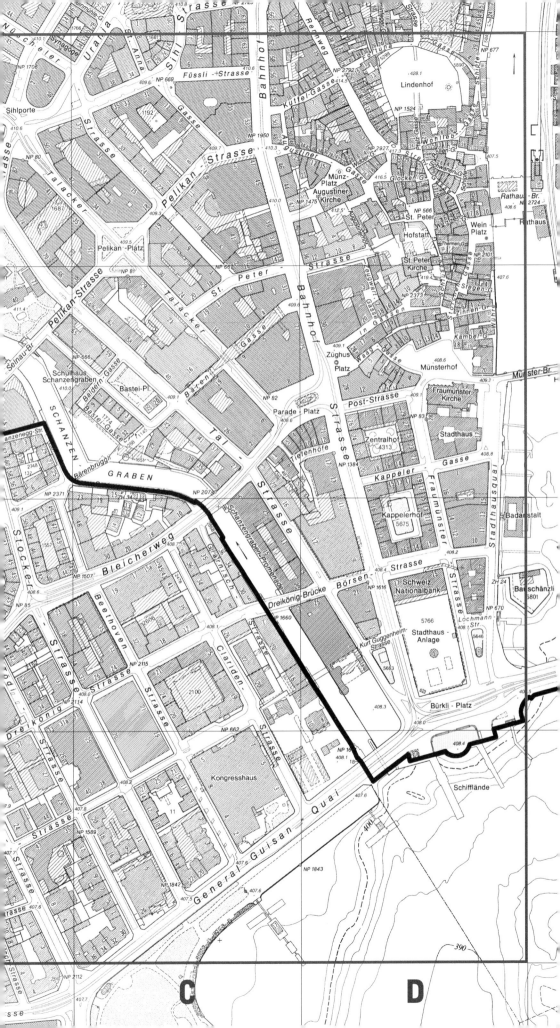

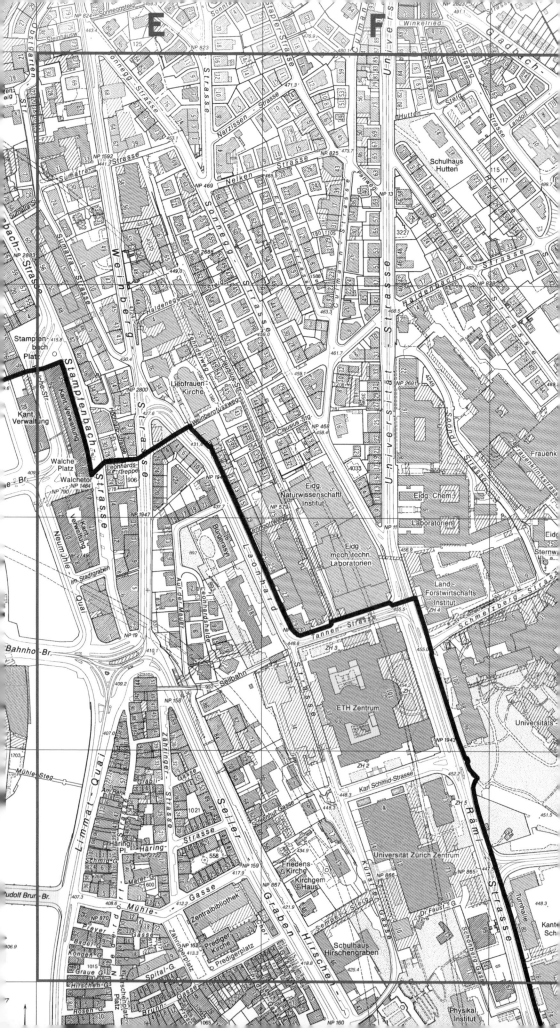

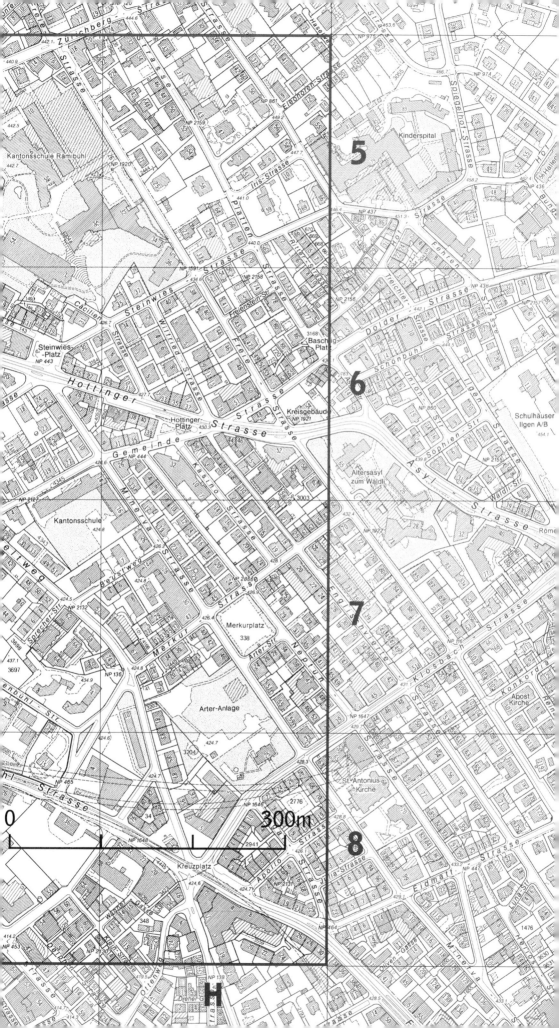